渐进阅读指导八步教学新思路

引领读悟
YIN LING DU WU

文学 说明性文章 科技作品

主　　编　李树方　刘大庆　苏建忠

本册主编　苏建忠　刘大庆

中国书籍出版社
China Book Press

图书在版编目（CIP）数据

引领读悟：全3册/李树方，刘大庆，苏建忠主编
.—北京：中国书籍出版社，2019.6
ISBN 978-7-5068-7218-8

Ⅰ.①引… Ⅱ.①李…②刘…③苏… Ⅲ.①中学语文课—课堂教学—教学研究 Ⅳ.①G633.302

中国版本图书馆CIP数据核字（2019）第001093号

引领读悟：全3册

李树方　刘大庆　苏建忠　主编

责任编辑	李　新
责任印制	孙马飞　马　芝
封面设计	中联华文
出版发行	中国书籍出版社
地　　址	北京市丰台区三路居路97号（邮编：100073）
电　　话	（010）52257143（总编室）　（010）52257140（发行部）
电子邮箱	eo@chinabp.com.cn
经　　销	全国新华书店
印　　刷	三河市华东印刷有限公司
开　　本	710毫米×1000毫米　1/16
字　　数	718千字
印　　张	44.5
版　　次	2019年6月第1版　2019年6月第1次印刷
书　　号	ISBN 978-7-5068-7218-8
定　　价	136.00元（全3册）

版权所有　翻印必究

引领读悟

文学　说明性文章　科技作品

编委会

主　　编：苏建忠　刘大庆

编　　委：姜海燕　强海朋　张　伟　李　蕊　王丽丽
　　　　　翟新平　曾德海　李　臻　李　盛　王　敏
　　　　　王丽雄

编　　写：梅学利　吴海燕　陈丽芝　陈爱华　黄彩杰
　　　　　赵洪浩　金玉荣　李建华　姜海燕　李　刚
　　　　　闫建民　李丽辉　马文辉　闫金芳

审　　定：金玉荣　邓长生　赵洪浩　马海英　陈丽芝
　　　　　吉　杨

顾　　问：董卫红　陈春玉　刘学书

主编简介

李树方 北京市特级教师,中学语文教研员。2015年9月至2018年9月,与特级教师刘大庆一起主持区第一批中学语文名师工作室。曾于1997年12月被评选为首届北京市中学语文骨干教师,2004年12月被评选为北京市语文学科教学带头人。多次参与国家、市级课题研究,多次参与高中初中语文教材、教学参考书编写,多次参与他人的教学读物编写。发表论文多篇,有多篇论文获国家、市区级奖励。主编出版了《初中语段阅读》《中学文言虚词辨析大全》《中学文言虚词集释》《文言文精读新编》(初中)《文言文精读新编》(高中)《语文教学设计》《初中语文关键内容学习过程》《学会阅读——初中语文》《初中语文阅读指南》《课堂智慧你我他》(共5册)等多部图书。近6年来,多次参与同行著述的设计或做顾问。从专业引领等方面为三十余册书的出版做了大量工作。

苏建忠 北京市特级教师,北京师范大学良乡附属中学语文教研组长,多次被评为北京市中学语文学科骨干教师,曾连续三届被评为北京市语文学科带头人。主要著述有:北京市中学地方实验教材《房山文化》编委,首都师范大学出版社出版;《文言文精读新编》(高中)副主编、编委,首都师范大学出版社出版;《文言文精读新编》(初中)副主编、编委,首都师范大学出版社出版;《中学常用文言虚词集释》副主编、编委,开明出版社出版。主编《呐喊》解读由九州出版社出版。

刘大庆　北京市特级教师。2015年9月至2018年9月,与特级教师李树方一起,主持区第一批中学语文名师工作室工作。曾被评为北京市中学语文骨干教师。近三十年来一直担任语文教学工作,成绩优异。从2000年始,主编出版了《初中语文教育教学新视野》(共5册),作为副主编参与出版了李树方老师主编的《文言文精读新编》《初中语文阅读指南》《学会阅读——初中语文》《课堂智慧你我他》(共5册)等书。参加"个性化作文与阅读""教学过程精细指导"等市区级课题研究,十余篇论文和课例获得市级一等奖。

金玉荣　北京市中学语文学科骨干教师。2015年9月至2018年9月在"李树方 刘大庆语文名师工作室"学习。曾获得区级优秀班主任、优秀教师、优秀共产党员等称号。被聘为京版义务教育教科书《语文》微课录制专家。承担"北京数字学校"课堂实录和微课的做课任务,所做专题课均被收录在北京数字学校云课堂。在北京市初中语文教师基本功大赛中荣获一等奖。多篇论文获得市级一等奖或在核心期刊发表。参与了特级教师李树方等主编的《学会阅读》《初中语文阅读指南》《创新教育新视野》《智慧课堂你我他》等书籍的编写工作并担任编委。此外,还参与了《初中生作文教材》等书的编写工作。先后参与《"学导探评思"教学模式的建构研究》《学习过程精细指导与习惯培养研究》等市、区级课题的研究并任核心组成员。

前　言

　　全面提高学生的语文素养是新课程的重要理念。《语文课程标准》同时指出阅读教学是学生、教师、文本之间对话的过程。如何落实新课程理念,通过"师""生""文"三方之间的顺畅对话,提升学生的语文素养,实现语文教学目标,这是摆在每个语文教师面前的切实问题。新课程理念下的语文课堂应摒弃粗放模式,聚焦学生,以学定教,顺学而导,成为学生构建个体语文学习平台的助力;新课程理念下的语文课堂,应以语言为桥梁,引导学生细细品味,含英咀华,激发审美想象,让学生感受语言的魅力,品味语文学习带来的愉悦;新课程理念下的语文课堂,不应是教师独霸、师云亦云的一潭死水,而应体现学生参与的多元化,努力成为学生探究交流、思维碰撞、切磋展示、焕发生命活力的舞台。基于新课程的理念和常年指导一线语文教学的经验,特级教师李树方老师探索出一种语文课堂教学新思路——渐进阅读指导。

　　该教学思路的基本步骤为:

　　第一步,学生读文本,整体感知文章或语段,明确积累内容。

　　第二步,进入问题解决。

　　第三步,教师指导点拨。

　　第四步,学生静心独立思考,读出认识,读出感受,个体准备答案。

　　第五步,教师指定学生个体展示答案。

　　第六步,小组讨论归纳答案。

　　第七步,指定组代表展示本组归纳的答案。

　　第八步,教师或学生评价,确认(或补充)答案,升华。

为了更加深刻理解这一教学思想的内涵,现对其基本操作解读如下:

第一,初读感知。此环节以师生多种形式的读为主要形式,以学生积累喜欢的词语、句子、段落为起点,形成对文本的初步认识。

第二,质疑问难。此环节是初读之后学生个体或小组针对文本内容提出难点、疑点,经师生梳理后形成本节课探究的主问题和若干分问题。

第三,指导点拨。此环节教师以主问题为引领,以分问题为突破口,以充分预设学生课堂生成为前提,以点拨相关应知、阅读方法、思考方向为重点。

第四,独立思考。此环节以学生再次静心独立阅读文本,依据教师引导,全面思考为基本形式,以学生读出新的感悟,形成新的认识为基本方向。

第五,个体展示。此环节为学生展示思维结果,暴露思维漏洞的过程。教师根据情况,随时、及时点拨重点与相关注意,引导思考方向走入正轨。

第六,合作探究。此环节为学生思维不顺畅,回答不理想的情况下,借鉴同伴的学习经验,小组讨论交流的过程。

第七,小组展示。此环节以小组成员向全班准确、规范地汇报学习成果为主要形式,力求使每个学生的思考在原有基础上更全面、更深刻。

第八,强化提升。此环节为师生共同梳理学习经验阶段,用以强化学习方法、阅读规律和相关注意等。

以上各个环节之间,不是相互独立,而是一个渐进的有机整体。在遵循学生认知特点和阅读规律的基础上交织融合、循序渐进。各个环节先后顺序也不是一成不变的,而是根据学情特点、文本特点灵活组合。渐进阅读指导的精华是传达出一种全新的教学理念,即对学生学习相关内容的现状做出基本估计,站在学生的角度备课,考量教学重点、难点确定的适合与否,充分预设学生思考的各种可能性并有针对性地选择恰当的教学策略;听、说、读、写并重,关注阅读积累,阅读感悟，鼓励创造性思考和合作探究；注重学生"习得"的过程和语文素养的提升，以学法指导贯穿始终。

渐进阅读指导的探索，以新课程理念为依托，有工作室研修学员大量的课堂实践做支撑，意在规范和引领本工作室研修学员及广大一线语文教师更好地处理阅读教学中的重点问题，具有可操作性和借鉴意义。

走进这套(3册)书，一个个源于学情的设计，将向读者展示基于"学生视角"的教学思考；一次次质疑问难、感悟探究将向读者展示学生在已有经验基础上的主动建构与发展；一次次症结之处的点拨引导，将让读者看到"师""生""文"三者之间真正的思维碰撞和思想交流。走进这套(3册)书，我们将更加关注学生，关注课堂教学中学生学习方式的变革，关注课堂教学中学生语文素养的提升，从而反思自己的课堂教学，促进自身教学能力的提升。

需要说明的是，本套书是"李树方刘大庆语文工作室"在引领学员研修过程中的一种集体很用心的尝试，由于时间的制约和编写者的水平需要再提升，难免有不妥之处，恳请各位同行批评指正。另外，本套书在编写过程中引用了一些资料，在此向有关人员说明并表示感谢。

执笔　金玉荣
审定　刘大庆　苏建忠
2019年6月于北京

目录
CONTENTS

欣赏文学作品 ·· 1
 能有自己的情感体验,初步领悟作品的内涵 ······································ 1
  例文
   藤野先生 ··· 1
   从百草园到三味书屋 ·· 16
 对作品的思想感情倾向,能联系文化背景作出自己的评价 ················· 31
  例文
   风筝 ·· 31
 对作品中感人的情境和形象,能说出自己的体验 ······························ 43
  例文
   秋天的怀念(一) ·· 43
   秋天的怀念(二) ·· 53
 品味作品中富有表现力的语言 ·· 66
  例文
   听潮 ·· 66
   春 ··· 77

阅读新闻和说明性文章 ·· 94
 能获取主要信息,形成自己的初步认识 ··· 94
  例文
   人民解放军百万大军横渡长江 ·· 94
   奇妙的克隆 ·· 106

1

归纳内容要点,形成自己的初步认识 …………………………………… 120
　　例文
　　　奇妙的克隆 …………………………………………………………… 120
　　　向沙漠进军 …………………………………………………………… 134

阅读科技作品 …………………………………………………………………… 148
能获取主要信息,归纳内容要点,形成自己的初步认识 ………………… 148
　　例文
　　　中国石拱桥 …………………………………………………………… 148
　　　大自然的语言 ………………………………………………………… 161
阅读非连续性文本,领会文本的意思,得出有意义的结论 ……………… 173
　　例文
　　　桥 ……………………………………………………………………… 173
能领会文本的意思,得出有意义的结论 …………………………………… 188
　　北京市顺义区 2016 年第一次模拟试卷　现代文阅读 …………… 188
　　2017 年北京市中考语文非连续性文本阅读 ……………………… 200
　　阅读非连续性文本的几则材料 ……………………………………… 217

后　记 …………………………………………………………………………… 231

欣赏文学作品

能有自己的情感体验,初步领悟作品的内涵

藤野先生

【内涵释义】

在阅读文学作品时,能联系文化背景,对其思想感情倾向做出自己的评价;对作品中感人的情境和形象,能说出自己的体验;品味作品中富有表现力的语言。

【引领读悟】

以《藤野先生》为例,落实本点。

学习准备

具备阅读记叙文的基本能力,对文本能提出自己的思考和疑问。掌握描写人物的方法以及现代文的几种常用表达方式。有基本的口头表达和书面表达能力。对问题能提出自己的见解。

导入新课

教师:春有春花,夏有夏花,人的心里也会开花。一些不能忘记的事不能忘记的人,就是心中常开不败的花朵,有一天细细检点慢慢品味,就成了鲁迅先生所说的《朝花夕拾》。

鲁迅先生在回忆中说:"在我所认为我师的之中,他是最使我感激,给我鼓励的一个"是一位日本人——藤野先生。那么藤野先生是怎样一个人?是什么让鲁迅这样深情感念呢?今天,我们就一起去感受这段难忘的经历,认识这位特殊的先生。

叙述目标

这节课,我们首先通过整体感知课文,抓住重点语段,来研读设计问题;

第二,通过学习概括事件,品读描写人物的方法,分析人物思想品质;第三,通过研读间接描写人物的语段,把握作者的思想感情,进一步理解文章主旨。

阅读渐进引领

第一步:学生读文本,整体感知文章。

(一)了解文学常识

教师:同学们,学习课文之前我们先来了解作者及散文集《朝花夕拾》。

学生齐读 ppt 上的文学常识。

(二)细读课文,把握重点语句

教师:了解了这些常识,同学们一定很想先读为快吧!下面请同学们速读课文,画出你不理解或你认为精彩的字词。

学生速读,圈点批画。

教师:同学们大都完成了阅读,老师看到同学们圈画的字词比较集中,对词语的理解应结合语境,万不可断章取义,尤其是本课反语较多。请同学们把这些词语整理在笔记上。在后面的学习中,结合语境,你会对它们有更深入的理解。

| 如何抓住重点语句理解作者的思想感情呢? | ← | 阅读散文,应抓住集中体现作者情感态度的语句。以此作为核心问题解决,能更顺利地破解全篇。 |

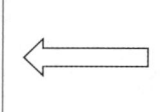

教师:扫除了字词障碍,请同学们再读课文,找出你最喜欢或者不理解的语句,与同学们交流分享。

学生自由地放声朗读课文,并及时圈画重点语句。

教师:哪位同学愿意与同学们分享你的思考或者收获?

学生回答预设:我认为第 37 自然段写得感情真挚,充满了对老师的深情,但是我又不能完全理解其中的深意,还希望能和老师以及同学们交流。

老师:给大家读一下好吗?

学生回答预设(读):"但不知怎的,我总还时时记起他,在我所认为我师的之中,他是最使我感激,给我鼓励的一个。有时我常常想:他的对于我的热心的希望,不倦的教诲,小而言之,是为中国,就是希望中国有新的医学;

大而言之,是为学术,就是希望新的医学传到中国去。他的性格,在我的眼里和心里是伟大的,虽然他的姓名并不为许多人所知道。"

第二步:进入问题解决。

教师:这位同学目光非常敏锐,他找到的语段,是文章的精华。我注意到,刚才很多同学都批注了这一段。那我们不妨就以此段为核心,精心设计几个问题。看看随着这些问题的解决,是不是你在自读时的许多疑难,就迎刃而解了。

请同学们默读这一段,设计几个问题,然后与小组同学交流。最后由小组代表呈现你们的问题。

| 精心研读这一段,你有哪些疑问想得到解决呢? | ← | 指导学生抓住重点段落,提取关键词语,问题设计涵盖全篇,关注到人物、事件、情感。 |

学生默读、思考、圈点批注、讨论。

教师:同学们思考认真,讨论热烈。下面就请小组代表呈上你们设计的问题吧。

学生设计问题预设1:鲁迅先生在《朝花夕拾》中,写到了很多人物,如长妈妈、寿镜吾等,都在鲁迅的成长中起到了重要作用。为什么藤野让他"时时记起"?

学生设计问题预设2:哪些事件可以表现藤野先生对鲁迅的"鼓励"和"教诲"?

学生设计问题预设3:为什么说"小而言之"是为中国,"大而言之"是为学术?

学生设计问题预设4:为什么作者用"伟大"来评价藤野先生?

教师:非常好!看来同学们真的动了一番脑筋。其实,通过刚才的抓住重点语段,研读、设计问题,我们可以总结出一个很好的阅读方法,学会了,就可以举一反三了。

教师:请同学们看大屏幕。

(屏幕上显示)教你一招:第一步,寻找相关段落;第二步,提取关键词语。

教师:这样做,就可以提纲挈领,化繁为简。那么,刚才同学们提出了四个问题,我们能不能抓住一个核心问题,带动起其他问题呢?请同学们思考一下。

| 能否通过解决一个主问题,带动其他问题的解决呢? | ⇐ | 提取主问题,要注意文体特征,写人散文离不开精心选择事例,所以先从概括事件入手。 |

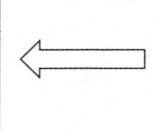

学生回答预设5:写人离不开写事,在事件当中既可以表现人物的品质,又可以从字里行间看到作者的情感。所以,我认为,要解决的核心问题是,着重写了鲁迅先生和藤野先生交往的哪几件事。所以,关键主问题是:哪些事件可以表现藤野先生对鲁迅的"鼓励"和"教诲"。

教师:非常好。这就是我们接下来的任务。

第三步:教师指导点拨。

教师:概括内容时要注意两个要素:人物和事件。也就是"谁","干了什么"。注意要紧扣文本,尽量用原文中的词句组合,养成细读文本的习惯。下面请同学们概括你找到的事件。

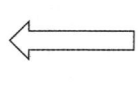

| 如何准确全面地概括事件呢? | ⇐ | 概括时,抓住要点,即人物和事件;注意细读课文,尽量用原文,紧扣文本。 |

学生回答预设1:藤野先生给鲁迅改作业非常认真。

教师:是作业吗?概括要准确一些。

学生回答预设1:讲义!

教师:好的。其他同学继续。

学生回答预设2:藤野先生向"我"打听中国女人裹脚;为"我"改解剖图。

教师:一下子说出了两件事,信息捕捉准确,而且用语简洁准确。

学生回答预设3:藤野先生问"我"是否怕鬼。

教师:在什么情况下问"我"的?

学生回答预设3:了解实习情况时。

教师:为什么要问"我"这个问题呢?

学生回答预设3:应该概括成"关心鲁迅的实习情况"。

教师:对呀!注意答题时,思考要全面,语言概括要准确。

教师:(课件展示:添改讲义、了解裹脚、关心实习、改解剖图)

教师:这些事不是写惊天动地的壮举,而是平凡细碎的琐事,这些平凡小事在鲁迅的记忆中,定格成一个个难忘的镜头。让我们深情朗读,并从中体会藤野先生是一个什么样的人。下面咱们以"品读镜头"的方式来学习第6到第23段。镜头,就是文本中的一个典型事件或细节,请任意选取这样一个镜头,深情朗读,并用"鲁迅致藤野先生"的方式感受藤野先生的品质。

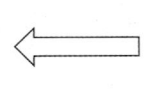

| 如何通过典型事件,体会人物情感呢? | ← | 抓住人物的典型事件和精彩细节,细细品读,揣摩行为和语言描写,读出人物的品质和作者的情感。 |

(教师屏幕上同步显示)

再教一招:如何选镜头:就是选取能体现藤野先生品质的事件或细节;

如何品镜头:先生,您的……行为,让我感受到您的……品质。

教师:我们将"镜头"整理成一本"相册",名为"永远铭记的温暖",主角是藤野先生。

(同步课件显示:一本名为"永远铭记的温暖"正徐徐打开的动画………)

教师:我的镜头品读是:"原来我的讲义已经从头到末,都用红笔添改过了,不但增加了许多脱漏的地方,连文法的错误,也都一一订正。"这是一处细节描写。先生,您添改讲义的行为,让我感受到您认真负责、一丝不苟的工作态度和关爱弱国学生的品质。

第四步:学生静心独立思考,读出认识、读出感受。

教师:有了老师的引路,其他的任务交给同学们。下面让我们继续品读课文,将这些镜头回放。4人为一组分工合作:合作过程中记录员做好记录,以备代表发言。

学生小组分工合作阅读、讨论并有人记录。

教师巡视并适时个别指导。

第五步:教师指定学生个体展示答案。

教师:同学们品读得非常认真,之后的讨论也是积极热烈,见仁见智。下面就到了同学们展示才华的时候了。我们用心聆听小组代表的发言。

学生回答预设1:我品读的是:"他听说中国的女人是裹脚的,但不知道详细,所以要问我怎么裹法,足骨变成怎样的畸形,还叹息道,'总要看一看才知道,究竟是怎么一回事呢?'"先生,您了解女人裹脚的行为,让我感受到您求真务实的品质。

学生回答预设2:我品读的也是批改讲义:"原来我的讲义已经从头到末,都用红笔添改过了,不但增加了许多脱漏的地方,连文法的错误,也都一一订正",从中我读出的是藤野先生治学严谨的师者风范。

学生回答预设3:关心实习,我感受到您关爱学生。

教师:你这也太惜字如金了。概括信息时,是训练简洁概括,但是品读还是要读出来,我们说,语言是承载情感的载体,你是通过哪些语句感受到的?请读出来。

学生回答预设4:(读)"解剖实习了大概一星期,他又叫我去了,很高兴地,仍用了极有抑扬的声调对我说道:——'我因为听说中国人是很敬重鬼的,所以很担心,怕你不肯解剖尸体,现在总算放心了,没有这回事'。"

教师:读得比较平淡。虽然语言很平实,但平实的文字中作者用了白描的手法,语言越平实情感越是充沛,咱们来齐读这部分内容,争取读出文字背后的感情。

学生齐读该段。

教师:嗯。这就好多了。请继续。

学生回答预设5:"还记得有一回藤野先生将我叫到他的研究室里去,翻出我那讲义上的一个图来,是下臂的血管,指着,向我和蔼地说道:'你看,你将这条血管移了一点位置了。自然,这样一移,的确比较的好看些,然而解剖图不是美术,实物是那么样的,我们没法改换它。现在我给你改好了,以后你要全照着黑板上那样的画'。"先生,您改解剖图的行为,让我感受到您循循善诱、正直热忱、关爱学生的品质。

教师:读得很动情,读出了鲁迅对藤野先生的崇敬和感激。这里运用了什么描写?

学生回答预设6:语言描写。

学生回答预设7:我选的不是事件行不行?选的是第9段的内容。

教师:好啊,读读看。

| 怎样才能做到多角度分析人物? | ← | 分析人物品质,不仅要注意行为描写、语言描写,还要兼顾肖像描写等方法。从不同侧面多方位了解人物。 |

学生回答预设:(读外貌描写部分)"……这藤野先生,据说是穿衣服太模胡了,有时竟会忘记带领结;冬天是一件旧外套,寒颤颤的……我就亲见他有一次上讲堂没有带领结。"通过这段外貌描写,我觉得藤野先生生活很俭朴。

教师:你品读的角度很独特,品读很有见解。

教师:平时都是老师给学生写评语,你看今天咱们给老师也写起评语来了。

第六步:小组讨论归纳答案。

| 小结分析概括人物形象的方法。 | ← | 抓住描写人物的方法;抓住作者的评价;立足文本;语言简洁。 |

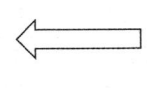

教师:我们所感受到的藤野先生的品质是通过什么方法概括出来的呢?概括人物形象也是考试时经常面对的问题。

学生回答预设1:通过分析对人物的描写。

教师:反应很快,也很会总结。其实我们可以这样来说,概括人物形象,可以通过对人物描写方法的分析进行概括,而且要尽量用四字短语来概括。再补充一点,还可以借助作者在文中对人物的评价语。

教师:通过品读文章,藤野先生的形象就呼之欲出了,他鲜活地站在鲁迅先生的心里,也仿佛活生生地站在我们面前。

教师:下面请同学们根据之前同学的发言,以及老师的指导点评,再加上刚才这位同学对分析人物方法的精炼概括,来完善你的"镜头品读"吧。

学生认真修改答案。需要时与同学讨论。

第七步:指定组代表展示本组归纳的答案。

教师：下面，我们请一位同学展示一下他（她）修改后的答案。

学生回答预设1：还记得有一回藤野先生将我叫到他的研究室里去，……指着，向我和蔼地说道："你看，你将这条血管移了一点位置了。自然，这样一移，的确比较的好看些，然而解剖图不是美术，实物是那么样的，我们没法改换它。现在我给你改好了，以后你要全照着黑板上那样的画。"先生，您修改解剖图的行为，以及您温和亲切的语言，让我感受到您循循善诱、正直热忱、关爱学生的品质。

教师：非常好。朗读声情并茂，对描写人物方法的分析嵌入巧妙，人物品质概括准确。其他同学请继续。

学生回答预设2："他听说中国的女人是裹脚的，但不知道详细，所以要问我怎么裹法，足骨变成怎样的畸形，还叹息道，'总要看一看才知道，究竟是怎么一回事呢？'"先生，您了解女人裹脚的行为，您悲天悯人而又探求真知的一声叹息，让我感受到您求真务实的品质。

学生回答预设3："原来我的讲义已经从头到末，都用红笔添改过了，不但增加了许多脱漏的地方，连文法的错误，也都一一订正。"您为我修改讲义的行为，"红笔添改""一一订正"的细节，让我看到您治学严谨、一丝不苟的师者风范。

学生回答预设4："解剖实习了大概一星期，他又叫我去了，很高兴地，仍用了极有抑扬的声调对我说道：——'我因为听说中国人是很敬重鬼的，所以很担心，怕你不肯解剖尸体。现在总算放心了，没有这回事'。"通过先生的语言，关心解剖实习的行为，感受到了先生真诚关心学生，渴望医学知识能充分传授的伟大品格。

第八步：教师或学生评价，确认（或补充）答案，升华——强化做这类题重点的、带规律性的学习方法，掌握要求（明确积累内容）和相关注意（提示防止出现的问题）等。

教师：同学们完成得都非常好。就写藤野先生来说，我觉得就此已经完整了。那我们回看一下之前我们提出的四个问题，看看哪些已经得到了解决。

学生回答预设1：第二个问题完全解决，第一个问题基本解决。其他两个问题好像还不能完全解决。

教师：为什么这样说？

学生回答预设2：因为刚才我们的分析只是集中在直接描写藤野先生的

段落,我们更多的是看到了一位教师对学生的关爱和认真负责。似乎还不足以谈到"伟大"。更没有上升到国家层面,所以"小而言之""大而言之",也没充分体现。

教师:非常好。这位同学思考深入,可见他之前对文本一定有了全面的解读。我们在阅读时,也一定不要以偏概全,断章取义。那么,除了直接描写,文中是不是还有间接描写呢?

> 指导学生关注文章主体之外的间接描写,全面理解作者情感。

> 指导学生理解散文"形散神聚"的特点,明确所有的材料都是为人物服务,为中心服务。

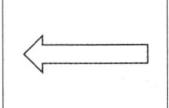

学生回答预设3:第1到第5段是写见藤野先生之前的所见所闻所感,第24到第31段是写匿名信、看电影事件。

教师:让我们分组深入探讨,这些和写藤野先生有关系吗?左面一组讨论第1到第4段,右面一组讨论第24到第31段。

学生分组热烈讨论,并且积极记录讨论结果。

教师:看来已经有了讨论的结果了。哪一组先说?谁先发表看法?

学生回答预设4:第1到第5段,写清国留学生赏樱花、学跳舞,对清国留学生的失望,是离东京往仙台见到藤野先生的缘由;写途经的"日暮里"和"水户"表现作者忧国之情,是作者学医的主要动机;写仙台医专的职员对他的优待是为下文写藤野先生作铺垫。

教师:你说得有依据,有层次,有深度。那么,写仙台医专的职员对他的优待是为下文作铺垫,谁有不同想法?

学生回答预设5:我倒觉得是在正面衬托藤野先生的没有狭隘的民族偏见。

教师:同学们对于第24到第31段是否多余也来谈谈看法。

学生回答预设6:既然开头几段中写在仙台所受的优待是正面衬托,那么写日本"爱国青年"寻衅,就是为藤野先生作反面衬托。而"看电影事件"是作者与藤野先生告别的直接原因。

教师:这些情节体现了当时弱国的软弱腐朽已经影响到了青年留学生和许多国人。而鲁迅作为一个弱国的弱民,在那样的环境中,依然保持着上进心,这些固然离不开鲁迅的爱国情怀,也离不开藤野先生一直以来对鲁迅的激励和希望。这实则是从另一个侧面烘托了藤野先生什么样的可贵品格?

学生回答预设7:正直热忱、没有狭隘的民族偏见。在那样的背景下,这种品格难能可贵,所以藤野先生在鲁迅心目中是伟大的。而且,他认为科学无国界,他有一颗"大心",这也就解决了"小而言之"和"大而言之"的问题。

教师:非常好!这位同学举一反三,为我们精准解读了课前的疑惑。

教师:可以说,藤野先生的出现是鲁迅日本留学生活中为数不多的亮色之一,这也是他对藤野先生念念不忘的原因。另外,这些情节还客观再现了鲁迅的爱国主义感情,再现了鲁迅当时真实的心路历程,所以绝不是多余之笔。文章第29段就集中体现出了鲁迅的情感。找一位同学来读一读,读出作者的内心感受。

学生带有感情地朗读。

(投影显示)"中国是弱国,所以中国人当然是低能儿……"

教师:读出了辛酸和愤慨。以上内容,实则恰恰反映了对藤野先生的更深层次的解读:如果说藤野先生添改讲义等事件体现的是师德(出示上联),那么这些看似闲笔实则不闲的情节,体现的却是人格(出示下联)。这是一个强国国民对弱国弱民超越了地域、超越了国家,甚至超越了种族的关心和热望。我们看到这位尊重客观事实、有着健康人格的老师,外表枯瘦但内心却有着充沛情感的老师,的确让人难忘(出示横批)(同步投影显示)。

上联:谆谆教诲点点滴滴尽显师德
下联:句句激励朝朝暮暮皆为树人
横批:师恩难忘

课堂总结

这节课我们跟随鲁迅先生的文笔,精研重点语段,运用抓细节、品人物的方法,分析对人物的直接描写和间接描写,认识了生活俭朴、认真负责、严谨求实、正直热忱、没有民族偏见的藤野先生。他就像一朵梅花,不仅烙印在鲁迅心中,也烙印在我们心中。同时,也看到了鲁迅爱国情感的发展变化过程。

【板书设计】

藤野先生

鲁迅

明线:与藤野先生的交往——没有民族偏见——怀念赞美先生
　　行为语言:添改讲义　纠正解剖图　关心实习　问中国女人裹脚
暗线:鲁迅的爱国情感——弃医从文

【智慧训练】

一

木鱼馄饨

林清玄

①深夜到临沂街去访友,偶然在巷子里遇见多年前旧识的卖馄饨的老人,他开朗依旧,风趣依旧,虽然抵不过岁月风霜而有一点佝偻了。

②四年多以前,我客居在临沂街,夜里时常工作到很晚,每天凌晨一点半左右,一阵清越的木鱼声,总是响进我临街的窗口。即使在风雨来时也不间断。

③冬季里有一天,天空中落着无力的飘闪的小雨,我正读着一册印刷极为精美的《金刚经》,木鱼声恰好从远处的巷口传来,格外使人觉得昊天无极,我披衣坐起,撑着一把伞,决心去找木鱼声音的来处。

④那木鱼敲得十分沉重着力,它敲敲停停,忽远忽近,完全不像是寺庙里读经时急落的木鱼。我追踪着声音的轨迹,匆匆地穿过巷子,远远的,看到一个披着宽大布衣,戴着毡帽的小老头子,他推着一辆老旧的摊车,正摇摇摆摆地从巷子那一头走来。一直迷惑我的木鱼声,就是那位老头所敲出来的。

⑤一走近,才知道那只不过是一个寻常卖馄饨的摊子,我问老人为什么选择了木鱼的敲奏,他的回答竟是十分简单,他说:喜欢吃我的馄饨的老顾客,一听到我的木鱼声,他们就会跑出来买馄饨了。我不禁哑然,原来木鱼在他,就像乡下卖豆花的人摇动的铃铛,或者是卖冰水的小贩手中吸引小孩的喇叭,只是一种再也简单不过的信号。

⑥我于是撑着伞,站立在一座红门前,就着老人摊子上的小灯,吃了一碗馄饨。在风雨中,我品出了老人的馄饨,确是人间的美味。

⑦后来,我也慢慢成为老人忠实的顾客,每天工作到凌晨的时候,远远听到他的木鱼,就在巷口里候他,吃完一碗馄饨,才开始继续我一天未完的工作。

⑧和老人熟了以后,才知道他选择木鱼作为馄饨的信号有他独特的匠心。他说因为他的生意在深夜,实在想不出一种可以让远近都听闻而不至于吵醒熟睡人们的工具,而且深夜里像卖粽子的人大声叫嚷,是他觉得有失尊严而有所不为的,最后他选择了木鱼,让清醒者可以听到他的叫唤,却不至于中断了熟睡者的美梦。

⑨<u>我吃老人的馄饨吃了一年多,直到后来迁居,才失去联系,但每当在静夜里工作,我仍时常怀念着他和他的馄饨。</u>

⑩那一天遇到老人,他还是一袭布衣,还是敲着那个敲了三十年的木鱼,可是老人已经完全忘记我了,我想,岁月在他只是云淡风轻的一串声音吧。我站在巷口,看他缓缓推走小小的摊车消失在巷子的转角,一直到很远了,我还可以听见木鱼声从黑夜的空中穿过,温暖着迟睡者的心灵。(有删节)

1. 文章第②—⑨段是作者回忆四年前与老人的交往经历,请仔细阅读第②—⑨段,在横线处把文章脉络补充完整。

①_____;

夜读《金刚经》偶闻木鱼声后,寻觅声源与老人相识;

②_____;

熟识后,了解到老人以木鱼声作讯号的真正原因,心生感动;

③_____。

2. 简要分析第⑨段中划线句的作用。

3. 请结合文章内容,简要分析作者是怎样把一个卖馄饨的老人描写得生动感人的。

二

枣糕张

孟宪歧

①柳河村不大,却有名。因为村里有个枣糕张,做的枣糕独具风味,主顾越来越多,做枣糕的却就他一家,便出现了供不应求的局面。可是,许多年来,没有别的人家敢做枣糕。

②枣糕张的手艺到枣糕张这儿已经是五代单传了。枣糕张叫什么名字,大家都忘了,只知道他姓张,会做枣糕,天长日久,便唤作枣糕张。

③枣糕张的枣糕为啥这样有名?

④先说柳河。两岸肥田沃野,盛产稻米。枣糕张只种黏水稻,别人家一亩地收500斤,他家一亩地只收200斤,但他把黏水稻做成枣糕,结果比别人挣的钱还多。后来,在他的带动下,有些乡亲也种黏水稻,秋后卖给枣糕张。枣糕张只用柳河沿岸的黏水稻,别处的一概不用。

⑤再说红枣。枣糕张只用沧州的金丝小枣。买枣时随便捧出两大捧,不挑不选,挨个儿扒开看,扒开一百个,如果有两个有虫的枣,他便说:"百里挑二,不行,非得百里挑一!"不管买与不买,最后他都把那扒开的枣用称一约,给钱便走。

⑥最后说蜂蜜。蜂蜜是蒸枣糕必不可少的原料,唯有荆芥的花蜜最好。枣糕张每年要买上百斤好的荆芥蜜,他把金丝枣用清水洗好,把枣放进荆芥蜜桶里。每天蒸枣糕时,撒一层黏稻米,撒一层蜜枣,一共要撒三层米两层枣。那黏稻米必须用清水浸泡10天,才可用。这样,蒸出来的枣糕三层雪白如玉,两层淡黄如金,吃起来又黏又甜又香,让人吃了还想吃。

⑦枣糕张每日仅做30斤黏稻米的枣糕,多了不做,卖完为止。配料非常严格,30斤黏稻米,要放上3斤蜜枣,一点都不能少。有些人没买到,就劝枣糕张说:"你多放些米,不就多蒸了吗?我们有吃的,你又多了收入,岂不两全其美?"枣糕张却说:"米放多了,就保证不了味道了。"

⑧枣糕张每日四五点钟起来,八点多钟枣糕就蒸好了。用三层洁白的细纱布罩好,再把一个半尺长的小铁罐挂上,里面装上半罐清水,一把锃亮的小刀放进铁罐里,把盖拧紧。枣糕张就推着手推车,吱吱呀呀出了家门。有人来买,讲好价钱,枣糕张先把买者的碗盘用称约约,记好斤两,便从推车的把上拧开铁罐,掀开纱布,露出小小的一块来,把刀沾上水,上下左右迅速一切,用碗或盘一接,放在秤盘上一约,保准只多不少,从不再割第二刀。

⑨柳河村的赵根,对他的一刀切,心存疑虑。有一回,他买了一斤,一刀切下去后他怀疑地看着,枣糕张只冲他笑笑。他回家用天平一称,510克,多出了10克。第二天,他又买了一斤,回家用天平一称,511克,多了11克。赵根算是服了枣糕张。

⑩有人说:"枣糕张,你应该申请专利了。"枣糕张嘿嘿笑:"申那玩意儿干啥?这东西谁都能做。没啥可保密的。"

⑪枣糕张凭着卖枣糕,修缮了房子,还买了一辆三轮车,专门用来卖枣糕。村里人背后议论:"枣糕张做生意太固执,不灵活,要不早发啦!"枣糕张听后依旧笑笑:"我自有我的规矩!"至今,柳河村也只有枣糕张卖枣糕。

(有删改)

1. 枣糕张做枣糕很有讲究,请你根据文章第④—⑦段内容说说这种"讲究"体现在哪些方面。

2. 请简要分析文章第①②两段的作用。

3. 村里人议论枣糕张做生意太固执,不灵活。枣糕张听后笑笑:"我自有我的规矩!"请你仔细阅读全文,说说枣糕张做生意有哪些"规矩",并联系现实,谈谈你如何看待他对自己"规矩"的坚守。

附 参考答案

一、答案示例

1. ①凌晨听到木鱼声及产生的神秘玄想(夜听木鱼声,感觉神秘,猜想敲木鱼的人和木鱼的意义)

②后来我慢慢成为老人忠实的顾客③迁居后对卖木鱼馄饨老人的怀念

2. 这句话内容上表达了作者对卖馄饨老人的怀念和崇敬之情,结构上与上文"每天工作到凌晨都要吃完一碗馄饨才开始继续工作"相照应,使全篇浑然一体。

3. 答案示例:作者运用外貌、语言描写,"一袭布衣""馄饨完全是用精肉做成"表现老人平凡、朴实、真诚,通过叙述老人的话"不有失尊严得大声嚷,而用木鱼做讯号不搅扰他人"表现他心灵高贵;通过写"每天凌晨木鱼声总是响进窗口"从侧面表现他勤劳。作者运用描写、叙述相结合,正面描写与侧面描写相结合的方法,使卖馄饨老人的形象生动而感人。

二、答案示例

1. 要点:(1)原料讲究(只用柳河沿岸的黏稻米;好的沧州金丝小枣;好的荆芥蜜)(2)工序讲究(黏稻米用清水浸泡10天;把枣用清水洗好放在荆芥蜜桶里,做时撒一层黏稻米,撒一层蜜枣,一共撒三层米两层枣)(3)产量讲究(每天只做30斤黏稻米的枣糕)(4)配料讲究(30斤黏稻米放3斤蜜枣)。

2. (1)介绍枣糕张的枣糕独具风味,供不应求;说明枣糕张得名的由来;枣糕张的手艺是五代单传;(2)设置悬念,为下文介绍枣糕张严守规矩作铺垫。

3. 要点:(1)①保证产品质量(做枣糕时原材料、配方、工序等都很讲究,保证了产品的质量);②保证产品斤两(卖枣糕时斤两充足,只多不少)③不申请专利,坚持祖传经营理念和经营模式。(2)对枣糕张坚守自己"规矩"的看法:①联系现实。②可以肯定枣糕张坚守"规矩"的诚信;也可以否定枣糕张不与时俱进;还可以部分肯定部分否定;言之有理即可。

(编写　吴海燕)

能有自己的情感体验,初步领悟作品的内涵

从百草园到三味书屋

【内涵释义】

情感是人对客观事物是否满足自己的需要而产生的态度体验。体验是在实践中认识事物,或亲身经历,也指体察、考察。

内涵是一种抽象的感觉,是某个人对一个人或某件事的一种认知感觉。内涵不是广义的,是局限在某一特定人对待某一人或某一事的看法;内涵不是表面上的东西,而是内在的,隐藏在事物深处的东西,需要探索、挖掘才可以看到。

能有自己的情感体验,初步领悟作品的内涵是指在阅读文本后,读者对文章的内容和表达有自己的态度体验,有自己的看法,能初步理解文本,领悟作者想要通过文本表达的内涵。

【引领读悟】

以《从百草园到三味书屋》为例,落实本点。

学习准备

关于《从百草园到三味书屋》一文的写作背景:

当时我国正处在第一次国内革命战争高潮时期。一方面,国共合作的国民革命军顺利北伐,冲击着北洋军阀的统治。另一方面,封建军阀和帝国主义势力加紧打压革命力量,斗争很尖锐。鲁迅先生始终坚定地站在爱国青年学生一边,站在斗争的最前列,写下了《纪念刘和珍君》等一系列文章,与反动势力进行了毫不妥协的战斗。因而被诬陷,被通缉。为了安全起见,鲁迅先生于1926年9月初到达厦门,经林语堂推荐,在厦门大学国文系任教。在厦大仅130多天的日子里,鲁迅就为革命风暴在南方的兴起而欢欣鼓舞,可是,不久鲁迅就发现,骨子里厦门也和北京没有什么两样,"沉沉如

死"。厦大校长兼国学院院长林文庆,是个顽固守旧分子。林文庆与跟踪鲁迅而来的"现代评论派"分子串通起来,以种种卑劣手段排挤鲁迅。鲁迅此时又陷入渴望战斗而不可得的新的孤寂与苦闷之中,于是,对于往事的回忆便开始在他心中酝酿了。他以"旧事重提"为题,陆续发表回忆文章,后结集为《朝花夕拾》。"朝花",即清晨带露珠、色香"自然要好得多"的鲜花,指鲁迅青少年时的事;"夕拾",是说直到中年以后才在回忆中把它们写出来,借以慰藉"夕时""离奇和芜杂"的心情。《朝花夕拾》中的散文,形式多样,笔法灵活,抒情之中见讽刺,叙述之中显深意,严肃的内蕴常以幽默诙谐的语言出之,构成了独特的艺术风格。《从百草园到三味书屋》写于1926年,是一篇回忆童年生活的散文,收在《朝花夕拾》(原名《旧事重提》)中。

关于百草园和三味书屋:

百草园,绍兴城内鲁迅家房屋后面的园子。三味书屋,在鲁迅家附近。鲁迅小时候(12岁到17岁)在这里读书。三味书屋是绍兴城内新台门寿怀鉴(字镜吾)先生寓所内的一间房子,用为书塾。"三味书屋"其中的"三味"之意是"读经味如稻粱,读史味如肴馔,读诸子百家味如醯醢(xīhǎi)"。(引自寿镜吾之子寿洙邻写的《我也谈谈鲁迅的故事》)醯是醋,醢是用鱼肉做成的酱。醯醢泛指佐餐的调料。书屋柱子上还有一副对联:至乐无声唯孝悌,太羹有味是诗书。

初读课文《从百草园到三味书屋》,扫除字词障碍。

导入新课

教师:(多媒体播放歌曲《童年》开头片段)听到这首歌我们都不禁想起自己的童年,童年的生活是多么美好!谁能谈谈自己童年的美好回忆?(学生畅所欲言)其实,每个人都有值得回忆的童年,即使是大作家鲁迅也不例外。今天,我们就一起循着先生的足迹,走进《从百草园到三味书屋》,走进鲁迅先生的童年世界。

叙述目标

教师:这节课,让我们一起再次走进鲁迅先生的童年生活。了解童年时爱美丽自然景物,爱民间传说,爱读书学习,爱一切新鲜活泼生活的鲁迅先生。理解鲁迅在离别故乡流离颠沛中,追忆童年生活时的一种惆怅的失落感。并在今昔对比中体味鲁迅童年的童真童趣,感受如今美好的学习生活。

引领读悟:文学　说明性文章　科技作品　>>>

阅读渐进引领

第一步:学生读文本,整体感知文章内容。

教师:请同学们大声朗读课文,画出自己最喜欢的词语、句子和读不懂的内容,对文章进行整体感知。

请大声朗读课文,对文章进行整体感知。积累词语或句子,并就自己读文章的感受提出自己的疑惑。	⬅	1. 朗读要正确流利,力求有感情。 2. 注意停顿、语速、重音、语气等。 3. 用不同符号分别标记两类句子。 4. 整理自己的困惑。

学生大声朗读课文,初步感知文章内容。

学生交流自己最喜欢的词语、句子,并阐述理由。

学生回答预设1:我喜欢课文第7段,这段写的关于捕鸟的一连串动词。如"扫开""露出""支起""撒些""系""牵""拉"等一连串动词,清晰准确地记下捕鸟的全过程,可见"我"的童年时代,十分喜爱捕鸟。

学生回答预设2:我喜欢课文第2自然段描写百草园的景物和童年的生活情趣,写得具体、生动。

学生回答预设3:我喜欢长妈妈讲的美女蛇的故事。故事本身虽然让人有点害怕,有点担心,却强烈地吸引着孩子们,引发了他们的好奇心,也吸引着我,也给百草园增添了几许神秘色彩。

第二步:进入问题解决。

学生在小组内交流自己的困惑,以组为单位将问题分类整理,之后各组汇报问题分类情况。

学生回答预设1:作者为什么要写百草园和三味书屋?

学生回答预设2:作者是怎样写百草园和三味书屋的?

学生回答预设3:少年鲁迅视百草园为乐园,但他是一位用功读书的学生,两者有矛盾吗?

学生回答预设4:作者对百草园和三味书屋感情是怎样的? 为什么会这样?

学生回答预设5:作者为什么写了百草园,还要写三味书屋?

教师从学生的困惑中梳理出一个主问题进行研讨:作者是怎样写百草

园和三味书屋的？对百草园的生活与三味书屋中的生活又有什么不同的感受？

第三步：教师指导点拨。

（一）教师抛出分问题一

教师：同学们，请仔细观察标题，你能从标题读出什么？

学生独立思考，个体准备答案。

教师指定学生个体展示答案。

学生回答预设1：我从标题看出了作者要写的两个地点"百草园"和"三味书屋"。

学生回答预设2：我从标题还看出了本文的写作内容。百草园和三味书屋是鲁迅童年生活过的两个地方。

学生回答预设3：鲁迅先生用"从……到……"的标题把它们联系在一起，带有比照意味。可以看出，全文是按空间转移顺序写的。

学生回答预设4：《从百草园到三味书屋》是一篇回忆童年生活的优美散文。课题用"从……到……"两个介词点明了作者回忆童年生活的地点范围。

教师提示相关注意：标题的作用。文章标题的作用是记叙文阅读中常见题型之一，就是分析文章标题的作用。常常用这样的形式提问："为什么用这样的标题？""这样的标题有什么好处？""可否替换一个标题？"那么，这样的题目应从何下手。其实，这样的题型是有章可循的。标题无非有这样几种作用，通常两到三种作用组合。我们来看：1. 标题运用的修辞手法或写作手法的作用，如象征、比喻、一语双关等。例：《蔷薇几度花》，运用了象征的手法。用"蔷薇花"象征了老人淡然、不强求的品质。《不要让一粒沙成为你的阻碍》，标题运用比喻的手法，把小困难比作"一粒沙"。《那扇门》，标题运用一语双关的手法，既指生活中的"门"，又指孩子的"心门"。2. 交代文章的写作内容。例：鲁迅《一件小事》，标题交代文章写作内容——一件小事。3. 交代文章的写作对象。例：胡适《我的母亲》，标题交代文章写作对象——我的母亲。4. 交代写作顺序。例：鲁迅《从百草园到三味书屋》，标题交代文章写作顺序——空间顺序。5. 交代文章主题、情感。例：聂华苓《亲爱的爸爸妈妈》，标题交代文章表达的情感——对爸爸妈妈的热爱。6. 设置悬念，激发读者阅读兴趣。例：位梦华《旅鼠之谜》，设置悬念，激发读者阅读兴趣。7. 是文章行文的线索。例：林海音《爸爸的花儿落了》，文章以

19

引领读悟:文学　说明性文章　科技作品　>>>

花开花落为线索。

教师:通过对标题"从百草园到三味书屋"分析,我们可以看出本文的写作内容和顺序。

| 阅读时抓住地点的变化可将全文分为两部分。那应怎么划分呢? | ← | 学生快速浏览课文,试着划分,并在书中做出批注,概括出各部分大意。 |

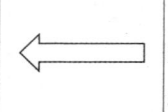

教师指定学生个体展示答案。

学生回答预设1:全文可分两部分。第一部分(1—8段):回忆百草园的有趣生活。第二部分(9段—结束):回忆在三味书屋读书的经历。

学生回答预设2:我在划分时有个更好的办法,想跟大家分享一下。我找出了两段生活的过渡段,来划分文章结构。第9段,是过渡段,承上启下,由此全文分为两部分。

学生回答预设3:我用的是概括每段段意,再划分部分的方法。本文第1段,总的介绍百草园情况。点出是"我的乐园",充满留恋之情。第2段,写热天百草园充满无限乐趣。第3—6段,写长妈妈讲的美女蛇故事及"我"的感慨。第7—8段,写冬天百草园雪地捕鸟的乐趣。第9段,是过渡段,告别百草园去书塾读书。第10—11段,写入学的情形。介绍了书屋和先生。第12—16段,写不准提课外的问题。第17—20段,写不准去后园玩。第21—24段,写师生读书的可笑情景,"我"趁先生读书入神时画画儿。从而我把本文划分为两部分。

教师:这三位同学回答的都很好,都经过了自己的认真思考。

教师点拨阅读方法:由此可以看出掌握过渡段的作用很重要,过渡段的作用有:1.承上启下。这有两层含义:一层是结构上的;另一层是内容上的。结构上就是对整体的把握,增加条理和文章的语言的流畅性。内容上就是对上面篇幅的总结和对下面篇幅的总起作用。关于结构类考题有几种常见类型:将某个段落(或句子)抽出后问应加在哪两个段落之间,并写出理由;或问某个段落可否删掉,并写出理由;也问行文顺序(或段落)可否颠倒。2.分段。有明显过渡段时,文章分层一般把过渡段分在后一段。3.概括段意。过渡段是对上下内容的概括,并且用关联词把上下两段从内容上联系起来,使下文的出现不显得突然。4.理解思想内容。总结上文的思想和感情,起转折、递进等作用。5.归纳中心。点明文章中心,升华主题,使感情色彩鲜明。

教师:朗读第一段,找出关键句"连那最末次的相见也已经隔了七八年,其中似乎确凿只有一些野草;但那时却是我的乐园"。"似乎"表示对自己的印象不能完全肯定,"确凿"则是完全肯定的语气。矛盾吗?该怎样理解作者的用意?

学生回答预设1:"似乎"是因为不相见已隔了七八年,印象模糊,"确凿"是因为童年生活快乐而难忘记。

学生回答预设2:关键句是"但那时却是我的乐园",表达了我对百草园的喜爱之情。

朗读课文2—8段,划出作者重点描写的事物和能准确表达事物特点的词语并做简要分析。 ← 重点引导学生如何描写景物。先独立思考,再小组讨论,小组代表再展示答案。

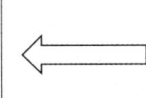

小组讨论,小组代表展示答案。

学生回答预设1:我找的是文章第二段,本段抓住石井栏、鸟儿等事物的特点描写,符合儿童心理。石井栏"光滑"表明长年累月摸,写出少年鲁迅多次好奇地摸。"直窜"写出鸟儿的机灵轻捷和儿童羡慕不已的心理。

学生回答预设2:多角度写景,形声色味俱全,春夏秋齐备,视觉听觉触觉味觉皆有;桑葚、菜花在春末,蝉鸣在盛夏,蟋蟀到秋后才叫,与后文冬季合成四季图,构思极精巧。

学生回答预设3:融情入景,景中有人,表现儿童好奇,热爱大自然的性格特点。

学生回答预设4:2—8段写景有序,层次井然,条理分明,活泼多姿。本文采取了由整体到局部,由远及近、由高到低、从静到动、先夏后冬的顺序,对百草园的景物作了有层次的描述。先写远远望见的、粗线条的景物,如菜畦、皂荚树、鸣蝉,再写身边、脚下、眼前的景物,如斑蝥、何首乌根、覆盆子果实;先写静止的,如石井栏,再写动态的,如叫天子;先写生机勃勃的夏季,再写别有情趣的冬季。"不必说……也不必说……单是……就"用"单是……

就"突出后者。

教师总结：

同学们划的作者重点描写的事物非常全面,准确表达事物特点的词语也划得非常准确,分析得也很到位。本文采取了由远及近、由高到低、从静到动、先夏后冬的顺序,对百草园的景物作了有层次的描述。先写远远望见的、粗线条的景物,如菜畦、皂荚树、鸣蝉,再写身边、脚下、眼前的景物,如斑蝥、何首乌根、覆盆子果实；先写静止的,如石井栏,再写动态的,如叫天子；先写生机勃勃的夏季,再写别有情趣的冬季。又如作者对捕鸟经过的记叙,虽然仅仅用了两个句子共 100 个字,但写得很细致,很有层次。第一句,简洁交代了冬季捕鸟的条件。第二句,着重写捕鸟经过。这一小段记叙,语序顺正而严格,非常生动地将捕鸟经过写了出来。

| 冬季百草园的特点,"比较的无味"该怎么理解？下雪后又有哪些趣味？ | ← | 朗读本段内容,联系上下文,抓住关键词句仔细品味"无味""趣味"。运用圈点批注法在书上标注。 |

教师指定学生个体展示答案。

学生回答预设1:"比较的无味,雪一下,可就两样了。"有雪则好玩,尤其是捕鸟,相对其他三季,乐趣少些,但还是有的。

学生回答预设2:拍雪人和塑雪罗汉,人迹罕至,不相宜,只好来捕鸟。用字不多,但写出了儿童爱玩心理。

学生回答预设3:我划出了捕鸟的动词。作者对捕鸟经过的记叙,虽然仅仅用了两个句子共 100 个字,但写得很细致,很有层次。第一句,简洁交代了冬季捕鸟的条件。第二句,着重写捕鸟经过。这之中,又是先写捕前必要的准备,创造招鸟环境和确保来鸟落网的可能,强调要先露出一块地面再撒些秕谷,支棒要短,竹筛大而多孔,绳长,人远远牵着,看鸟雀下来后再猛然一拉。最后说明,只要掌握好以上要领,罩住鸟是不成问题的。这一小段记叙,语序顺正而严格,绝不能任意调换。"扫、露、支、撒、系、牵、看、拉、罩"等动词,准确、生动、真切地写出捕鸟的全过程,也写出捕鸟时的兴奋惊喜之情,不点"乐园",却乐在其中。

教师总结:作者通过描写百草园是一个绚丽明快、充满生气的乐园,充分表达了"我"对自由自在生活和大自然的热爱,突出"我"好奇、求知的性格特点。

(二)教师抛出分问题二

教师:那么鲁迅先生又是怎么写三味书屋的生活呢?咱们共同学习一下。

请在书上划出有关三味书屋的环境描写和作者感觉的词。 ← 运用圈点批注法在书上划出有关三味书屋的环境描写和作者感觉的词,并批注上自己的感受。

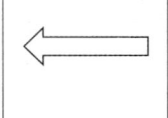

学生静心独立思考主问题。

学生以小组为单位,交流,形成答案。

指定组代表展示本组归纳的答案。

小组代表展示答案。

学生回答预设1:学习环境,呆板。

学生回答预设2:学习生活,枯燥,(正面描写)教学内容单调难明,只读书,习字,对课,古书难明;教学方法死板,发问遭禁止,要打戒尺,罚跪。

学生回答预设3:三味书屋的陈旧、呆板、冷清,与百草园的勃勃生机形成对比。

学生回答预设4:折花,寻蝉蜕,做戏,画画儿,喂蚂蚁是侧面描写。

第四步:学生个体思考。

教师:同学们回答的都很好,下面老师给大家讲讲鲁迅先生在三味书屋读书时的三个故事:

他曾制作一张书签,中间竖写"读书三到:心到,口到,眼到"10个字,夹在书页里。读书时,读一遍书,自上而下盖书签上一个字。这个办法同学们很赞赏,大家都仿效起来。

有的同学整天只想玩,常常背着老师拉别人一起玩。鲁迅为防止同学影响自己的学习,就在书桌的左上角贴了一张三寸长二寸阔的红纸条,纸条上写着"君子自重"4个字。

鲁迅读书时,还要帮助家里做些事,特别是经常为患病的父亲上当铺跑药店。有一次,因多做了些家务,迟到了,受到老师的责备,他就在书桌的右

引领读悟:文学　说明性文章　科技作品　>>>

下角用小刀刻了个"早"字,用以鞭策自己。此后,他就再没有迟到一次。

把这些情况和课文做个比照,教师将思考方向引向之前提出的主问题:作者是怎样写百草园和三味书屋的?对百草园的生活与三味书屋中的生活又有什么不同的感受?

| 请结合老师讲的三味书屋的故事、鲁迅先生写的三味书屋的生活与百草园的生活做个对比。 | ← | 学生回顾对这两个分问题进行分析的过程,梳理分问题与主问题之间的关联,形成口头或笔头答案。 |

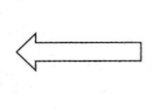

第五步:教师指定个体展示答案。

学生静心独立思考问题。

学生回答预设1:只要学生读自己的书,不应多问不必要的问题,反映了先生的迂腐,也指出这种教育制度不可取,会大大挫伤学生求知的主动性和积极性。

学生回答预设2:寿镜吾先生学识渊博,对学生要求严格,但他仍有和蔼、开明的一面,对罚跪、打掌心等落后的教育方式持保留的态度。鲁迅先生一直对他怀有深深的敬意。

第六步:小组讨论归纳答案。

学生以小组为单位,交流,形成口头或笔头答案。

第七步:指定组代表展示本组归纳的答案。

小组代表展示答案。

学生回答预设1:嘲讽脱离实际的清末私塾教育,揭露封建社会对儿童身心健康的漠视、束缚、残害。

学生回答预设2:真实地再现封建时代少年儿童入学前后的生活,表现了少年儿童热爱大自然,探求各种知识的广泛的生活兴趣,表达了作者对生气蓬勃的少年生活的怀念和追求。鲁迅还是一位热爱学习的好学生,他只是对束缚儿童身心发展的封建教育不满而已。

学生回答预设3:表现了儿童热爱大自然,喜欢自由快乐生活的心理,同时对束缚儿童身心发展的封建教育表示不满。

学生回答预设4:作者认为在百草园中有无穷的乐趣;三味书屋的生活也是充满新奇新鲜的读书乐趣的。文章虽先后写了两种不同生活,但它们在叙述格调上是浑然一体的,前后也是一致的。第一部分(1至9段)写的是"我"在百草园中的无穷乐趣。第二部分(10至24段)写的是"我"在三味书屋中读书成长的生活。这就是本文的大体结构。

第八步:教师评价点拨。

教师:少年鲁迅视百草园为乐园。但他又是一位用功读书的学生,两者不矛盾。只有深刻体味到在"百草园"这个自由广阔的天地里能够享受到无穷乐趣这一点,才能进一步理解"三味书屋"单调、沉闷、枯燥的生活是怎样束缚和摧残着儿童身心健康的发展的。我们在阅读时要有自己的情感体验,要掌握能初步领悟作品的内涵的方法。

课堂总结

全文前写百草园,后写三味书屋。就局部而言,写百草园含三大块内容:夏天的百草园、美女蛇的传说、冬天的百草园。写三味书屋,先写三味书屋坐落的位置及格局陈设,写第一次行礼、第二次行礼,插叙"怪哉"虫的传说,后写读书生活(读书、习字、对课),写溜到后园里玩耍,再写师生朗读,写孩子们偷偷在课堂上做戏、描绣像。作者就是这样,把一幅幅生活图画展现在我们面前。

这一幅幅画面,按照作者的思路,是有其内在联系排列在一起的。这种联系主要表现为内容上合乎逻辑、顺乎情理的承前启后,同时作为一篇好文章,在形式上也要求有相应的过渡文字,起到结构全文的黏合剂的作用。我们在阅读文本后,对文章的内容和表达要有自己的态度体验,有自己的看法。

文章第一段,以回忆的口吻,简洁概括介绍百草园的位置、规模、名称、变迁、景观,特别点出"那时却是我的乐园"。那么,"乐"在何处呢?带出下文。第二段写乐在夏季。第三段,由"长的草"不去,因为相传有"赤练蛇",为下段写美女蛇搭了"桥"。第四、五段正好写乐在关于美女蛇的奇妙传说。这传说写完,第六段稍加议论,作为前文的收束。第七段,以"冬天的百草园比较的无味"一句起步。关键是"比较"二字,跟谁比呢?显然,是跟刚刚写完的夏天的百草园比。于是第七、八段写雪地捕鸟之乐。一直到第九段将被送进书塾而无限留恋地告别百草园一虫一鸟,一草一木,几行动人的抒情,完成转而记叙三味书屋生活的过渡。这样,在初步理解文本的基础上,就能领悟作者想要通过文本表达的内涵。

【板书设计】

从百草园到三味书屋
鲁迅

百草园 { 景物：美好
　　　　 故事：神奇：（插叙）→热爱自由的童年生活（我的乐园）
　　　　 捕鸟：有趣

　　相↓对
　　比↓照

三味书屋 { 环境：封闭
　　　　　 先生：迂腐　　→不满束缚的封建教育（我的苦地）

【智慧训练】

阅读短文，完成下列各题。

一

幽径悲剧

季羡林

①出家门，右转，只有二三十步，就走进一条曲径。有二三十年之久，我天天走过这一条路，到办公室去。因为天天见面，也就成了司空见惯，对它有点漠然了。

②这一条路在燕园中是极为幽静的地方。学生们称之为"后湖"，他们很少到这里来的。我上面说它平平常常，它其实是颇为不平常的。一面傍湖，一面靠山，蜿蜒曲折，实有曲径通幽之趣。山上苍松翠柏，杂树成林。无论春夏秋冬，总有翠色在目。不知名的小花，从春天开起，过一阵换一个颜色，一直开到秋末。到了夏天，山上一团浓绿，人们仿佛是在一片绿雾中穿行。林中小鸟，枝头鸣蝉，仿佛互相应答。秋天，枫叶变红，与苍松翠柏，相映成趣，凄清中又饱含浓烈。几乎让人不辨四时了。

③这一条神奇的幽径，情况大抵如此。

④在所有的这些神奇的东西中，给我印象最深、让我最留恋难忘的是一株古藤萝。藤萝是一种受人喜爱的植物。清代笔记中有不少关于北京藤萝的记述。在古庙中，在名园中，往往都有几棵寿达数百年的藤萝，许多神话故事也往往涉及藤萝。北大现在的燕园，是清代名园，有几棵古老的藤萝，

自是意中事。我们最初从城里搬来的时候,还能看到几棵据说是明代传下来的藤萝。每年春天,紫色的花朵开得满棚满架,引得游人和蜜蜂猬集其间,成为春天一景。

⑤但是,根据我个人的评价,在众多的藤萝中,最有特色的还是幽径的这一棵。它既无棚,也无架,而是让自己的枝条攀附在邻近的几棵大树的干和枝上,盘曲而上,大有直上青云之概。因此,从下面看,除了一段苍黑古劲像苍龙般的粗干外,根本看不出是一株藤萝。每到春天,我走在树下,一股幽香蓦地闯入鼻官,嗡嗡的蜜蜂声也袭入耳内,抬头一看,在一团团的绿叶中,根本分不清哪是藤萝叶,哪是其他树的叶子,隐约看到一朵朵紫红色的花,颇有万绿丛中一点红的意味。直到此时,我才清晰地意识到这一棵古藤的存在,顾而乐之了。

⑥经过了史无前例的十年浩劫,不但人遭劫,花木也不能幸免。藤萝们和其他一些古丁香树等等,被异化为"修正主义",遭到了无情的诛伐。六院前的和红二三楼之间的那两棵著名的古藤,被坚决、彻底、干净、全部地消灭掉。是否也被踏上一千只脚,没有调查研究,不敢瞎说;永世不得翻身,则是铁一般的事实了。

⑦茫茫燕园中,只剩下了幽径的这一棵藤萝了。它成了燕园中藤萝界的鲁殿灵光。每到春天,我在悲愤、惆怅之余,唯一的一点安慰就是幽径中这一棵古藤。每次走在它下面,嗅到淡淡的幽香,听到嗡嗡的蜂声,顿觉这个世界还是值得留恋的,人生还不全是荆棘丛。其中情味,只有我一个人知道,不足为外人道也。

⑧然而,我快乐得太早了,人生毕竟还是一个荆棘丛,绝不是到处都盛开着玫瑰花。今年春天,我走过长着这棵古藤的地方,我的眼前一闪,吓了一大跳:古藤那一段原来凌空的虬干,忽然成了吊死鬼,下面被人砍断,只留上段悬在空中,在风中摇曳。再抬头向上看,藤萝初绽出来的一些淡紫的成串的花朵,还在绿叶丛中微笑。它们还没有来得及知道,自己赖以生存的根干已经被砍断,脱离了地面,再没有水分供它们生存了。它们仿佛成了失掉了母亲的孤儿,不久就会微笑不下去,连痛哭也没有地方了。

⑨我是一个没有出息的人。感情太多,经常为一些小动物、小花草惹起万斛闲愁。真正的伟人们是决不会这样的,我注定是一个渺小的人,也甘于为一些小猫小狗小花小草流泪叹气。这一棵古藤的灭亡在我心灵中引起的痛苦,别人是无法理解的。

⑩我隐隐约约听到古藤的哭泣声,细如蚊蝇,却依稀可辨。它在控诉无端被人杀害。它在这里已经待了二三百年,虽阅尽人间沧桑,却从无害人之意。每年春天,就以自己的花朵为人间增添美丽。焉知一旦毁于愚氓之手。它感到万分委屈,又投诉无门。在茫茫人世中,人们争名于朝,争利于市,哪里有闲心来关怀一棵古藤的生死呢? 于是,它只有哭泣,哭泣,哭泣……

⑪世界上像我这样没有出息的人,大概是不多的。古藤的哭泣声恐怕只有我一个能听到。在浩茫无际的大千世界上,在林林总总的植物中,燕园的这一棵古藤,实在渺小得不能再渺小了。你倘若问一个燕园中人,绝不会有任何人注意到这一棵古藤的存在的,绝不会有任何人关心它的死亡的,绝不会有任何人为之伤心的。偏偏出了我这样一个人,偏偏让我住在这个地方,偏偏让我天天走这一条幽径,偏偏又发生了这个小小的悲剧;所有这一些偶然性都集中在一起,压到了我的身上。我自己的性格制造成的这一个十字架,只有我自己来背了。奈何,奈何!

⑫但是,我愿意把这个十字架背下去,永远永远地背下去。

一九九二年九月十三日

1. "这一条神奇的幽径,情况大抵如此"中的"如此"指的是什么?(答题不超过20字)

2. 本文写的是一棵古藤的悲剧,却题为"幽径悲剧",请结合全文简要分析这种扩大化的作用?

3. 文章结尾说"但是,我愿意把这个十字架背下去,永远永远地背下去"请结合语境说出"十字架"和"背"各有怎样的含义?你对这句话又有怎样的认识?

二

永远的槐花蜜

赵学儒

①初夏,老乡进城,带来蜂蜜,是槐花蜜,即槐花盛开时蜜蜂采粉酿成的蜜。老乡说,这是头茬槐花蜜,是一年中最好的蜜,是咱太行山区最地道的蜜。老乡的一番话,把我带回到了三十年前的太行山老家。

②我老家是个被大山围起来的村子,因为少雨,山上栽满耐旱的槐树,每年春天柳绿之后,山上的槐树便开了花。近看朵朵串串,远望成片,从空中俯视,沟沟梁梁都是雪色。轻风摇曳,花海泛起股股波浪,吹来缕缕花香。

这时,便有无数蜜蜂如天兵天将蜂拥而至,之后趴在花蕊上,再无声息,专心采粉。

③那时老家穷,乡亲们都要采槐花,或自己吃,或喂猪。一次,我跟母亲上山去采花,她用长钩钩下树枝,我把槐花摘下,放到袋子里。<u>母亲的手被槐刺刺破,鲜血直流,母亲却笑笑,甩甩手指上的血</u>,继续采。我家八口人,爷爷奶奶老了,失去了劳动能力,我爸在外地教书,很长时间回家一次,我们兄妹四个都在上学,母亲的辛劳可想而知。

④记得那日母亲穿了一件绿褂子,在白色花海中格外显眼。橘红的阳光也从树缝探下头来,与她的微笑糅在一起,越发灿烂。我摘了一朵小花放到嘴里,咂咂滋味,开始有点苦涩,却越嚼越香、越嚼越甜。我们满载而归,身上还带着香甜的味道。

⑤母亲把槐花带回家,摊在干净的地上晾晒,便于存放。接着,她开始鼓捣猪食。她把槐花放进大锅,点燃灶膛的火,等锅里的水烧开了,槐花瘪下去了,又把一些谷糠放进去搅拌,再兑些凉水,开始喂猪。圈里是黑白两只猪,一顿吞咽。年终,母亲把一只猪卖掉,还"缺粮款",另一只杀了,肥肉炼成坨,作为全家一年的油水。

⑥我成家之后,在附近的水电站上班,家里的事基本落在妻子肩上。我上班是三班倒,一次早上下班回家,知道妻子去采槐花了,便去接她。山上,阳光灿烂,就像舞台上的灯光,槐花漫山遍野地舞蹈。一群群蜜蜂来了走,走了来,嗡嗡声此起彼伏。在这片雪白的花海中,妻子头上的红纱巾分外妖娆。采完花,妻子开始下山。她的肩上背着装满槐花的筐子,筐子上还摞着鼓鼓囊囊的麻口袋。下坡时几乎是一路出溜,妻子的腰杆却总是挺得笔直,抵住筐子和口袋。回到家,她解下被汗水浸透的纱巾,让我替她拔头皮里的槐刺。猛地拔出来,殷红的血也跟着渗出来。

⑦那年,我们家盖新房,妻子特地养了三只猪,或卖了钱支付材料费,或用来招待帮工。为了让猪吃饱喝足快些长大,妻子采回了很多槐花,晾晒在房前屋后、坡坡台台,吸引了很多蜜蜂前来。老乡说,我知道城里什么都有,但这蜂蜜是自己家的,可甜了。我也没客气,认真地对老乡说,这蜂蜜永远是最好的。

(选自《光明日报》2017年6月2日15版)

1. 结合语境,说说文中画线句的作用是什么。下文有句话跟它照应,你能找到吗?

2. 细读全文,你怎么理解标题中"永远"的意思?

附 参考答案

一、参考答案

1. 有曲径通幽之趣,四季翠色在目。

2. 在作者眼中,这条幽径是他惆怅悲愤之余的精神寄托,古藤的悲剧就是整个幽径的悲剧,将之扩大化,起到了深化主题的作用。

3. "十字架"的含义①怜惜生命,②悲天悯人,③追求真善美。(答出其中的两点即可,意思对则给分)

"背"的含义①承受心灵的痛苦,②遭遇人的误解,③坚守人文精神。(答出其中的两点即可,意思对则给分)

"你对这句话又有怎样的认识"只要观点明确,言之成理即可。

二、参考答案

1. 作用:体现母亲采摘槐花的辛苦和不易,也说明槐花蜜来得艰辛。照应句:猛地拔出来,殷红的血也跟着渗出来。

2. 槐花蜜蕴含亲情、故乡情,而这些情感一直深藏在作者心中,所以是"永远"的。(言之有理即可)

(编写 陈丽芝)

对作品的思想感情倾向,能联系文化背景作出自己的评价

风筝

【内涵释义】

对作品的思想感情倾向,能联系文化背景作出自己的评价,即要求学生在对文章思想内容和作者的观点、态度正确领会的基础上,将作品放置于文化背景之下作出恰当的评价。人的思想感情是复杂的,文章的思想感情往往也不是单一的。作品总是作者在特定时代背景下,针对特定时期的问题"有感而发"所作,作品大都是特定时代文化背景的产物。因此,联系作者所处的时代文化背景,是对作品的思想感情倾向作出恰当评价的前提。

【引领读悟】

以鲁迅的《风筝》为例落实本点。

学习准备

学生准备:课前自读课文,借助工具书解决生字词问题,用简洁的语言概括各段的内容。圈画出文中不理解的词语或句子,并提出不懂的疑难问题。搜集整理记叙文六要素及相关知识点,搜集整理有关人物形象刻画的基本方法及作用,查阅与本文内容相关的背景资料。

教师准备:收集整理学生存在的问题,做好分类;针对学生存在的问题及本节课所要解决的重点问题做好充分的预设;充分准备与本文内容和作者相关的背景资料;借助多媒体辅助教学。

导入新课

教师:温馨和美的亲情动人心弦,感人至深,在误解和冲突中的亲情更是真挚而令人难忘。今天我们就一起走进鲁迅先生的《风筝》,与他一起重温小时候自己和弟弟之间围绕风筝发生的那件小事,透过灵动的文字去探寻鲁迅先生的内心世界。

引领读悟:文学　说明性文章　科技作品　>>>

叙述目标

通过朗读课文,学生在理解词、句、段的基础上,用简洁的语言概括文章的主要内容;通过对人物细节描写的语句分析,探究人物内在的思想性格特征;通过品析文中关键语句,联系作者所处的时代文化背景,感受作者由惊异、悲哀到后悔自责、心情沉重的感情经历,形成自己的理解,探究作者的思想感情。

阅读渐进引领

第一步:学生读文本,整体感知文章的主要内容。

教师:首先请同学们速读课文,圈画出本文出现的主要人物及与之相关的时间、地点、主要事件,以及事件的起因、经过、结果等标志性词语、句子或段落,明确文中出现的人物有哪些;事件发生的时间、地点;事件的具体过程怎样;结局如何。

学生回答预设:文中出现的人物有"我"和弟弟,事件发生的时间应该在"草长莺飞"的初春。事件的具体过程是在家里堆积杂物的小屋里,发现了正在做风筝的弟弟,"我"愤怒地把风筝毁掉了。

教师:刚才的同学基本上把问题的要素找全了,但是对事件的结局概括还欠缺一点,哪位同学能够给予补充?

学生回答预设:事件的结局是"我"愤怒地毁掉了弟弟的风筝,当时觉得很得意,但后来在读了一本外国的讲论儿童的书后开始后悔,在连补过的机会都没有的情况下,开始感到深深的内疚和自责。

教师:看来同学们的预习很充分,下面哪位同学能结合上面的解题过程梳理一下一般记叙文事件概括的方法和技巧?

学生回答预设:先在文中圈画出记叙文的六要素,即时间、地点、人物、事件的起因、经过、结果,然后理清这六个要素之间的关系,把它们恰当连接,最后用简洁的语言概括出文章的主要内容。

教师:通过上面的学习,我们初步地了解了文章的主要内容。下面我们就一起走进文本,在分析灵动的文字过程中去感悟鲁迅先生的内心世界,进而探究本文的主题。结合同学们在预习过程中提出的疑问,我把这些疑问整合归纳成以下两类问题。

第一类问题:从微观的词句层面来探究主人公("我"和小兄弟)的内心世界。

这类问题主要有:

1. 在文中圈画出表现"我"得知弟弟背着"我"做风筝时的词句,并分析这样写的作用。

2. 圈画出小兄弟的秘密被发现时的神情,并结合文章内容分析这样写的作用。

3. 圈画出文中表现小兄弟喜欢放风筝的词句,并结合文章内容分析这样写有什么作用?

以上三个问题可以整合成一个大问题,即"在文中圈画出我和弟弟对风筝态度的词语、句子,并思考这些词语、句子在文中的作用"。

第二类问题:结合文章内容和写作背景来深入探究文章的主题是什么。

这类问题主要有:

1. 看到一本外国的讲论儿童的书,为什么说是"不幸"?

2. 文中所说的"对于精神的虐杀的这一幕",具体指什么?如何理解"精神的虐杀"?

3. 谈谈你对文章结尾"我倒不如躲到肃杀的严冬中去吧,但是,四面又明明是严冬,正给我非常的寒威和冷气"这句话的理解。

第二步:进入问题解决。

教师:下面我们就结合文本具体内容来解决上述问题,首先请同学们速读课文,思考并完成第一类问题。

第三步:教师指导点拨。

教师:要想解决这些问题首先要明确记叙文刻画人物形象的方法,即外貌描写、语言描写、动作描写、神态描写、心理描写等,结合文章中描写人物形象的词语、句子深入分析人物形象的内心世界。

第四步:学生静心独立思考,读出认识,读出感受。

学生:精读文本,结合老师的提示在文中圈点批注出相应的信息,并梳理出答案要点。

第五步:教师指定学生个体展示答案。

教师:下面请同学们速读课文,思考并完成下面的问题。

引领读悟:文学　说明性文章　科技作品　>>>

| 在文中圈画出我和弟弟对风筝态度的词语、句子,思考这些词语、句子在文中的作用? | 在阅读文本的过程中,抓住主要人物并找出与之相关的语言、动作、神态、心理变化方面的词语或句子,特别是动词、形容词、副词等,在此基础上结合文本内容分析人物的内心世界,进而归纳出指向问题的有效信息。 |

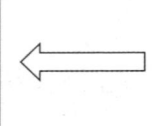

学生回答预设:"张着小嘴,呆看着空中出神,有时至于小半日。远处的蟹风筝突然落下来了,他惊呼;两个瓦片风筝的缠绕解开了,他高兴得跳跃。"这句话是从小兄弟的神态方面写出了他对风筝的喜爱之情。

教师:很好,谁还有更详细的分析吗?

学生回答预设:"张着小嘴,呆看着空中出神,有时至于小半日。"这句话中"张着""呆看""出神"等词语是从小兄弟的神态方面写出了他对风筝的喜爱之情。而"远处的蟹风筝突然落下来了,他惊呼;两个瓦片风筝的缠绕解开了,他高兴得跳跃。"这句是从动作方面来刻画小兄弟对风筝的喜爱之情。

教师:文中还有小兄弟对风筝喜爱的词、句描写吗?

学生回答预设:我认为"他向着大方凳,坐在小凳上;便很惊惶地站了起来,失了色瑟缩着。大方凳旁靠着一个蝴蝶风筝的竹骨,还没有糊上纸,凳上是一对做眼睛用的小风轮,正用红纸条装饰着,将要完工了。"这段话也充分地写出了小兄弟对风筝的喜爱,因为只有打心底里喜欢一件东西,他才会做得这么的精致。

教师:从大家的分析中,我也感受到了小兄弟对风筝的喜爱,那么"我"对风筝的态度如何呢?请同学们结合文章具体内容加以分析。

学生回答预设1:从"我是向来不爱放风筝的,不但不爱,并且嫌恶它,因为我以为这是没出息孩子所做的玩艺。"这句中可以看出"我"对风筝的嫌恶,甚至认为它是"没出息孩子所做的玩艺,是笑柄,可鄙的"。

学生回答预设2:从"我在破获秘密的满足中,又很愤怒他的瞒了我的眼睛,这样苦心孤诣地来偷做没出息孩子的玩艺。我即刻伸手折断了蝴蝶的一支翅骨,又将风轮掷在地下,踏扁了。"这句中的"愤怒""折断""掷""踏扁"等词语从神态、动作方面刻画出了"我"对风筝的无比的嫌恶之情。

教师:看来"我"和小兄弟对风筝有着截然不同的态度,那么,小兄弟喜欢风筝有错吗?"我"在这个风筝事件中真的是一个"胜利者"么?带着这些疑问,我们一同去探讨第二类问题。请同学们速读课文思考并完成下面的问题。

| 请同学们思考作者看到远处有一二风筝浮动,为什么感到"惊异和悲哀"? | ← | 在充分阅读文本的过程中,把握事件的来龙去脉,联系上下文,提取文本中与当事人内心世界发生变化相关的词句信息,进而走进人物的内心。 |

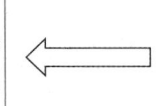

学生回答预设:故乡放风筝的季节是早春二月,而在北京,冬季尚未过去,就放风筝,所以"我"感到惊异。

教师:说的很好,"惊异"我们理解了,那"我"悲哀的又是什么呢,请同学们联系上下文内容来理解。

学生回答预设:我见到风筝,不由想起自己少年时虐杀小兄弟精神的一幕,而且无从补过,所以心头又不禁感到悲哀。

教师:上面两名同学很好地解答了这个问题,那么既然作者是悲哀的,为何"故乡的风筝时节"却写得很温和、鲜明?请同学们速读课文,思考完成下面的问题。

| 请同学们思考"文章总体感情基调是悲哀的,为何故乡的风筝时节却写得很温和、鲜明?" | ← | 提示:文章开头说,"我现在在哪里呢?"在"严冬的肃杀"之中。这时,作者忆及逝去的春天。文章结尾说,又见到故乡的春天;而这时,"四面又明明是严冬"。这首尾的照应是由实而虚——由北京的风筝而想起故乡的春天;又由虚而实——由回忆中的春天进入现实的严冬。 |

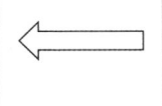

学生回答预设:在"春光明媚"的画面里展开了对往事的回忆,使现实中

35

严冬的"寒威"与回想中春日的"温和"互相映衬、对比,既增添了回忆往事哀婉动人的力量,又使文章带上几分明丽的色彩,也透露出作者不满黑暗现实、向往光明天地的心情。

教师:根据上面同学的回答,那么在"四面都还是严冬的肃杀,久经诀别的故乡的久经逝去的春天,却就在这天空中荡漾了"这句话中,"为什么说春天久经逝去?为什么又说这春天就在北京的天空中荡漾了?"的答案自然就明确了,这里我们就不再分析了。下面请同学们速读课文,思考完成下面的问题。

| 看到一本外国的讲论儿童的书,为什么说是"不幸"? | ← | 分析"不幸"一词本身的含义,再结合具体的语境来分析,最后纵观全文,结合作者的内心情感来全面分析。 |

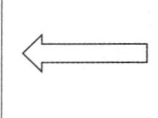

学生回答预设:"不幸"就是不幸运,不是一件好事情,坏的意思,跟"惩罚"一词联系起来理解就应该明白,因为以前的"我"一向以为管小兄弟的方式和方法都是对的,而现在的"我",看到书上的正确的道理,心情一下子就沉重起来,受到惩罚了,良心受到了谴责,可谓"不幸"。

教师:本来是一本无关紧要的书却引发了"我"对"不幸"往事的回忆,让"我"对曾经的自认为"胜利"的往事有了新的认识,所以说是"不幸",下面请同学们速读课文第五段,思考完成下面的问题。

| 文中所说的"对于精神的虐杀的这一幕",具体指什么?如何理解"精神的虐杀"? | ← | 提示:要明确"虐杀者"和"被虐杀者"指的是谁?具体做了什么事情?结果怎么样?为什么说是"精神虐杀"?结合文章词句来品析。 |

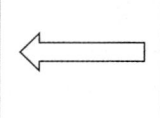

学生回答预设1:从游戏的意义上看,"游戏是儿童最正当的行为,玩具是儿童的天使",游戏使儿童活泼、健康、聪明,不准儿童游戏无异于虐杀儿童的天性。

学生回答预设2:一个纯洁无邪的孩子,他的正常天性,他的合理的愿望,只是因为有悖于大人们的"信条",就不能发展,就得不到实现,甚至要为此付出代价,这使人痛切地感受到其中包含着某种具有悲剧意味的东西。

教师:看来当年"我"损坏的不仅仅是一只风筝,也许更大程度上伤害的是一颗本来应该受到爱抚的稚嫩的心。所以,作者称之为"精神的虐杀",是非常深刻的。因此,"我还能希求什么呢?我的心只得沉重着",既然"我"认识到了自己的错误,就去向小兄弟承认就可以了,为什么还要说"悲哀是无可把握的悲哀"呢?

学生回答预设:"我"希望得到弟弟的宽恕,来抚平他精神的创伤,而弟弟却全然忘却,毫无怨恨,精神被虐杀而全然不自知;"我"因无法补过而心情只能一直沉重下去,这种情况的出现是我没有预料到的,所以说这悲哀是"无可把握"的,想摆脱也不可能了。

教师:看来作者想找一个弥补自己过失的机会都没有了,这的确让人感到悲哀,那么"我"到底悲哀到什么程度呢?下面请同学们速读课文最后一段,小组合作讨论完成下面的问题。

谈谈你对文章结尾"我倒不如躲到肃杀的严冬中去吧,但是,四面又明明是严冬,正给我非常的寒威和冷气"这句话的理解?	←	透过表面现象揭示事物的本质,要结合具体的词句来分析,注意结合文章背景分析"严冬""寒威""冷气"的比喻义、象征义。同时明确作者对作品中的人物、事件表明自己的看法和认识的议论性语句是为记叙服务的,起画龙点睛的作用。

第六步:小组讨论、归纳答案。

学生:以小组为单位,结合文本内容和老师的具体方法指导,归纳问题答案。

第七步:指定组代表展示本组归纳的答案。

学生回答预设:"躲到肃杀的严冬中去",就是不要望见春天,不要望见风筝。这才能忘却,才能摆脱悲哀。我只感觉到"非常的寒威和冷气",不仅指当时的天气,而且指心头的悲凉。当年虐杀者与被虐杀者都被愚昧观念所支配,彼此都不以为有什么错,现在虐杀者有了觉悟而后悔痛苦,而被虐杀者已经全然忘却。觉悟者永远也无法补过,这是尤其令人悲哀的,使人不寒而栗。

第八步:教师或学生评价确认(或补充)答案,升华。

教师:风筝是报春的天使,孩子们因为渴望春姑娘的来临,才用风筝去迎接她、打扮她、赞美她。当年,小兄弟以风筝迎接春天,"我"却演了一场精神虐杀的悲剧,至今难以追悔!那么,现在,小兄弟的"春天"又在哪里呢?"我"的"春天"何在呢?四周都是黑暗,又是谁在制造黑暗呢?百花凋零、生灵涂炭的精神虐杀者又是谁呢?春光时节竟无春,春光季节竟是冬,这又怎能不使"我"产生一种"无可把握的悲哀"呢?这是人民的悲哀,时代的悲哀!在这里,作者已透过自己感受的层层淤积,对于那污浊、腥秽的现实发出了强烈的抗议!正因为这样,作者的感情也就不能不由"悲哀"而走向"悲愤"。作者在篇末写道:"我倒不如躲到肃杀的严冬中去罢,——但是,四面又明明是严冬,正给我非常的寒威和冷气。"这是作者的悲愤,也是人民的悲愤。由此可见,对于温暖光明的时代之"春"的渴望和对于黑暗污浊的现实之"冬"的抗议,也正是《风筝》的重要思想内容。

课堂总结

爱玩是儿童的天性,拥有一个快乐的童年是一个人一生受用不尽的财富,难怪偶然明白道理的"我"心底的悲哀久久拂之不去,受尽一生的内心折磨。在这节课上同学们以自主、合作探究的学习方式从宏观层面抓住了记叙文的六要素,即时间、地点、人物、事件的起因、经过、结果等标志性的词语、句子或段落等全面、深入、细致地概括分析了本文的内容,也从微观的词语、句子、段落等内容的品味,结合时代背景揣摩探究出了文章的主旨,希望同学们在以后阅读一般记叙文的过程中合理地运用。

【板书设计】

风　筝　　{我对弟弟的"精神的虐杀"(自我忏悔)
——鲁迅　 弟弟自甘受辱而全然忘却(社会悲哀)

【智慧训练】
阅读下面文段,完成后面的练习。

一

古典的雪
湄子

①繁华旧梦,人世间如雪一样苍白的底色上用浮华和虚幻铺陈的一幕幕过往。像窗外的落叶,交错重叠地落了下来,纷纷扬扬。终究逃脱不了历史的宿命。碎了的光阴泻在纸上,流淌开来,看上去总有些暧昧。等我们转过身来,其中便有一场美丽的雪让人回味,于是便有了寻梦看雪之作。淡淡的笔墨,宠辱不惊。饱蘸着张岱与这个世界深刻的对视与回望,然后带着生命的气息流落在历史的烟尘里。

②寻梦,泪眼看花,依稀往事尽在不言中。

③寻梦,缘起缘灭,似飞雪入尘,花自飘零随江河。

④寻梦,无边思绪的自我放逐,拾敛生命的碎片,走向重生的炼狱。

⑤这就是张岱。

⑥从市井的繁华走向山林的寂寞,在痛失家国的寂寥中走向个人生活的深处。曾经的富贵荣华如过眼云烟,朝代的更替、家国的兴衰使他痛感人生无常,世事难料。他在《陶庵梦忆》的序中这样陈述了自己的境况:"陶庵国破家亡,无所归止,披发入山,骇骇为野人。故旧见之,如毒药猛兽,愕窒不敢与接。作自挽诗,每欲引决,因《石匮书》未成,尚视息人间……"作为一个真正的文人,张岱始终无法停止内心激情的勃发和文思的涌动,他用著书来拯救死寂的心灵,给绝望的自己以存活的希望和勇气,留给后人一串点亮寂寞夜空的星子,一声人生晚景中壮美的绝唱。

⑦湖心亭的雪是美丽而多情的。它让张岱在孤独和寂寞中偶遇知音,再一次遭遇人生萍水相逢的喜悦和来去匆匆的伤别。而舟子喃喃曰:"莫说相公痴,更有痴似相公者。"这一点睛之笔却一语道破了性情中人率真而为,不为世俗所羁的纵情和疏狂。

⑧张岱是自由的,他虽然失去了仕宦的生活,却在心志的自由中体验了自然的力量和人间的沧桑;张岱是洒脱的,他毅然决然地抛弃了一个令他失望的时代的束缚,以敏锐和睿智对视着世俗的目光而回归了自然。这其中也有着一个没落贵族的孤高自赏的情调和品格,一个落拓文人的良知和冰

雪般的操守。（原文有删减）

1. 张岱"从市井的繁华走向山林的寂寞"，如果他临走时要告诉他的好友离开的原因，请你以他的口吻写一个留言。

2. 作者说张岱"淡淡的笔墨，宠辱不惊"，你赞成吗？说说你的理由。

3. 对于文中的张岱不与清朝合作的做法，你赞成吗？请你就张岱这一形象作出评价。

二

炊烟是乡村的水墨画

刘世河

①说起思乡之情，最贴切的莫过于"魂牵梦绕"这四个字了，而最令人魂牵梦绕的莫过于家乡的炊烟。

②我的老家在鲁北平原，村子很小，只有几十户人家。村东有一条小河蜿蜒流过，过河不远便是一个高高隆起的沙土岗子。虽是沙土，但岗子上的白杨树却长得枝繁叶茂。一到夏天，这里绿树浓阴，是我们这帮孩子的玩耍天堂。玩得累了，我就坐在岗顶上静静地望着小村，努力地在那些模样都差不多的院落中寻找自己的那个家。起初总是眼花缭乱，望着望着就有了经验：看炊烟。父亲患有胃病，医生叮嘱要三分治七分养，尤其吃饭必须有规律，而且还得是热乎饭。因此，不管多忙，一日三餐，母亲都尽量准时生火做饭，村里最先升起的这一缕炊烟，多半就是我们家的了。

③母亲常说："这炊烟呀，就是咱庄户人家灶台上开出的花，花一开就有饭香，日日有饭香，就是好日子。"彼时年幼，对母亲的话一知半解。炊烟像不像花我倒不怎么在意，我所在意的，是母亲在制造炊烟的那个灶台上到底做了什么好吃的。

④炊烟是小村的晨钟暮鼓，每天都传递着村中人们晨起晚息的信息，而且三餐有别。

⑤早晨的炊烟，一般是风轻云淡，就像天边薄薄的晨曦，清灵疏朗，昭示着庄稼人早饭的简单。熬一锅小米粥或玉米糊糊，再熥上几个馒头，配上一碟小咸菜，就齐活了。吃罢早饭，该上学的上学，该上班的上班，该下田的下田，农家新一天的生活便拉开了序幕。

⑥午间的炊烟，是庄稼人匆忙的步履。不同于早饭的是，午饭虽然也很简单，但一定要吃得硬实，要扛饿。因此，午间的炊烟往往急速升起，瞬息消

逝,一如庄稼人忙秋忙夏时脚不沾地的身影。

⑦最美的是傍晚的炊烟,最能彰显农家生活的细致与温馨。晚上这顿饭是家人最全的聚餐,也是庄稼人一天当中最闲的时候。上学的孩子、玩耍的娃、田间劳作的父母,城里上班的哥哥姐姐,都倦鸟归林般相继回了家,晚饭自然要丰盛些。如若恰巧那天家里哪个成员有点啥喜事,更会杀只鸡或大鹅,炖一锅肉以示庆贺。乡下人别看干活是急性子,但真正吃起来也蛮讲究,尤其懂得"要想肉更香,工夫必须长"的道理,小火慢炖,肉烂汤浓。因此,傍晚的炊烟,是细水长流,会从黄昏一直摇曳到夜幕降临。

⑧炊烟如此缭绕生动,古诗词中自然少不了它的倩影。"乱云剩带炊烟去,野水闲将白影来",这是辛弃疾笔下的炊烟;"渔市孤烟袅寒碧,水村残叶舞愁红"则出自柳永笔端。写炊烟最多的当属陆游,但他的"雾敛芦村落照红,雨余渔舍炊烟湿",却令我疑惑:炊烟也能被沾湿么?直到离家多年后,有一回梦里又见故乡炊烟,醒来后一枕清泪,才终于有悟:炊烟的确也能被沾湿,因为这炊烟是和思念紧紧缠绕在一起的,在魂牵梦绕中泪眼看炊烟,怎么会不是湿的呢。

⑨又想起母亲当年对炊烟的那个比喻,突然觉得母亲简直就是一个十足的诗人!而在我的眼里,炊烟不但是庄稼人灶台上开出的花,它更像是一幅黑白交织的水墨画,挥毫泼墨,自由舒展,浓淡随意,弯直随风,氤氲在乡村的上空,画中的妙境只有真正懂它的人才体会得到。并且,这幅画的色调永远都是暖的,因为它的作者,是母亲。

(有删改)

1. 母亲将炊烟比作"庄户人家灶台上开出的花",而"我"则把炊烟比作"一幅黑白交织的水墨画",请联系全文,分别说说你对这两个比喻的理解。

2. 新农村建设日新月异,庄户人家也搬进了高楼,炊烟袅袅的景象如今恐怕很难见到。请你结合这一背景,围绕文章的内容或主题向作者提一个问题,并写下作者可能给出的回答。

问题:

回答:

附　参考答案

一、参考答案

1. **答案示例**:张岱的留言应当包括三个要点:对入侵者的痛恨;对故国

的眷恋;对朋友的安慰与期待。

2. 答案示例:本题需要结合张岱的《湖心亭看雪》一文及其历史文化背景来解答。对入侵者的"宠与辱",张岱不屑一顾,决然离去。这种思想情感隐含在他对湖心亭之雪的淡淡的描绘中,可窥见其冰雪襟怀。

3. 答案示例:解答本题时要让自己置身于张岱所处的时代背景下,体味他的为人,概括出他的形象,进而作出合理的评价。

二、参考答案

1. 答案示例:母亲的比喻侧重于炊烟与饭食的联系,"花"是美好的,"灶台上开出花"意味着母亲最美好的心愿就是一家人饱暖无忧。"我"的比喻则侧重于炊烟与家乡的联系,浓浓的母爱和乡情构成炊烟如"水墨画"般的美感。

2. 问题:现代社会中,袅袅炊烟的逐渐消失,会使您感到失落吗?

作者的回答:

示例一:不会感到失落。每个游子都心系家乡,希望家乡人过上富足的生活。现在这个愿望实现了,即使炊烟消失,我也深感欣慰。

示例二:会感到失落。因为一见到炊烟,所有关于故乡人、故乡事的深刻记忆都会被激活,如果炊烟消失了,所有美好的回忆将无可寄托。

(编写 梅学利)

对作品中感人的情境和形象,能说出自己的体验

秋天的怀念(一)

【内涵释义】

学生进行阅读时,首先要将抽象的文字还原为具体感性的形象,将各自孤立的场景、人物、细节等局部内容,整合成有机统一的生活画面进而领悟形象与现实生活之间、形象与作品的含义之间的内在联系,达到由表及里的整体把握文章的内容。从文学作品的生动情境和感人形象出发,在揣摩体会文本的过程中,实现心灵与文本所传达的内在生命结构之间深层次的契合,即实现心灵与文本之间的对话。

【引领读悟】

以史铁生的《秋天的怀念》为例落实本点。

学习准备

1. 查找资料,了解史铁生的生平以及取得的重要成就。
2. 自主阅读史铁生的《我与地坛》《合欢树》等作品。
3. 整理阅读过的文学作品中感动自己的情境或者形象。
4. 自主朗读《秋天的怀念》。

导入新课

教师:"谁言寸草心,报得三春晖",描写母爱的文章不胜枚举,因为浓浓亲情总能唤醒我们心底温柔的情愫。今天,著名作家史铁生给我们呈现出的却是一份沉甸甸的、刻骨铭心的情意。下面我们就来一起学习这篇文章,先请大家和老师一起了解这节课的学习目标。

叙述目标

这节课我们要通过品读人物的动作、神态、语言等细节描写,感受文章感人的情境,体会字里行间蕴含着的深沉而无私的母爱;通过理解文中人物

的内心世界,分析母亲和"我"的形象,体悟文章蕴含的生命真谛;通过联系自己的生活实际,结合文章说个人体验,从而学会感受爱,表达爱,并且树立乐观向上的生活态度。

阅读渐进引领

第一步:学生读文本,整体感知文章。

教师:请大家反复朗读课题——秋天的怀念,然后跟大家分享一下,你是怎样设计朗读的。读之前,我们先来看一些关于朗读的符号。

停顿∨　　连接∧　　重音．　　悠扬重读～～～～　　拖音⌒

学生反复读课文题目,借助朗读符号,独立设计朗读的方式。请两位同学朗读题目。

学生回答预设1:我觉得"秋天"应该重读,强调的是季节。

学生回答预设2:我觉得"怀念"应该重读,强调的是作者的情感。

教师:两种读法都有道理,朗读的重音设计要根据自己对文章内容的理解。下面,让我们一起跟随史铁生先生走进这个秋天的故事。(在"秋天"下面做标记)

先请大家按自己的理解读一读课文,用"＿＿＿＿＿＿"划出自己喜欢的句段,用"?"标出有疑问的内容。

学生自由读。

教师:好,哪位同学愿意为大家分享一下自己所喜欢的句段?如果能让大家从你的朗读中体会出你的情感就更好了。

指名三位同学读自己所喜欢的语段,其他同学点评朗读。

教师:文题是"秋天的怀念",那么作者在怀念谁?为什么怀念?又为什么会在秋天怀念呢?请同学们试着分析分析。

学生回答预设1:作者在怀念自己的母亲,母亲去世了。和母亲发生的故事都和秋天有关。

学生回答预设2:"我"在双腿瘫痪后内心极其痛苦,随意发脾气。母亲却体谅、宽容、无私,总是默默忍受着我的坏情绪,用自己的生命来呵护"我",安慰"我",直到她生命的尽头。"我"在母爱的感召和影响下,变得坚强勇敢,努力要好好儿地活。全文都是围绕着秋天写的,始终是秋天的氛围。

教师:第一个同学回答得简洁,但不具体。我们答题时一定要根据具体的情境,结合具体情节、人物等进行作答。

第二步：进入问题解决。

| 上面几位同学和大家分享了自己喜欢的句段，那么，读完文章，同学们对文章内容有什么疑问吗？请提出来。 | ⇐ | 可以围绕以下方面提问题：从宏观角度提问，涉及全文内容、中心、写法等；也可以结合具体段落、语句、词语等提问题。 |

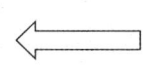

学生圈点批注，完成对文章内容的自主阅读。

指名说一说。

教师归纳同学们提出的问题。

学生提出问题预设：

1. "北归的雁阵""甜美的歌声"，为什么会让"我"更加痛苦？
2. 为什么不说母亲去世了，而是说她"出去了，就再也没有回来"？
3. 为什么母亲多次提到带我去北海看菊花？
4. 文章结尾为什么要写北海菊花盛开的景象？
5. 母亲告诉我要"好好儿活"是什么意思？

教师：上面，同学们提出了心中的疑问。希望大家经过这堂课的学习，都能顺利地把这些问题解决。

第三步：教师点拨。

教师：出示史铁生的两段作品，请两位同学朗读。

那时她的儿子还太年轻，还来不及为母亲着想，他被命运击昏了头，一心以为自己是世上最不幸的一个，不知道儿子的不幸在母亲那儿总是要加倍的。她有一个长到二十岁上忽然截瘫了的儿子，这是她唯一的儿子；她情愿截瘫的是自己而不是儿子，可这事无法代替；她想，只要儿子能活下去哪怕自己去死呢也行，可她又确信一个人不能仅仅是活着，儿子得有一条路走向自己的幸福；而这条路呢，没有谁能保证她的儿子最终能找到——这样一个母亲，注定是活得最苦的母亲。

——《我与地坛》

我一直有一个凄苦的梦……在梦中，我绝望地哭喊，心里怨她："我理解你的失望，我理解你的离开，但你总要捎个信儿来呀，你不知道我们会牵挂你，不知道我们是多么想念你吗？"但就连这样的话也无从说给她听，只知道她在很远的地方,并不知道她在哪儿。这个梦一再地走进我的黑夜,驱之不去。

——《有关庙的回忆》

学生回答预设1:我感受到了作者对母亲的怀念、思念之情。

学生回答预设2:我感受到了作者对母亲的忏悔、懊悔、后悔、悔恨之情。

学生回答预设3:我感受到了作者的自责、内疚之情。

学生回答预设4:我感受到了作者的成长,他完全理解母亲了。

教师:大家分析得都很到位,这说明我们答题时做到了进入具体文段中体验、领悟。下面,我们就来分析文章的具体内容,深入体会作者的情感。

第四步:学生个体思考。

(一)关于我

教师:双腿瘫痪后,"我"的脾气变得怎样了呢?你能用文中的一个词来形容我生病后的表现吗?

学生回答预设:

暴怒无常

"我"的暴怒无常有哪些具体表现?把这样的句子或者词语从文中圈画出来。	⇐	1.确定答题区间,即明确主语。 2.用不同的符号圈画文中人物的语言、动作、神态、心理描写等语句。

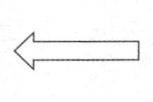

学生独立思考,在书上圈点批画。

(二)关于母亲

母亲的感人形象是通过动作、语言、神情、心理等描写体现出来的,画出文中你感受最深刻的句子,并说说其动人之处。	⇐	1.确定答题区间,即明确主语。 2.用不同的符号圈画文中人物的语言、动作、神态、心理描写等语句。 3.结合上下文做具体分析。

第五步:教师指定个体展示答案。

(一)关于我

学生回答预设1:望着望着天上北归的雁阵,我会突然把面前的玻璃砸碎;听着听着李谷一甜美的歌声,我会猛地把手边的东西摔向四周的墙壁。

学生回答预设2:"不,我不去!"我狠命地捶打这两条可恶的腿,喊着:"我活着有什么劲!"

学生回答预设3:"哎呀,烦不烦?几步路,有什么好准备的!"

教师:大家思考一下,我们看到的是史铁生的暴怒无常,看到的是他在砸、在摔、在捶,但我们看不到的是他的内心。谁能试着来描述一下他此刻的心情?暴怒无常的背后是什么?

学生回答预设1:他觉得活着没有意思。

学生回答预设2:暴怒无常的背后是难受、心情沉重、悲伤,觉得生活没有希望了。

教师:大家说出的正是史铁生当时的感受。这里表扬一下,第二个同学的答题更加准确、全面。让我们把这样的体会融入到朗读当中,体会一下这个21岁的年轻人当时内心的悲观和绝望。

学生反复朗读相关语句。

教师:那么"北归的雁阵""甜美的歌声"为什么会让"我"更加痛苦?

学生回答预设:"北归的雁阵"带来春的信息,其自由自在飞翔的样子让人羡慕;"甜美的歌声"往往激起人们对生活的憧憬,在这些美好的事物的反衬之下,双腿瘫痪的史铁生会觉得更加痛苦。

(二)关于母亲

学生回答预设1:母亲就悄悄儿地躲出去,在我看不见的地方偷偷地听着我的动静。当一切恢复沉寂,她又悄悄儿地进来,眼边红红的,看着我。

学生回答预设2:她也笑了,坐在我身边,絮絮叨叨地说着:"看完菊花,咱们就去'仿膳',你小时候最爱吃那儿的豌豆黄儿。还记得那回我带你去北海吗?你偏说那杨树花是毛毛虫,跑着,一脚踩扁一个……"她忽然不说了。对于"跑"和"踩"一类的字眼,她比我还敏感。她又悄悄地出去了。

学生回答预设3:母亲扑过来抓住我的手,忍住哭声说:"咱娘儿俩在一块儿,好好儿活,好好儿活……"别人告诉我,她昏迷前的最后一句话是:"我那个有病的儿子和我那个未成年的女儿……"

学生回答预设4:作者在文章没有一处直接写出"母爱"两个字,但是却让我们感受到母爱无处不在。"挡、躲、扑、抓、笑、悄悄地"等字词,让我们感

47

受到母爱是理解、是宽容、是牵挂、是呵护、是担忧、是关爱。

教师:是啊,作者就是抓住了这些细节,写得细腻又传神。有了刚才的体会,老师相信,你们一定已经走进了母亲的内心世界。让我们再来读读母子之间的对话,相信你们一定能读得更好。

学生分角色有感情地朗读文中对话。

教师:出去之后,母亲就病逝了,所以再也没回来。那为什么作者不用"病逝""去世"这样的字眼儿啊?

学生回答预设:他说不出口,他也不想相信这样的事实,因为去世的是他的母亲。

教师:是啊,你准确体会出了作者的感受。史铁生不愿接受、不忍接受这样的现实。他多么希望母亲还像以前一样,出去,回来,出去,再回来。子欲养而亲不待呀! 你读懂了史铁生的心,请把这份自责和惭愧读出来。

学生再次有感情地朗读课文重点段落。

第六步:小组讨论。

| 文章表达了作者对母亲的深深怀念之情,那么,我们把文章题目"秋天的怀念"改为"怀念母亲"好不好? | ⬅ | 1.从文章的内容和主题角度思考,也可以从线索、细节等角度入手。
2.表达时结合具体的情境,如人物、情节等。 |

小组讨论归纳答案。

第七步:指定组代表展示本组归纳的答案。

答案不唯一,言之有理即可。

学生回答预设1:可以。整篇文章就是表达了作者对母亲的深深怀念之情。改为"怀念母亲",可以更好地突出作者的情感。

学生回答预设2:不好。这篇文章作者是以季节来组织材料的。文章末尾又描写了秋天的菊花,起了衬托心情和揭示主旨的作用。秋天是一个季节,是一种氛围,所以我觉得不可以换。

学生回答预设3:题目改为"怀念母亲",体现不出作者精巧的构思。

教师:文章最后一段详细描写多种颜色的菊花在秋风中绽开的景象,有什么好处?

学生回答预设1:作者通过菊花的烂漫衬托对生活的热情,以景衬情;同时,以菊花照应上文"母亲生前央求我去北海看菊花"这件事,借菊花怀念母亲,同时照应了题目。

学生回答预设2:写菊花黄色的淡雅,表示着平平淡淡的生活才是真;写白色的高洁,预示着作者要抛弃他原来的自暴自弃,要重新开始快乐的生活;写紫红色的热烈而深沉,预示着将来的生活一定要有活力,有朝气。

第八步:教师评价点拨。

教师:大家再来看这句话:别人告诉我,她昏迷前的最后一句话是:"我那个有病的儿子和我那个未成年的女儿……"最后是个省略号,母亲没有说完的话是什么呀?你能替她说完吗?

学生回答预设:母亲没有说完的话是——你俩在一块儿要好好儿活。

教师:那我做到了吗?除了深沉无私的爱,母亲还给了我更为宝贵的东西,那是什么?

学生回答预设1:母亲教给我积极的生活态度,让我有了直面苦难的勇气、信心和力量。

学生回答预设2:母亲告诉我要坦然面对生活。虽然儿子与母亲并没有一起去看北海的菊花,但儿子却从母亲的死真正领会了生活的真谛!

对于史铁生的"好好儿活",你有什么样的感受? ⬅	1. 明确语句在文中的具体指向。 2. 结合自己的生活体验,如看过的、听过的、经历过的等,谈谈感受。

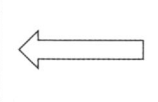

学生回答预设1:是佩服,是敬重,也是敬仰——他活出了境界,活出了生命的高贵。身体衰弱的史铁生虽然连站也站不起来,但他的灵魂却在无羁地奔跑着。这是对他母亲最好的回报,母亲一定会含笑九泉的。

学生回答预设2:世界本来就是不完美的。身体的缺陷我们改变不了,但可以改变的是我们的心理——史铁生在无法弥补的身体缺憾中找到另一种生命延展。

学生回答预设3:无论生活把你打倒多少次你都要勇敢地站起来,微笑面对生活。事实也是如此,之后史铁生的作品都很励志,比如《我与地坛》就鼓舞了无数的人。

课堂总结

我们一起跟着史铁生在他的情感世界走了一趟,经历他别样的人生。龙应台在《目送》中写道:"我慢慢地、慢慢地了解到:所谓父女母子一场,只不过意味着你和他的缘分就是今生今世不断地在目送他的背影中渐行渐远。你站立在小路的这一端,看着他逐渐消失在小路转弯的地方,而且,他用背影告诉你:不必追。"

这世间有很多东西,当我们懂得珍惜,回头却发现它已经不在了。比如说光阴、健康、生命、亲情、友情……史铁生和母亲的故事,史铁生"好好儿活"的人生态度希望对我们有所触动。

同时,通过阅读这篇文章,我们也了解了文学作品要具有生动的情境和形象。我们在揣摩体会文本情感的过程中,也要有自己的体验。这样,就会实现与文本之间的心灵的对话。

【板书设计】

秋天的怀念
史铁生

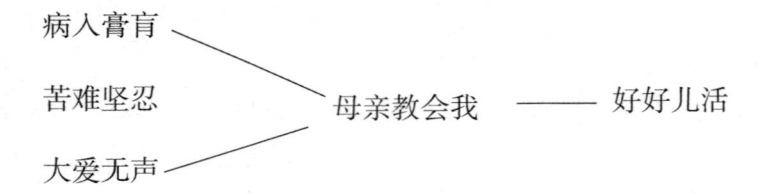

病入膏肓
苦难坚忍 —— 母亲教会我 —— 好好儿活
大爱无声

【智慧训练】

阅读下面的文章,完成下列各题。

老母为我"扎红"
冯骥才

①今年是马年,我的本命年,又该扎红腰带了。

②在古老的传统中,本命年又称"槛儿年",本命年扎红腰带——俗称"扎红",就是顺顺当当"过槛儿",寄寓着避邪趋吉的心愿。故每到本命年,母亲都要亲手为我"扎红"。记得12年前我甲子岁,母亲已86岁,却早早为

我准备好了红腰带,除夕那天,亲手为我扎在腰上。那一刻,母亲笑着、我笑着、屋内的人也笑着。所有孩子自出生一刻,母亲最大的心愿莫过于孩子的健康与平安,这心愿一直伴随着孩子的成长而执著不灭;而我竟有如此洪福,60岁还能感受到母亲这种天性和深挚的爱。一时心涌激情,对母亲说,待我12年后,还要她再为我扎红,母亲当然知道我这话里边的含意,笑嘻嘻地连说一个字:好、好、好。

③12年过去,我的第六个本命年来到,如今72岁了。

④母亲呢?真棒!她信守诺言,98岁寿星般的高龄,依然健康,面无深皱,皮肤和雪白的发丝泛着光亮;最叫我高兴的是她头脑仍旧明晰和富于觉察力,情感也一直那样丰富又敏感,从来没有衰退过。而且,一入腊月就告诉我,已经预备了红腰带,要在除夕那天亲手给我扎在腰上,还说这次腰带上的花儿由她自己来绣。她为什么刻意自己来绣?她眼睛的玻璃体有点浑浊,还能绣吗?她执意要把深心的一种祝愿,一针针地绣入这传说能够保佑平安的腰带中吗?

⑤于是在除夕这天,我要来体验七十人生少有的一种幸福——由老母来给"扎红"了。

⑥母亲郑重地从柜里拿出一条折得分外齐整的鲜红的布腰带,打开给我看;一端——终于揭晓了——是母亲亲手用黄线绣成的四个字"马年大吉"。竖排的四个字,笔画规整,横平竖直,每个针脚都很清晰。这是母亲绣的吗?母亲抬头看着我说:"你看绣得行吗,我写好了字,开始总绣不好,太久不绣了,眼看不准手也不准,拆了三次绣了三次,马(馬)字下边四个点儿间距总摆不匀,现在这样还可以吧。"我感觉此刻任何语言都无力于心情的表达。妹妹告诉我,她还换了一次线呢,开头用的是粉红色的线,觉得不显眼,便换成了黄线。妹妹笑对母亲说,你要是再拆再绣,布就扎破了。什么力量使她克制着眼睛里发浑的玻璃体,顽强地使每一针都依从心意、不含糊地绣下去?

⑦母亲为我"扎红"时十分认真。她两手执带绕过我的腰时,只说一句:"你的腰好粗呵。"随后调整带面,正面朝外,再把带子两端汇集到腰前正中,拉紧拉直;结扣时更是着意要像蝴蝶结那样好看,并把带端的字露在表面。她做得一丝不苟,庄重不阿。

⑧我比母亲高出一头还多,低头正好看着她的头顶,她稀疏的白发中间,露出光亮的头皮,就像我们从干涸的秋水看得见洁净的河床。母亲真的

老了,尽管我坚信自己有很强的能力,却无力使母亲重返往昔的生活——母亲年轻时种种明亮光鲜的形象就像看过的美丽的电影片段那样仍在我的记忆里。

⑨然而此刻,我并没有陷入伤感。因为,活生生的生活证明着,我现在仍然拥有着人间最珍贵的母爱。我鬓角花白却依然是一个孩子,还在被母亲呵护着。而此刻,这种天性的母爱的执著、纯粹、深切、祝愿,全被一针针绣在红带上,温暖而有力地扎在我的腰间。

⑩感谢母亲长寿,叫我们兄弟姐妹们一直有一个仍由母亲当家的家;在远方工作的手足每逢过年时依然能够其乐融融地回家过年,享受那种来自童年的深远而常在的情味,也享受着自己一种美好的人生情感的表达——孝顺。

⑪孝,是中国作为人的准则的一个字。是一种缀满果实的树对根的敬意,是万物对大地的感恩,也是人性的回报和回报的人性。

⑫我相信,人生的幸福最终还来自自己的心灵。

⑬此刻,心中更有一个祈望,让母亲再给我扎一次红腰带。

⑭这想法有点神奇吗?不,人活着,什么美好的事都有可能。

1. 请用自己的语言,谈谈你如何理解"人生的幸福最终还来自自己的心灵"这句话。

2. 冯骥才先生通过老母两次为我"扎红"的描述,抒发了对人生的感悟,作者的感悟引发了你什么样的思考?请以问题的形式写出你的思考。

附 参考答案

答案示例:

1. 要点:只有心灵觉得幸福满足了,才会真正感觉到幸福。(意思相近即可)

2. 示例:作为儿女,怎样做才能算真正尽孝?/当代家庭有很多空巢老人,儿女对空巢老人应该做点儿什么?/子欲养而亲不在,还有幸福可言吗?/在孝顺这个问题上,如何让自己的心灵得到幸福?(意思对即可)

(编写 陈爱华)

对作品中感人的情境和形象,能说出自己的体验

秋天的怀念(二)

【内涵释义】

"对作品中感人的情境和形象,能说出自己的体验"是指阅读记叙文时能够结合生活实际和自己的生活体验,感受作品的情感基调,并对作品中触动读者的情感、引发读者产生共鸣的情境和形象说出自己的体验。

【引领读悟】

以史铁生的《秋天的怀念》为例来落实本点。

学习准备

关于本知识点的学习准备:

学生能够了解记叙、描写、议论、抒情等表达方式;能够较为熟练地把握记叙文的基本情感基调,如赞美、欣赏、尊敬、讽刺、批判、揭露等;能够掌握表现人物形象的常见方法,如人物描写方法、细节描写、环境描写、对比、衬托等;能够掌握通过揣摩重点语句、段落的含义品味句段表达效果的方法。

关于《秋天的怀念》一文的阅读准备:

能够较为熟练地朗读课文,扫清文字障碍,初步掌握本文的情感基调。

导入新课

"黄色的花淡雅、白色的花高洁、紫红色的花热烈而深沉,泼泼洒洒,秋风中正开得烂漫。我懂得母亲没有说完的话。妹妹也懂。我俩在一块儿,要好好儿活……"这位欣赏美景的作者就是曾笑称"自己职业是生病,业余在写作"的史铁生。他一生被病魔缠身,怎么会拥有如此乐观豁达的人生态度呢?我们今天一起走进《秋天的怀念》去寻找答案。

叙述目标

本节课同学们要通过阅读和学习本文,整体感知文章的情境和人物形

象;能够结合文中令自己感动的情境和形象,说出自己的情感体验。

阅读渐进引领

第一步:学生读文本,整体感知文章的情境和形象。

教师:请同学们快速浏览课文,画出令自己感动的句段,尝试有感情地朗读这些句段。

学生浏览课文,画出令自己感动的句段,个体自由读。

教师:好,哪位同学可以读一读令自己感动的句段。

学生回答预设1:母亲就悄悄地躲出去,在我看不见的地方偷偷地听着我的动静。当一切恢复沉寂,她又悄悄地进来,眼边红红的,看着我。

学生回答预设2:"不,我不去!"我狠命地捶打这两条可恨的腿,喊着:"我活着有什么劲!"母亲扑过来抓住我的手,忍住哭声说:"咱娘儿俩在一块儿,好好儿活,好好儿活……"

学生回答预设3:那天我又独自坐在屋里,看着窗外的树叶"唰唰啦啦"地飘落。母亲进来了,挡在窗前:"北海的菊花开了,我推着你去看看吧。"她憔悴的脸上现出央求般的神色。

学生回答预设4:她高兴得一会坐下,一会站起:"那就赶紧准备准备。"……她忽然不说了。对于"跑"和"踩"一类的字眼儿,她比我还敏感。她又悄悄地出去了。

学生回答预设5:她昏迷前的最后一句话是:"我那个有病的儿子和我那个还未成年的女儿……"

学生回答预设6:黄色的花淡雅、白色的花高洁、紫红色的花热烈而深沉,泼泼洒洒,秋风中正开得烂漫。我懂得母亲没有说完的话。妹妹也懂。我俩在一块儿,要好好儿活……

教师:大家回答得特别好。综合同学们的回答,我们不难发现,打动大家的这些语句主要包括两个方面:一方面是与母亲相关的内容,另一方面是与情境相关的内容。

情境指在一定时间某一场景内各种情况的相对的或结合的境况。包括对某一具体场景、局面的描述,还包含某些隐含的氛围,如热烈、孤寂、友好、无助等等。

| 本文哪些语句或段落最令人感动？ ← | 1.找最能够表现特定情境中的人物心理和情感的细节；2.找最能够表达作者情感和态度的议论、抒情句段；3.找人物情感前后变化以及变化的原因。 |

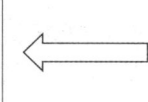

第二步：进入问题解决。

教师：这是一篇浸透着浓浓的情感的文章，作者生动形象地描述了当时的具体的情境，刻画了母亲的形象，所以字字句句都深深打动着我们。同学们对文中所描述的情境和人物形象有哪些质疑？

学生提出问题预设1：母亲为什么总是要推我去看北海的菊花？

学生提出问题预设2：为什么我看到了北海的菊花就懂得了妈妈没说完的话？妈妈没说完的话到底是什么？

学生提出问题预设3：我答应去看菊花的时候妈妈为什么那么高兴？

学生提出问题预设4：我为什么不知道母亲生了重病？

教师：同学们的提问很好，整合一下同学们的问题，接下来我们可以共同来研究如下的几个问题：作者在那个秋天经历了什么？作者为什么要怀念那个秋天？文中的哪些情境和人物形象最令你感动？说一说自己的感受。

第三步：教师指导点拨。

教师：要想了解作者怀念那个秋天的原因，我们首先要理清作者在那个秋天的经历。

| 在那个秋天，作者经历了什么？ ← | 边读边在文中圈点勾画，按文章顺序找出与作者相关的事件。（直接相关和间接相关） |

学生阅读文章，圈点勾画。

学生回答预设1：那年秋天，我瘫痪了。妈妈照顾我。妈妈一直希望我陪她去看北海的菊花，结果还没有去妈妈就生病去世了。后来我和妹妹一起去看了菊花。

学生回答预设2：那年我双腿瘫痪了，脾气暴躁无常。妈妈耐心地照顾我。她总是想推着我一起去看看北海的菊花，我不肯和她去。我那时并不知道妈妈已经病得很重。当我终于同意和她去看菊花了，妈妈却被送进医院，再也没能回来。别人告诉我妈妈最后昏迷前也放不下我和妹妹。后来，我和妹妹一起去北海看了盛开的菊花。

学生回答预设3：那年秋天，年轻的我双腿瘫痪，总是待在屋子里，脾气暴怒无常。妈妈身染重病，还一直耐心地细心地照顾我。可是我并不理解妈妈的苦心。当我终于答应妈妈要和她一起去看菊花的时候，妈妈却永远离开了我。她去世前还在担心我和年幼的妹妹。又是一年秋天，我和妹妹一起去北海看盛开的菊花，理解了妈妈对我的期待和爱。

教师：同学们说得很好。正如同学们所见，在那个秋天，作者经历了生活最残酷的打击。瘫痪的双腿把年轻的他困在了房间里，把他的心也封闭在孤单、悲观的自我当中。那个秋天是作者最痛苦的一段时光。通过作者的描述，我们面前展现的一幅幅画面，就是"我"和母亲所处的情境。所以情境不仅仅指在一定时间某一具体场景、局面内各种情况的描述，还包含某些隐含的氛围，如热烈、孤寂、友好、无助等等。

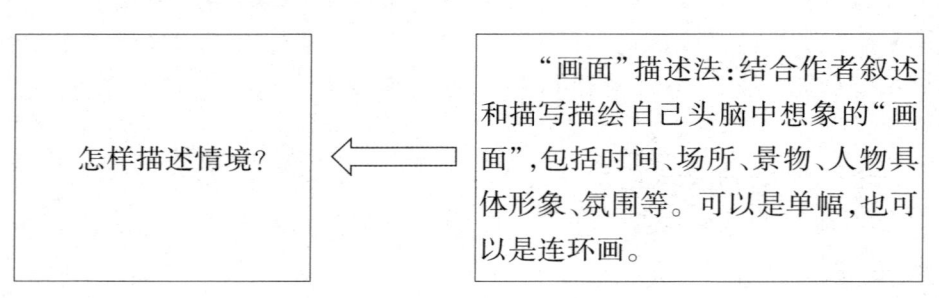

| 怎样描述情境？ | ← | "画面"描述法：结合作者叙述和描写描绘自己头脑中想象的"画面"，包括时间、场所、景物、人物具体形象、氛围等。可以是单幅，也可以是连环画。 |

请同学们尝试着结合作者的经历和课文内容描述一下你眼中所见的一幅"画面"。

学生回答预设1：我看到的画面是：一个年轻的男人整天把自己关在屋子里，坐在轮椅上。窗外飞过的雁群和美妙的歌声都使他痛苦，他疯狂地打砸着所能碰到的一切来发泄，而他的妈妈总是在这样的时候悄悄走出房间，站在门外偷偷地关注着他，眼角红红的。

学生回答预设2：我看到的画面也是在一间屋子里，坐在轮椅上的年轻人发泄完之后，在门外偷偷流泪的母亲擦干眼泪，进来后看着满屋子的混乱没有责备他一句，还要推他去看北海盛开的菊花。没想到他不但不同意，还捶打着已经瘫痪的双腿,喊出"活着还有什么劲"这样绝望的话。年迈的母亲扑过来抓住他捶打自己双腿的手,声音颤抖着劝儿子要好好活,说自己会和儿子一起好好生活。这哭声里有对儿子的规劝,其实也有对她自己的规劝,因为母亲也患了重病,痛起来整晚睡不着。为了照顾儿子,母亲拖着病中的身体坚持着。没有时间侍弄自己喜欢的花,屋外墙角的花盆里,是那些已经枯萎的花。

学生回答预设3:我看到的画面还是在这间屋子里,这个瘫痪的年轻人孤独地坐在轮椅上,看着窗外。窗外是浓浓的秋色,一阵风吹过,片片枯叶从窗前落下。一片凄凉萧瑟的景象。妈妈进来挡住了我看向落叶的视线,她被病痛折磨得一脸憔悴,仍央求儿子跟她一起去看菊花。儿子这次没有拒绝她。妈妈高兴得一会坐下,一会站起,絮絮叨叨地跟儿子畅想着明天的安排。她忽然不说了。对于"跑"和"踩"一类的字眼儿,她是那么敏感。她又悄悄地出去了。

学生回答预设4:我看到的画面是妈妈在门外大口地吐血,轮椅上的儿子被吓住了,他都不知道妈妈这是怎么了。邻居一个年轻人背起了妈妈,把她放到三轮车上。坐在轮椅上的儿子只能看着邻居把妈妈送向了医院。他以为妈妈很快就会回来,他有些担心妈妈了,他望着三轮车渐渐消失。

学生回答预设5:我看到的画面是在医院里,母亲艰难地呼吸着,她越来越累,她怕是再也见不到自己的孩子了,她是那么担心他们,用尽了力气说出最后的话语,她不放心生了病的儿子和依然年幼的小女儿啊。当他的瘫痪的儿子被邻居背到医院时,见到了陷入昏迷仍然艰难用力呼吸的母亲。邻居把她最后的话语转告给了她的儿子。儿子这个时候才知道,原来,妈妈是带着重病照顾自己,是带着好好活下去的决心爱护自己的。

学生回答预设6:我看到的画面是又一年的秋天,灿烂的菊花前,轮椅上的青年面带微笑,和后面推着自己的妹妹愉快地欣赏着生机勃勃的美景。他们两个人会相互照顾,好好活下去。

教师:同学们说得太棒了。作者在文中结合自己的经历创设了完整具体而又丰富的情境。在这些情境中,作者所怀念的人和事都鲜明地呈现在读者眼前。

那么大家现在可以思考第二个问题:作者为什么要怀念那个秋天?

第四步:学生静心独立思考,个体准备答案。

学生静心阅读,独立思考问题。结合文中内容写好答案。教师巡视,进行个别指导。

第五步:学生个体展示答案。

学生回答预设1:那个秋天,他自己瘫痪了,母亲耐心细心照顾他,所以他怀念那个秋天。

学生回答预设2:那个秋天,他瘫痪了,悉心照料他的母亲也去世了。那时候他才知道自己要和妹妹好好活下去。

学生回答预设3:那个秋天,他瘫痪了,就像四季进入了秋天。妈妈告诉我要好好活下去,他开始不懂没有了腿要怎么好好活下去。当妈妈去世了,他与妹妹相依为命,才懂得了妈妈要他去看菊花的深意:秋天既有萧瑟的落叶,也有怒放的菊花,妈妈希望他像在秋意中盛放的菊花那样,好好生活。

教师:大家回答得很好,不过有些同学考虑得不够全面。我们遇到这样的问题该怎样思考呢?

| 怎样回答"作者为什么怀念那个秋天"这样的问题? | ← | 1.转换思维:作者怀念那个秋天的原因是什么;2.深入思考:作者回忆了那年秋天里的哪些人和事,那个秋天的什么人和事引起了作者怎样的变化,那些人和事对作者有什么影响。 |

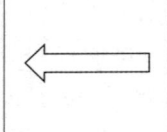

第六步:小组讨论归纳答案。

教师:请各小组讨论归纳答案。

各小组成员互相讨论,在梳理作者的经历和主要情境的基础上,整理主要事件和主要人物,对应文中出现的具体描写发现作者的变化以及变化的原因,并结合作者的生平简介寻找那年秋天怀念的人和事对作者的影响。小组讨论出相对全面完整的答案,并做好记录。

学生回答预设1:作者那年秋天瘫痪了,从此人生发生了重大的改变。那时候,母亲耐心地照料他,帮助他,鼓励他,希望他能好好活下去。当妈妈去世的时候,他才意识到自己应该和妈妈一样勇敢坚强地活下去。

学生回答预设2:那年秋天作者懂得了"好好活"的真正含义。那年秋天作者因为生病导致瘫痪,年轻的他遭到沉重的打击,妈妈带着重病细心照料他,鼓励他要好好活下去。那年秋天,妈妈重病去世,一直都不放心作者和他年幼的妹妹。妈妈伟大而又坚强的爱教会作者好好活的真谛:就算再不如意,只要自己积极乐观地去生活,生活就会焕发生机。

学生回答预设3:那年秋天,作者瘫痪,丧失了生活下去的勇气。那年秋天,悉心照顾自己的妈妈去世,使他醒悟:妈妈用自己的生命告诉自己,只要好好活,生活就是美好的,无论遇到什么险阻,都要和爱你的亲人一起好好生活。所以那年秋天,作者彻底明白了妈妈的苦心,并朝着妈妈的期待努力积极乐观地活着。

教师:是啊,在受着病痛折磨的年轻人封闭着自己,痛苦而又悲观。而他母亲却在忍受病痛折磨的同时细心照料瘫痪的绝望的儿子以及年幼的女儿,多重的重压并没有让这位母亲放弃,她坚持要帮儿子走出阴霾。虽然她没能亲眼见到,却在孩子的心中播下了坚强乐观的种子,所以在今后的风风雨雨中,作者和妹妹一直相互扶持着,坚强而又勇敢地生活着。

教师:经过以上内容的学习,现在我们再来思考"文中哪些情境和人物形象最令你感动"这个问题,看看你的认识和最初的答案有什么变化?

学生独立静心思考,独立形成答案。

学生回答预设1:"母亲就悄悄地躲出去,在我看不见的地方偷偷地听着我的动静。当一切恢复沉寂,她又悄悄地进来,眼边红红地看着我。"这几句话令我很感动。"悄悄地躲出去""偷偷地听""红红地看着"这样的词语可以看出妈妈对双腿瘫痪的儿子的体贴,也表现出妈妈的悲伤和作者对当时的记忆是非常深刻的,作者能够想起妈妈当时的样子,一定是非常怀念妈妈。

学生回答预设2:"母亲扑过来抓住我的手,忍住哭声说……"这句话令我很感动。妈妈的急切,妈妈的紧张,妈妈的无奈和隐忍,通过"扑""抓""忍"几个词,把一位眼看着自己的孩子失去活下去的勇气的可怜的妈妈的形象表现得淋漓尽致。作者在回忆妈妈的时候,记得妈妈的每一个动作、每一个神情,记得妈妈说的每一个字,也看出作者对妈妈的怀念之情是多么的深刻。而"我却一直都不知道,她的病已经到了那步田地"一句也表达了作者对妈妈的愧疚之情。

学生回答预设3:我认为"我懂得母亲没有说完的话。妹妹也懂,我俩在一块儿,要好好儿活……"这句话令我感动。这说明他是真地懂得了妈妈的话,懂得了妈妈的希望,懂得了妈妈的爱。在从那以后的生活中,作者是带着妈妈的希望和爱努力地生活着。这正是对妈妈最好的报答,也时时刻刻在表达着他对妈妈的怀念之情。

教师结合学生回答预设点拨指导：

文学作品中的形象通常指人物形象,指文学作品中描绘的具体、生动的人物,体现着作者的思想情感和观点、态度。文中母亲在那个秋天的一举一动,都能够使作为读者的我们感受到母亲对自己孩子的深沉而无私的爱,透过作者朴实无华的笔触,我们也感受到他对母亲无尽的思念。那么我们该怎样去分析一个人物形象中所承载的浓浓情意呢？

学生回答预设1：通过分析人物的语言、动作描写来把握人物形象的情感。

学生回答预设2：通过分析人物心理描写来把握人物形象的情感和态度。

学生回答预设3：通过分析人物的神态和细节描写,了解人物性格特点。

学生回答预设4：通过文中其他人物的表现进行对比衬托,突出人物形象。

教师点拨指导。

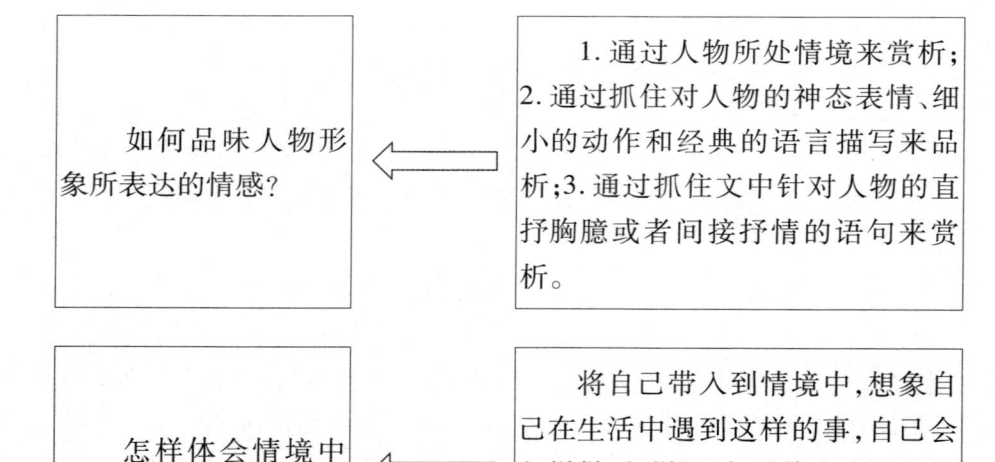

如何品味人物形象所表达的情感？	←	1.通过人物所处情境来赏析;2.通过抓住对人物的神态表情、细小的动作和经典的语言描写来品析;3.通过抓住文中针对人物的直抒胸臆或者间接抒情的语句来赏析。
怎样体会情境中所蕴含的情感？	←	将自己带入到情境中,想象自己在生活中遇到这样的事,自己会怎样做,怎样想;如果像文中的人物那样说和做的时候,会是怎样的心情。

教师指导小结：

教师针对学生回答适当点拨：大家说的都非常好。那么综合本节课的学习,大家觉得对作品中感人的情境和形象说出自己的体验需要哪些步骤来完成?

学生以小组为单位,交流,并将小组讨论的结果记录下来。

第七步:指定组代表展示本组讨论情况。

学生回答预设1:先要整体了解文中内容,明确文中的情境,然后结合情境中主要人物的具体描写,把自己带入情境中,感受人物形象的心理和情感。

学生回答预设2:先了解文章内容,梳理情节,把握情感基调,然后结合具体的语句和段落,抓住关键词去分析人物的性格和情感,再结合自己的生活经验设想如果是自己在该种情境中的情感和态度,从而获得体验。

教师指导点拨:

对作品中感人的情境和形象说出自己的体验需要哪些步骤?	←	1.梳理文中不同情境的先后顺序;2.针对各个情境中最能够体现作者表达需要的主要人物形象,分别结合文中的事件、描写、议论和抒情的具体语句分析人物形象特点和思想情感;3.将自己带入到情境中,联系上下文揣摩人物情感,联系自己的生活实际与文中人物进行比较,说出自己的体验和感悟。

第八步:教师评价,总结升华。

《秋天的怀念》一文富有深刻的含义和绵长的情思。文章通过看似平静的叙述,表达了作者对母亲深切的怀念,自己的悔恨和愧疚,对于生存困境中"好好儿活"的领悟。它不仅点出了文章叙事的时节,而且意味着对母爱和生命沉淀之后的思考与感悟。

课堂小结:在阅读记叙文的过程中,我们可以通过抓住关键的动词、人物个性化的语言、细腻的心理活动的刻画、重点景物的刻画、文中富有个性的句式、对比和衬托等方法,整体把握文中的情境,通过生活中的经验进行角色带入,揣摩细节,理解人物形象,体味作者的情感。

【板书设计】

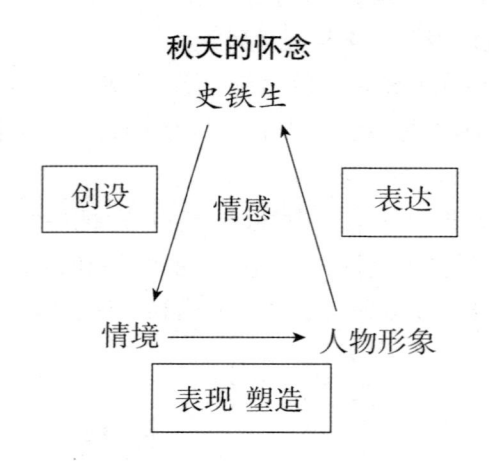

秋天的怀念
史铁生

创设　　情感　　表达

情境　→　人物形象

表现　塑造

【智慧训练】

阅读下面的文段,回答问题。

一

《回忆鲁迅先生》节选

萧　红

鲁迅先生的笑声是明朗的,是从心里的欢喜。若有人说了什么可笑的话,鲁迅先生笑的连烟卷都拿不住了,常常是笑的咳嗽起来。

……

鲁迅先生很喜欢北方饭,还喜欢吃油炸的东西喜欢吃硬的东西,就是后来生病的时候,也不大吃牛奶。鸡汤端到旁边用调羹舀了一二下就算了事。有一天约好我去包饺子吃,那还是住在法租界,所以带了外国酸菜和用绞肉机绞成的牛肉,就和许先生站在客厅后边的方桌边包起来。

……

饺子煮好,一上楼梯,就听到楼上明朗的鲁迅先生的笑声冲下楼梯来,原来有几个朋友在楼上也正谈得热闹。那一天吃的是很好的。以后我们又做过韭菜合子,又做过荷叶饼,我一提议鲁迅先生必然赞成,而我做的又不好,可是鲁迅还是在桌上举着筷子问许先生:"我再吃几个吗?"因为鲁迅先生胃不大好,每饭后必吃"脾自美"药丸一二粒。

有一天下午鲁迅先生正在校对着瞿秋白的《海上述林》,我一走进卧室去,从那圆转椅上鲁迅先生转过来了,向着我,还微微站起了一点。

"好久不见,好久不见。"一边说着一边向我点头。

刚刚我不是来过了吗?怎么会好久不见?就是上午我来的那次周先生忘记了,可是我也每天来呀……怎么都忘记了吗?

周先生转身坐在躺椅上才自己笑起来,他是在开着玩笑。

梅雨季,很少有晴天,一天的上午刚一放晴,我高兴极了,就到鲁迅先生家去了,跑得上楼还喘着。鲁迅先生说:

"来啦!"我说:"来啦!"

我喘着连茶也喝不下。

鲁迅先生就问我:

"有什么事吗?"

我说:"天晴啦,太阳出来啦。"

许先生和鲁迅先生都笑着,一种对于冲破忧郁心境的崭然的会心的笑。

文中多处描述了鲁迅先生的生活细节,表现出鲁迅的个性、情趣、魅力、气质,试从文中找出这些细微处加以分析,说一说你对文中鲁迅先生的感受。

二
朱自清《背影》选段

我与父亲不相见已二年余了,我最不能忘记的是他的背影。那年冬天,祖母死了,父亲的差使也交卸了,正是祸不单行的日子,我从北京到徐州,打算跟着父亲奔丧回家。到徐州见着父亲,看见满院狼藉的东西,又想起祖母,不禁簌簌地流下眼泪。父亲说,"事已如此,不必难过,好在天无绝人之路!"

回家变卖典质,父亲还了亏空;又借钱办了丧事。这些日子,家中光景很是惨淡,一半为了丧事,一半为了父亲赋闲。丧事完毕,父亲要到南京谋事,我也要回北京念书,我们便同行。

……

我说道,"爸爸,你走吧。"他望车外看了看,说,"我买几个橘子去。你就在此地,不要走动。"我看那边月台的栅栏外有几个卖东西的等着顾客。走到那边月台,须穿过铁道,须跳下去又爬上去。父亲是一个胖子,走过去自然要费事些。我本来要去的,他不肯,只好让他去。我看见他戴着黑布小帽,穿着黑布大马褂,深青布棉袍,蹒跚地走到铁道边,慢慢探身下去,尚不大难。可是他穿过铁道,要爬上那边月台,就不容易了。他用两手攀着上面,两脚再向上缩;他肥胖的身子向左微倾,显出努力的样子。这时我看见他的背影,我的泪很快地流下来了。我赶紧拭干了泪,怕他看见,也怕别人看见。我再向外看时,他已抱了朱红的橘子往回走了。过铁道时,他先将橘子散放在地上,自己慢慢爬下,再抱起橘子走。到这边时,我赶紧去搀他。他和我走到车上,将橘子一股脑儿放在我的皮大衣上。于是扑扑衣上的泥土,心里很轻松似的,过一会说,"我走了;到那边来信!"我望着他走出去。他走了几步,回过头看见我,说,"进去吧,里边没人。"等他的背影混入来来往往的人里,再找不着了,我便进来坐下,我的眼泪又来了。

问题:文章开门见山提出"我与父亲不相见已二年余了,我最不能忘记的是他的背影"。结合选文具体情境说一说父亲的背影为何令我最不能忘记?

附 参考答案
一、参考答案
文中有多处提到了鲁迅的笑声:

情景1:有一次萧红去鲁迅家包饺子吃,"饺子煮好,一上楼梯,就听到楼上明朗的鲁迅先生的笑声冲下楼梯来,原来有几个朋友在楼上也正谈得热闹。"可见鲁迅绝不是一个不可亲近的人,朋友带给彼此的愉悦由此可见一斑。

情景2:在校对《海上述林》的间隙,鲁迅见萧红进来,对着几乎天天见面的她,居然说出"好久不见,好久不见"这样孩子化的语言,透着风趣,透着玩笑。

情景3:萧红时时受着鲁迅爽朗的笑声感染,也居然学会了以自己的好心情来回报鲁迅先生,那一次天晴了,太阳出来了,"许先生和鲁迅先生都笑着,一种对于冲破忧郁心境的崭然的会心的笑。"这又是一种何等温馨和谐的其乐融融的景致。

情景4:"鲁迅先生的笑声是明朗的,是从心里的欢喜。若有人说了什么可笑的话,鲁迅先生笑得连烟卷都拿不住了,常常是笑得咳嗽起来。"寥寥几句,一个乐观爽朗、平易近人的鲁迅形象便跃然纸上,跟一些人心目中"多疑善怒""冷酷无情"的鲁迅形成了鲜明对照。

二、参考答案

那年冬天,父亲饱经忧患:祖母去世,父亲失业,回家变卖典质,父亲还了亏空;又借钱办了丧事。这样的日子,家中光景很是惨淡,丧事完毕,父亲要到南京谋事。丧母的悲痛、生存的危机、负债的压力,使年迈的父亲陷入了困境,家庭所有的重担都落在了年迈的父亲一个人身上。他年迈之年并没有怨天尤人,毅然重新开始。离别之际,父亲永远把儿子放在最重要的位置,一如既往地爱护着自己的孩子,宽慰儿子,亲自送儿子上火车。他为了过铁道为儿子买桔子,蹒跚行走,艰难攀爬,为照顾儿子,多大的困难他都置之度外。父亲在千辛万苦中为儿子所做的一切,比平常特别是顺境中所做的一切更加难能可贵。儿子本要去买橘子的,因为他看到买橘子的路途艰难,而父亲又是体胖之人。此时的儿子已经开始体谅父亲的不易。当父亲执意拒绝年轻体壮的儿子,一定要自己艰难前行的时候,望着苍老的父亲那"戴着黑布小帽,穿着黑布大马褂,深青布棉袍",蹒跚而又努力的背影,想到自己以往对父爱的不理解,定是愧疚至极,感动至极,"泪水很快地流下来了"——儿子终于读懂了父亲对自己深沉而又无私的父爱。

车站是离别的地方,听着父亲的再三叮咛,望着他的背影混入来往的人群之中,再也找不到的时候,读懂了父亲深情厚意的儿子,不禁再次落泪。此时的落泪可谓百感交集:既有离别的不忍,也有为老父颓唐背影的悲哀,更有自己不能为老父排忧解难的自责。

(编写 黄彩杰)

品味作品中富有表现力的语言

听潮

【内涵释义】

品味就是仔细体会,进行深层次的探讨;表现力就是运用某种语言技巧,生动形象地表达作者的写作意图;语言包括词语和句子。品味作品中富有表现力的语言实际上就是与文本进行一次深入地交流和对话,从而理解作者的思想感情。

【引领读悟】

以散文《听潮》为例,落实本点。

学习准备

熟读《听潮》一文,整体感知文章的主要内容。了解《中考说明》中的相关要求:理清思路,整体把握作品的主要内容;欣赏作品的表现手法,品味富有表现力的语言。

导入新课

《语文课程标准》中明确指出:语言是文章的外衣,或光艳耀眼,或朴素大方,或纤巧细腻,都是一种魅力。富有表现力的语言往往蕴含作者的情感、作品的内涵。因而品味鉴赏有韵味的语言,实际上就是与文本进行一次深入的交流与对话。今天我们就以散文《听潮》为例,对作品中富有表现力的语言进行分析,提高同学们的阅读能力。

叙述目标

本节课结合语言环境和文章中心,正确理解词语和句子的含义;通过同学的交流讨论归纳阅读规律;通过层次训练提升阅读能力。

阅读渐进引领

第一步:学生读文本,整体感知文章。

教师:"品味富有表现力的语言"考查的形式有下面两种:对指定的某一词语、句子进行赏析,选择富有表现力的句子进行赏析。如 2013 年北京中考语文试卷中 16 题:品读第 15 段划线句"你可知道你对我有着怎样的意义",联系全文,说说"洞茶"对于"我"有哪些意义。2016 年《沙枣》第 20 题:这篇文章的语言表达有值得欣赏的地方,也有可以讨论的地方。请你从最后三段中找出一处(字、词、句)值得讨论的地方,并写出你的讨论题。

　　如何来准确地分析欣赏富有表现力的词句,我们一起来学习探讨:通过分析具体的句子,形成规律,总结提升,形成阅读能力。请看《听潮》一文。

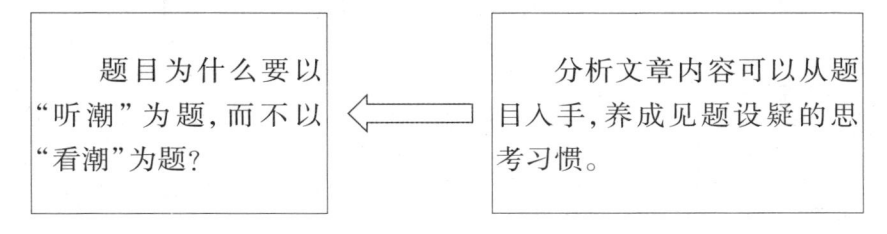

| 题目为什么要以"听潮"为题,而不以"看潮"为题? | ← | 分析文章内容可以从题目入手,养成见题设疑的思考习惯。 |

　　教师:同学们快速默读全文,思考上述问题。请个别同学回答。

　　学生回答预设 1:文中第五节告诉我们时间是晚上,是在屋内,潮起潮落主要靠声音感受。

　　学生回答预设 2:补充文章结尾处"从闭着的窗户内听着外面隐约的海潮音"告诉我们"听"贯穿了全文,即以听开始,以听结束。

　　学生回答预设 3:本文以房中听潮开始,以房中听潮结尾,时间是在晚上。通篇大部分笔墨用文字塑造声音的形象,所以说以"听潮"为题。

　　学生回答预设 4:"听潮"而不是"看潮",作者鲁彦就是要靠听觉来描绘海潮的声音,题目吸引人,足可以看出语言的表现力。标题一个"听"字,意境全出,"潮"本来是一种视觉形象,用听觉来写,别有一番韵味。鲁彦在文中着重从听觉的角度,用文字来塑造声音的形象,表现了大海落潮时静态的"柔美"和涨潮时动态的"壮美",讴歌了大海的伟大力量。表达了作者热爱大海、热爱生活的积极向上的人生态度。

　　教师:请大家归纳全文的主要内容。请个别同学回答。

　　学生回答预设:《听潮》一文,以"我"和"妻子"观赏大海的落潮→涨潮→高潮为线索,详细描绘了海潮涨落的情景,讴歌了大海的雄壮美和它的伟大力量。

　　教师:围绕"品味作品中富有表现力的语言"这一主要问题,结合《听

67

《潮》文本内容,提出需要解答的问题。小组先组内研讨,解决能解决的问题,不能解决的问题,分类归纳,安排组代表发言。

学生回答预设1:作者是如何写大海的雄壮美和温柔美的?重点描述大海的什么?表达了作者怎样的思想感情?

学生回答预设2:"这是伟大的乐章!海的美就在这里。"这句话怎样理解?

学生回答预设3:本文是怎样综合运用各种修辞手法的?

教师:同学们认真思考了,提的问题非常有价值。最终本节课我们通过《听潮》要解决什么问题,大家看目标一起说:如何品味作品中富有表现力的语言。

第二步:进入问题解决。

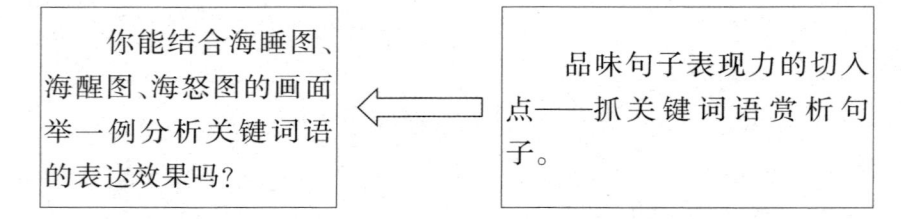

你能结合海睡图、海醒图、海怒图的画面举一例分析关键词语的表达效果吗?	←	品味句子表现力的切入点——抓关键词语赏析句子。

教师:同学们静心读文本,结合要求做批注。找学生代表分析。

学生回答预设1:"在我们的脚下,波浪轻轻吻着岩石,像蒙眬欲睡似的。"这里一个动词"吻"字,写出了海浪亲昵温柔的情态。(海睡图)

学生回答预设2:"因为岛屿挡住了它的转动,它狠狠地用脚踢着,用手推着,用牙咬着。""踢""推""咬"等词,用拟人的手法写出了大海醒了后冲击岛屿的巨大力量。(海醒图)

学生回答预设3:"海水疯狂地汹涌着,吞没了远近大小的岛屿。"一句中"疯狂""汹涌""吞没"这些充满力度的词语,描绘出了大海勇猛无畏的性格。(海怒图)

教师:很多重点句的含义和表现力,往往是通过动词、形容词、副词、数量词等关键词语传递出来的。抓住句中关键词语去深入理解句子,是常用的可取的一种赏析句子的方法。

> 你能找一个运用多种修辞描摹海潮音或者是结构上作用突出的例子进行赏析吗？

> 从修辞的角度赏析句子，体会句子表达形象、生动、传神的特点。从结构作用的角度赏析句子，一个句子在结构上具有承上启下、前后呼应、总结全文等作用。

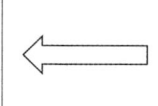

学生回答预设1："那声音仿佛是朦胧的月光和玫瑰的晨雾那样温柔；又像是情人的蜜语那样芳醇；低低地，轻轻地，像微风拂过琴弦；像落花飘零在水上。"这里作者捕捉到大海清波微漾的特征，展开丰富的想象，运用多个比喻来描摹海潮的几种情态。用"朦胧的月光和玫瑰的晨雾"来比喻海浪声的轻柔；用"情人的蜜语"来比喻海浪声的甜美；用"落花飘零在水上"来比喻海浪声渐闻渐远，直至杳然无声的情态。这种多角度的设喻，将落潮时大海的轻柔、静谧刻画得细致入微，使人身临其境。

师生归纳：在《听潮》一文中，作者运用了比喻、拟人、排比等多种修辞手法，绘声绘色地把海潮的声音、情态描摹得栩栩如生，构成了一幅壮美的海韵图。特别是比喻、拟人手法的运用，使文章更加鲜明生动，摇曳多姿。这样解决了同学们提的第三个问题。

学生回答预设2："远处的钟声突然惊醒了海的酣梦。"这是一个过渡句，在结构上的作用是承上启下，是联系大海由睡到醒，潮水由落到涨的纽带。

学生回答预设3："我喜欢海，溺爱着海，尤其是潮来的时候。因此即使是伴妻一道默坐在房里，从闭着的窗户听着外面隐约的海潮音，也觉得满意，算是尽够欣幸了。"这句与文章开头呼应，从房中听潮开始，以房中听潮结尾，使文章结构严谨。

第三步：教师指导点拨。

> 请你结合实例多角度赏析句子。

> 同一个句子，可以从修辞、关键词、艺术手法等不同角度去赏析。学生只要找准一个切入点，从某一个角度去赏析即可。

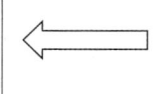

教师出示语句："每天潮来的时候，听见海浪冲击岩石的音响，看见空际

细雨似的,朝雾似的,暮烟似的飞沫升落;有时它带着腥气,带着咸味,一直冲进我们的窗棂,粘在我们的身上,湿润着房中的一切。"

学生回答预设1:抓关键词进行赏析:用"冲""粘""润湿"形容潮来时的动作,表现了海潮梦幻般的神奇、轻纱般的柔美。

学生回答预设2:从修辞的角度赏析,作者运用三个比喻来描摹海潮。"细雨""朝雾""暮烟"三个喻体,引起读者丰富的联想,是春雨蒙蒙,是晓雾弥漫,还是暮烟霭霭?给人以虚幻迷离的感觉,形象生动地表现了海潮梦幻般的神奇。

学生回答预设3:从艺术手法的角度赏析:作者从听觉、视觉、嗅觉、味觉、触觉五个角度分别描写了潮来时的声音、形态、气息、动作。用"细雨""朝雾""暮烟"形容潮来时的形态,用"腥气""咸味"形容潮来时的气息。

教师点拨句子赏析的落脚点:每个句子都可提炼出一定的内容,有的饱含作者的某种思想、情感,或表现了文章的主旨。因此赏析句子,首先要找准赏析的切入点,落脚点在于分析句子写了什么内容,表现了怎样的情感或主旨。

学生回答预设4:"海终于愤怒了。它咆哮着袭击过来,猛烈地冲向岸边,冲进了岩石的罅隙里,又拨剌着岩石的壁垒。"运用了拟人的修辞手法,表现了大海愤怒时壮观的场景和磅礴的气势。

学生回答预设5:"这是伟大的乐章,海的美就在这里。"这句直接抒情。在惊涛骇浪面前,胆小懦弱的人会感到恐惧,勇敢坚强的人却感到愉悦。海潮激起作者的心潮,由此发出由衷的赞叹。从这句话里,我们可以透过鲁彦热爱大海的感情,看出他那积极进取、勇敢搏击的人生态度。

教师点拨:从艺术手法切入,就是分析作者怎样表达了思想感情或文章主旨,也解决了同学们提的第二个问题。

第四步:学生静心独立思考,读出认识、读出感受。

请大家围绕同学们提的第一个主问题,独立思考、交流认识。

前后桌四人为一组,分工合作:合作过程中记录员做好记录,养成记录的习惯,记住要把流动的语言变为凝固的语言。

学生交流自己的思考、参与讨论并有人记录。

教师巡视并适时参加小组讨论,个别指导。

第五步:教师指定学生个体展示答案。

| 谁能根据表达技巧和写作意图修改自己的答案,自信地展示一下第一题的答案? | ⇐ | 根据储备的修辞知识、积累的文章结构的作用来分析表达技巧和作者的写作意图。 |

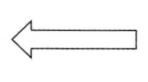

学生回答预设1:作者是如何写大海的雄壮美和温柔美的?重点描述大海的什么?表达了作者怎样的思想感情?分析如下:

作者写大海的温柔美,重点写海潮兴起之前,作者紧紧抓住大海的静寂,写海充满一种"和平的愉悦的神秘",这时的海是平静的,海浪是轻盈的。"睡熟了",用拟人的手法写出了"海浪轻轻吻着岩石,像蒙眬欲睡似的"。体现了大海宁静的神态,用诗人的"沉吟",情人的"蜜语",来形容大海温柔的性格。

学生回答预设2:写大海的壮美,重点描绘涨潮。初起,"海自己醒了",用比喻摹其声"像铃子、铙钹、钟鼓在奏鸣";到来时,"海终于愤怒了",作者重点描写动人的奇观。总的来说,这些都表现了作者积极向上的人生态度。

第六步:小组讨论归纳答案。

组内交流,互相启发,智慧资源共享。

小组代表展示补充答案。

小组回答预设1:写大海的温柔美,补充一些内容:作者尽情渲染潮声的低沉和轻柔。大海如月光之下玫瑰花间的晨雾,迷离之间透着幻彩,引人遐想。这些内容,为我们呈现了一幅如诗似画、令人心醉的大海沉睡图。

小组回答预设2:写壮美,补充一些内容:作者写道"战鼓声、金锣声、呐喊声、叫号声、啼哭声、马蹄声、车轮声、机翼声,掺杂在一起,像千军万马混战了起来。"作者连用了八种巨大而嘈杂的音响,来描摹大海轰鸣震耳的声音。表现了作者奋飞猛进的豪情。海潮的汹涌澎湃,大有气吞山河之势,从而显示大海的雄伟力量。

第七步:指定组代表展示本组归纳的答案。

| 作者是如何将海的温柔与壮美写得生动细致、层次清晰的? | ⇐ | 《听潮》写景抒情散文运用多种修辞手法,绘声绘色地写出了海的韵味美。再读课文,细品作者运用的描写方法。 |

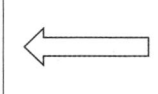

学生回答预设1：作者抓住大海上特有的景物，从听觉、嗅觉、味觉、触觉等角度，多方位进行描绘。

学生回答预设2：对大海在静态和动态的景象进行了细致观察，用多种描写方法，多角度展现了大海的魅力。

学生回答预设3：课文在行文节奏上，时而舒缓平静，充满柔情，表现了大海优美的境界和诗情画意的风光；时而雄壮激越奔流，表现了大海磅礴的气势和壮观场景。

第八步：教师或学生评价，确认（或补充）答案，升华——强化做这类题重点的带规律性的方法、要求（明确积累内容）和注意事项（提示防止出现的问题）等。

教师补充表达作者思想感情的答案：这篇文章反映了我们的人生奋斗历程。有时海潮十分平静，就像我们的人生有时一帆风顺；有时海潮上下起伏，也像我们的人生一样有起有落。我认为与其说是作者写听潮，还不如说是作者在用海比喻我们人生的奋斗历程，可谓是借海说人，大有深意！

同学们，分析理解时防止出现以偏概全的现象，多读课文，从语感、词性、修辞、艺术手法等方面入手，进行赏析，就能清楚地知道作者的思想感情或写作意图。

课堂总结

品味语言可以从以下几个方面来进行。

第一，抓关键词语品析。品味富有表现力的词语，要扣住词义、语境，具体地说出这个词语准确（生动、形象）地写出了人（或物）的什么特征。

第二，抓主旨句分析语言的深层内涵。

第三，抓含义深刻的哲理句子进行赏析，理解其中的哲理。

【板书设计】

品味作品中富有表现力的语言

品味：仔细体会

表现力：语言技巧——写作意图

语言：词语、句子

方法：从关键词句、修辞手法、艺术手法等切入分析

【智慧训练】

阅读下面文段,回答问题。

一

又到麦浪翻滚时

周霞

①蜗居小城,终日上班下班,做饭吃饭,庸庸常常,忙忙碌碌。傍晚,出去散步,信步走远了些,不知不觉就远离了车马人喧,走上了一条土路。走着走着,田野里就有一阵阵植物的气息飘荡过来,那是【甲】麦子的味道。暮色里,一片金黄的暖色蓦然吸引了我。只不过是一小片麦地,却在一瞬间让我的记忆弥漫开来,一直弥漫到老家那翻滚着的无边麦浪里。

②我的老家在鲁西北平原,每到这个时节,一望无垠的金色麦浪随风起伏,煞是壮观,乡亲们的脸上也荡漾起富足的笑意。然而,我小时候,抢收麦子却是很辛苦的活儿,早了不好,晚了麦粒就容易掉进地里。那时收割没有机械化,完全要用镰刀一把一把划下来,再一捆捆系紧,挑回场院,翻晒碾压,或用脱粒机脱出麦粒,再晒干贮藏,不管天多热,不管人多累,都要马不停蹄地劳作,就担心会遇到雷雨天气。

③小时候,麦子成熟前,我们总爱搓麦粒吃。我会先找几颗大麦粒,揉碎在手心,两手相对,搓来搓去,于是一种幸福和喜悦的味道就从手心里慢慢弥散开来。搓好了,就张开两手,轻轻一吹,那些皮儿就四散开去,往嘴里一搭,清淡的麦香就从舌尖传递到全身,于是,满眼满心就都是【乙】麦子的味道。等麦收结束了,我们小孩子们就会挎上小篮子,到麦地里拾麦穗。拾得多了,父亲会夸我,母亲会把麦穗晒起来,搓成粒,然后用麦子换挂面,母亲做的挂面汤,只是滴几滴香油,倒点香醋,就很好喝。

④印象最深的是在一个月光皎洁的晚上,我们全家收割麦子,虽然天色暗了些,也有露水,但不用受暴晒之苦。那时的我还不懂稼穑的辛苦,休息时,还有闲情望望皓月,和家人不停地说笑着,觉得是一种乐事。割麦子时,要是谁落下了太远,前面的人就会接趟子。这样,有人帮忙,割得慢的人也就有了信心,等到割完长长的一垄,全家人再齐头并进。累了,就直起腰,抹抹汗,甩甩手,再埋头继续干。天气再热也要穿长袖衣服,不然,尖尖的麦芒会扎得生疼,脚上穿着母亲在灯下一针一线纳的千层底,倒是不再怕麦茬刺破脚。

⑤麦收时节是一年里很累人的时候,又没有工夫去集市买东西,父母总是

提前把鸡蛋腌制好，偶尔会储存上春天里的香椿芽。当疲惫地回到家，大家齐动手，烧火、擀面条、切菜。天热，面条煮好后，要放进刚挑来的井水里浸泡一下，再捞出，这样吃起来才过瘾。这个时节的菜，只有黄瓜、西红柿和菜豆，反正地里长什么就吃什么，吃饱了，好好睡个午觉，再切开一个大西瓜，美美地吃一顿，舒坦极了。太阳稍稍收威，就又起身下地了，麦收不等人呢。

⑥麦收时节，大人们总是让自家的娃们去帮老师割麦子。于是，我和伙伴们就组织起来，在麦田里穿梭。师生你追我赶，割得快的学生会善意地取笑一下比他们大不了几岁的老师。不到半天时间，几亩地就割完了。今年春节，和儿时的伙伴通电话，说起当年没到开镰时麦地里弥漫着的【丙】麦子的味道，觉得是那样美好。是呀，那时真好，那时的麦子好，那时的空气也好，那时的师生关系也和谐自然。偶尔的田间劳作，给了我们美好的回忆。

⑦那时的感情是那么淳朴，那么温馨，亲切而悠远，令我至今难忘。于是，我拨通了老家的电话，想从乡音里捕捉【丁】麦子的味道。

1."麦子的味道"在文中出现了4次，其中，有的指麦子本身的味道，有的指麦子味道中蕴含的作者情感。请结合内容做出判断。（只填序号）

指麦子本身味道的是：

指麦子味道中蕴含作者情感的是：

2. 这篇文章的一个突出特点是在朴实的语言中蕴含着深厚的情感。请你以第④段或第⑤段为例，说说这一特点是如何体现的。（不超过140字）

二

①看完电视以后，老王一整夜都没睡好。第二天一大早就往武汉打电话，直到9点，那端才响起儿子的声音："爸，什么事？"他连忙问："昨晚的天气预报看了没有？寒流快到武汉了，厚衣服准备好了吗？要不然，叫你妈给寄……"

②儿子漫不经心："不要紧的，还很暖和呢，到真冷了再说。"老王絮絮叨叨，儿子不耐烦了："知道了，知道了。"搁了电话。

③他刚准备再拨过去，铃声突响，是他住在哈尔滨的老母亲，声音发颤："天气预报说，北京今天要变天，你加衣服了没有？"疾风阵阵，穿过窗户缝隙乘虚而入，他还来不及答话，已经结结实实打了个大喷嚏。

④老母亲急了："已经感冒了不是？怎么这么不听话？从小就不爱加衣

服……"絮絮叨叨,从他7岁时的"劣迹"一直说起,他赶紧截住:"妈,你那边天气怎么样?"老人答:"雪还在下呢。"

⑤他不由自主地愣住了。

⑥在寒潮初袭的清晨,他深深牵挂的,是北风尚未抵达的武汉,却忘了匀一些,给北风起源处的故乡和已经年过7旬的母亲。

⑦人间最温暖的亲情,为什么竟是这样的? 老王自己都有点发懵。

(有删改)

1. "人间最温暖的亲情,为什么竟是这样的"含义是什么?
2. 请结合对文章内容的理解,梳理出老王的心理变化过程。

三
一只空瓶子的温暖
魏得强

①星期天,一家人购物回到小区,女儿把空的纯净水瓶子顺手放到了垃圾箱旁。13岁的女儿是进步了,以前她可是随手乱扔。但我没有表扬她,我想,这反倒是一个很好的教育机会。

②我不动声色,走过去把空瓶子又捡了起来,随手放进了我的手提袋里。这是我的习惯,我不会把它们扔掉的,我家里不缺几个瓶子的钱,但瓶子问题折射出来的是一个人的素养。今天,我更是要做给女儿看的。

③我知道女儿会不屑一顾,还会说我老土。如今的孩子,把面子看得很重,穿名牌,吃肯德基,而且会比着谁会浪费。不过我会用事实告诉她,即使像有钱的比尔·盖茨,在生活中也是反对浪费的。

④果然,女儿看到我的举动很吃惊,她竟然要把瓶子从我手提袋中拿出来重新给扔掉。看女儿进入我设的圈套,我这才谆谆地教导她:"孩子,不是老爸吝啬,一只瓶子一毛钱,不值什么钱,但这也是钱,节俭是从一个空瓶子开始的。"

⑤我等待着女儿的惭愧,或者向我道歉,或者默默地从我身边走开。不想,她趁我不备,伸手把空瓶子从我手提袋里取了出来,回过头,又重新把它放到了原处。没等我反应过来,她又轻快地跑到我身边,拉着我的手臂撒娇:"爸,一个瓶子对咱们不算什么,但对一些人很重要。咱小区每天都有一个捡废品的老人在这转悠,好可怜哪! 把瓶子放在这里,她就可以轻松地拿走。我知道,她不是乞讨的,她是靠劳动吃饭的……"

⑥看着女儿清水般闪亮的眼眸，我忽然有些惭愧了。

（有删改）

1. 根据你对文章内容的理解，填写下表。

人 物	事 件	心理反映
女儿	把空瓶子放到垃圾箱旁	爸爸想教育女儿
爸爸	捡回瓶子	女儿_____
女儿	_____	爸爸_____

2. 爸爸本想教育女儿不要浪费，教育过后，为什么"忽然有些惭愧了"？

附　参考答案

一、答案示例

1. ①甲丙　　②乙丁

2. 此题答案不唯一。需要结合原文④或⑤段的材料，围绕文章如何运用"朴实的语言"表达了怎样的"深厚情感"。

示例：第④段"累了，直起腰，抹抹汗，继续干"等语句通过细节描写写出了劳作的辛苦。第⑤段运用衬托的手法，用收麦时的劳累突出了午休时一家人一起做饭吃饭时的惬意。作者用这样朴实的语言将家人间的亲密与麦子相联系，写出了一家人淳朴、温馨的情感，寄托了对那段亲切久远的记忆的怀念。

二、答案示例

1. 含义：父母对儿女儿女对父母的感情应是人间最温暖的，生活中往往是父母对儿女牵肠挂肚，而儿女对父母少有牵挂。

2. 寒流出袭老王对儿子百般牵挂，老母打来电话老王不耐烦，得知老母亲那里正下雪老王感到内疚、有所醒悟。

三、答案示例

1. 吃惊　重新把瓶子放到原处并说明原因　惭愧

2. 一是因为爸爸明白女儿把空瓶子放回到垃圾旁，是为了给捡废品的老人一个劳动的尊严——靠劳动吃饭；二是因为自己曾经给予老人的帮助是一种施舍；三是因为对女儿的误解。

（编写　赵洪浩）

品味作品中富有表现力的语言

春

【内涵释义】

品味,即仔细体会、玩味。富有表现力的语言是指运用某种写作技巧,生动形象表达作者写作意图的词语、句子、段落等。

对于散文而言,品味作品中富有表现力的语言,就是通过对散文中具体的词语、句子、语段等的反复体味、咀嚼,领会其意蕴、情味、妙处,从而更准确理解作品的主旨和风格。

【引领读悟】

以朱自清的《春》为例,落实本点。

学习准备

关于本知识点的学习准备:

翻阅近几年北京中考语文试题,就散文阅读中的下列题目进行初步思考:

结合上下文,品味第9段中"大摇大摆"一词都写出了什么。

(2005年《老北京的小胡同》)

选文善用修辞,用词富有表现力,请从文中划线的(1)(2)两处中选择一处进行赏析。

(2006年《望柳庄》)

文中有许多句子写得很精彩,请你从文中自选一句,作简要赏析。

(2009年《又临黄河岸》)

本文的描写和议论都饱含感情,请以第三段的相关内容为例,作简要赏析。

(2012年《白梅无价》)

关于《春》一文的阅读准备:

能比较熟练地朗读全文,概括各段大意,初知主要内容,初步感受文章主旨。

导入新课

教师:同学们,在学习准备阶段,大家对近几年的中考散文阅读题进行了初步的思考。通过思考我们不难发现,这些题目都围绕着同一种语文能力进行考察,你们知道是哪种能力吗?

学生回答预设:赏析能力。

教师:是的,这些考题都不约而同地考察了同学们"品味和赏析"的能力,具体到"课标"中的考点,那就是:品味作品中富有表现力的语言。

品味和赏析能力是语文学科的核心能力之一,怎样才能逐渐提高我们的"品析"能力?怎样才能品出文字的味道?这节课,我们以《春》一文的阅读为例进行具体讲说。请看我们本节课的学习目标。

叙述目标

教师:本节课,我们将以散文《春》为依托,通过跳读、圈画、批注等方法了解富有表现力的语言的特点。通过交流、讨论等方法学习品味语言的角度和方法。通过观察、比较、分析等方法,明确全面深入地品味富有表现力的语言的基本原则。

阅读渐进引领

第一步:学生读文本,整体感知文章,明确积累内容。

教师:请同学们打开课文,先自己大声朗读,再同桌互读,划出自己最喜欢的词语、句子,对文章进行整体感知。

学生齐读,同桌读,注意朗读的语气和停顿节奏。

学生说出自己喜欢的词语或句子,并阐明理由。

学生回答预设1:我喜欢"盼望着,盼望着,东风来了,春天的脚步近了"。这句话让我仿佛看见春天长着腿、脚,迈着步子走过来。

学生回答预设2:我喜欢"桃树、杏树、梨树,你不让我,我不让你,都开满了花赶趟儿"。我觉得读完这句话感觉这些花开得很茂盛。

学生回答预设3:我喜欢"'一年之计在于春',刚起头儿,有的是功夫,有的是希望"。从这句话中我能感受到很有力量。

教师:大家都找到了自己喜爱的句子,希望把这些优美的语句永远留存在你们的记忆里。接下来,请继续思考:这篇散文的主要内容和主旨是什么?

　　学生回答预设1:这篇文章写的是春天的景色。

　　学生回答预设2:这篇文章不仅写了春天的景色,还写了春天的人。表达了作者对春天的赞美。

　　学生回答预设3:这篇文章,先写盼望春天,再描写春天到来时的美景,赞颂春天,作者有条不紊地将一幅幅关于春天的美丽动人且生机勃勃的图画呈现在读者面前,表达了作者喜爱春天,无限热爱美好的事物,不懈追求人生理想的情怀。

　　教师点拨提升:第三位同学的回答较为准确。整体感知写景散文的内容和主旨,既要关注文中所写之景,还要关注文中涉及的人,更要揣摩作者借助写景所要表达的思想和情感。只有兼顾这三点,才能准确、全面地对写景散文进行整体感知。

　　第二步:进入问题解决。

　　教师:下面,请同学们结合刚才的学习内容和文本,针对"品味富有表现力的语言"提出自己的疑惑。

　　学生在小组内交流自己的困惑,以组为单位将问题分类整理,之后各组汇报问题分类情况。

　　学生提出问题分类预设:

　　第一类:什么样的语言是"富有表现力的语言"?

　　第二类:对"富有表现力的语言"进行品味的方法是什么?

　　第三类:"品味富有表现力"的语言要品味出什么?

　　第四类:整体感知文章和"品味富有表现力的语言"有什么关系?

　　教师:同学们提出的问题很多,总结起来,大致分成四类。但是这些问题的核心都是指向"怎样品味富有表现力的语言"。

　　教师针对这几类问题,梳理出主问题,指导点拨方法:

　　接下来,我们以"怎样品味富有表现力的语言"为主问题,结合《春》这篇散文进行方法的探讨。

　　对于"怎样品味富有表现力的语言"这一主问题,可以分步骤去研究,我们先来研究分问题一:什么是富有表现力的语言?

　　第三步:教师指导点拨。

　　教师针对分问题一指导点拨方法:

　　教师抛出分问题一:什么样的语言是富有表现力的语言?对于这个问

题,每个人的感受是不完全一样的。在同学们的心目中,什么样的语言才是富有表现力的语言?

学生静心独立思考,再以组为单位进行讨论。

学生个体展示答案,全班交流。

学生回答预设1:我觉得富有表现力的语言就是指富有诗意,有修辞的语言。

学生回答预设2:我觉得有些动词和形容词也比较重要,同样富有表现力。

学生回答预设3:在文章中很美,有特殊意义的词,是富有表现力的。

教师针对预设点拨思考方向:同学们说的都对,但是并不全面,其实,富有表现力的语言有很多。《春》这篇文章是一篇脍炙人口的美文,其中的很多语句都非常富有表现力,下面,我们就以其中的一句为例进行分析。请看这句话:小草偷偷地从土里钻出来,嫩嫩的,绿绿的。请同学们思考:

| 这句话中哪些语言富有表现力?为什么? | ← | 朗读并圈划出句子中富有表现力的语言,通过朗读表达自己从文字中获得的感受。 |

学生静心独立思考、朗读体会。

教师指定学生个体展示答案。

学生回答预设1:我觉得"嫩嫩的""绿绿的"很富有表现力,因为它描写了小草的颜色和质地。

学生回答预设2:我觉得"偷偷地"一词有表现力。因为这样就把小草拟人化了,体现出小草的活力。

学生回答预设3:"钻"字也很具有表现力,它表现了小草的生机,和它从地里钻出来的那种活力。

教师简要小结:这样一个富有表现力的句子,它运用了拟人的修辞,还运用了一些非常具有表现力的词语,比如叠词、动词。运用这样的词语和这样的修辞,就把这句话写得具有表现力了。

像这样的具有表现力的句子,在《春》一文中比比皆是。请同学们跳读课文,继续思考:

> 文章中还有哪些句子富有表现力？分别用了什么方法？（尝试从其他的角度去思考）

> 跳读并圈划出文章中富有表现力的语言，判断方法角度（如：句式、表现手法等）

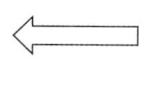

学生跳读课文，边读边做标记和批注。

教师指定学生展示答案。

学生回答预设1：我找的是第六段的"像牛毛，像花针，像细丝，密密地斜织着"。这句话运用了比喻和排比的修辞手法，表现了春雨的细密、绵长，向人们展现出烟雨笼罩下的朦胧迷离的景象。

学生回答预设2："花里带着甜味；闭了眼，树上仿佛已经满是桃儿、杏儿、梨儿"这句话运用了虚实结合的手法，"花里带着甜味"这句话是写实，"闭了眼，树上仿佛已经满是桃儿、杏儿、梨儿"这句话是写虚。

学生回答预设3：这句话还调动了感官。"花里带着甜味"这句话是调动了嗅觉。"闭了眼，树上仿佛已经满是桃儿、杏儿、梨儿"这句话是想象。

学生回答预设4："坐着，躺着，打两个滚，踢几脚球，赛几趟跑，捉几回迷藏。"这是侧面描写，写人们在草地上的活动。侧面衬托出草是这样有吸引力，从而表现出作者对春草的喜爱之情。

学生回答预设5：我找的是第四段的"桃树，杏树，梨树，你不让我，我不让你。都开满了花赶趟儿"这句话运用了拟人的修辞手法，生动形象地写出了桃树，杏树，梨树争先恐后地开放时的样子，表现了春天富有的强大的生命力，表达了作者对春天的喜爱。

学生回答预设6：第五段"鸟儿将巢安在繁花嫩叶当中，高兴起来了，呼朋引伴地卖弄着清脆的喉咙，唱出婉转的曲子，跟轻风流水应和着。"这句话运用了拟人的修辞手法，表现了鸟儿歌唱时的欢快。而且"卖弄"这个词是贬义词褒用。表现了鸟儿对春天来临的喜悦。

学生回答预设7："花下成千成百的蜜蜂嗡嗡地闹着。""闹"字运用拟人，生动形象地写出蜜蜂在百花丛中飞舞的情景。侧面突出花多，花香的特点。表现出春天的生机勃勃，欣欣向荣。表达了作者对春天的喜爱之情。

学生回答预设8：我找的是第四段的第二句，"红的像火，粉的像霞，白的像雪"这句话用了三个富有颜色的词：红、粉、白。使人容易在脑海中产生一种画面感，突出春天的美丽。

81

学生回答预设9:我找的是第一段的"盼望着,盼望着。"这是叠用了"盼望着"。体现出了作者盼春心切。也是反复的修辞。

教师针对学生的回答进行总结:什么是富有表现力的语言?

从遣词造句的角度看,包括词语、句式。如叠字叠词、动词、形容词、量词、色彩词的选用,整句散句、长句短句的运用等。

从修辞的角度看,包括比喻、拟人、夸张、排比、引用、对偶、借代等。

从表现手法上看,包括虚实结合、调动感官、动静结合等。

从语言风格的角度看,包括自然淡雅,用工笔写意蕴的语言;苍劲雄健,刚健之中见哲思的语言;形象含蓄,用形象表达主旨的语言;绚丽浓艳,用诗意写浓情的语言;平和恬淡,充满生活化的语言等等。

学生根据教师指导,初步明确"富有表现力的语言"的一般范围。

教师进行方法点拨:富有表现力的语言既可以是关键词语,还可以是含有修辞手法、表现手法的句子或者是段落,知道了这些,我们就能够确定品味语言的角度了。

教师强调重点:这是"品味富有表现力的语言"的第一步:确定赏析的角度。

接下来,我们来研究分问题二。

教师针对分问题二指导点拨方法。

教师:品味赏析散文语言的具体方法是什么呢?对于这个问题,每个人的感受也是不完全一样的。接下来,我们继续探讨。

从文中挑选出一处你认为最富有表现力的语言进行品味。之后,在组内交流品味的方法。	⬅	先确定品味的角度,再品味语言,然后在组内讲说品味结果,交流品味方法。

学生挑选语句,独立品味赏析,然后小组交流,总结方法。

组代表展示本组学习结果。

学生回答预设1:我们组认为文中最富有表现力的语言是"雨是最寻常的,一下就是三两天。可别恼。"初读这句话的时候感觉有点矛盾。下雨下了三两天,这样的天气肯定会对生活带来一些不利的影响,人却不恼怒。这怎么可能?最起码也会有一些怨言的。后来再反复读,体会,回味,发现这正是作者对可爱的春雨发自内心的喜爱之情所致。

学生回答预设2：（本组补充）我们在文章看似矛盾之处反复咀嚼，反复体会。并且把我们自己生活中对雨的感受和作者在文章中对雨的感受进行了比较。就能品味出这个句子蕴含的情感。

学生回答预设3：我们组认为"小草偷偷地从土里钻出来，嫩嫩的，绿绿的。"这一句最富有表现力。我们是这么品味的：我们把这句话的词语调换了顺序，发现句子的内容完全没有改变，但是表达的效果却截然不同。按照常规，这句话应说成"嫩绿的小草偷偷地从土里钻出来"，而文章原句中所有关于小草的修饰语都放在后边，并且独立成句，这样就使修饰成分更加突出。也就是更加突出了小草绿得喜人，嫩的可爱得样子。

学生回答预设4：（本组补充）除了调换词语顺序，我们还把"偷偷地"换成了"不知不觉地"和"暗暗地"，发现都不如原文表现力强。"偷偷地"将春天的"小草"拟人化，写得生机勃勃、情趣盎然，也使我们读者感受到作者的兴奋和赞美之情。而"不知不觉地"和"暗暗地"等词语达不到这样的效果。

学生回答预设5：（本组补充）我们组的品味过程总结起来就是：调换词语顺序或改变原文词语，然后和原文进行比较。

学生回答预设6：我们组认为"不错的，像母亲的手抚摸着你"这句话最富有表现力。我觉得这句话很形象地表现了春风的温暖，这是显而易见的。但是我们组里有的同学还从这句话里感受到了春风的柔和、和煦。这些同学就是回忆了自己母亲用手抚摸自己时的感受。

学生回答预设7：我们组认为"花下成千成百的蜜蜂嗡嗡地闹着"这一句话最富有表现力。这句话在我的脑海里呈现出一幅画面：好多好多红的、粉的、白色的花朵，花团锦簇，长得十分繁盛。成千成百的蜜蜂围着花团或飞舞或停留。耳畔中回想着嗡嗡的回声，好不热闹。

学生回答预设8：（本组补充）这句话在我的头脑中是有色彩、有声音、有情境的。也就是说，我们把这句话想象成了一幅画面，那种美感，那种热闹、繁盛自然而然就感受到了。

教师针对学生回答预设点拨、引导：如何品味语言？关键是要在"品"字上下功夫。总结起来，就是要通过对文中关键语言的反复咀嚼、体味，感受文字背后的意蕴；通过对文中关键词语的增删、调换，感受原文字的魅力；通过联想，调动与文本相关的生活经验；通过想象，把文字语言转化成画面形象。

当然,品味语言的方法不止以上几种,但好的文章的确需要细细品味,只有细腻用心的品味,才能感受到语言真正的魅力。

教师针对分问题三指导点拨方法:

教师:通过刚才同学们的发言,我感觉大家好像能对"富有表现力的语言"进行很好的赏析了。我想问的是:不论是在刚才对《春》一文进行"品味"的过程中,还是大家以前的"品味"经历中,你们是否还有疑惑需要老师帮助解决?

学生回答预设1:我已经会了,暂时没有什么疑惑。

学生回答预设2:在品味语言的过程中,我能有自己的感受,但是不知道分析到什么程度就不用再分析了。

学生回答预设3:在品味语言的过程中我有的时候会和大家的想法完全背道而驰,我自己还觉得很对,但实际上完全做了无用功。这种状况怎么才能改变一下呢?

教师抛出分问题三:同学们的困惑涉及了品味语言的另一个关键:怎么解决我们品味和赏析不全面、不透彻的问题呢? 接下来我们继续探讨。

下面是针对同一个语句进行品析后的两种不同表达结果。

(教师出示品析的语句、要求、甲乙两种不同的品析结果)

语句:小草偷偷地从土里钻出来,嫩嫩的,绿绿的。

要求:请对这一句中的画线词语进行赏析。

甲答案:"嫩嫩""绿绿"这两个词语写出小草非常嫩,非常绿。

乙答案:"嫩嫩""绿绿"这两个形容词生动形象地写出小草质地、颜色的特点,描绘出春草的可爱;含蓄地表达了作者对春草的喜爱,同时抒发对春天的赞美之情。叠词连用,语言既活泼,又有韵律感。

教师设问:你认为这两个答案哪个好? 为什么?

学生回答预设1:我认为这两个答案都对,就是第一个答案字数少了点。

学生回答预设2:我觉得第一个答案不太好,它只说非常嫩,非常绿。这不就是字面上的意思吗? 没有品味出什么来。

学生回答预设3:第一个答案太表面化,太肤浅了。

学生回答预设4:我觉得乙答案分析得挺好的。尤其是比第一个要全面、透彻。

教师:这两个品味的结果谁优谁劣,还是很明显的。那么乙在品味语言时是怎样做到全面而透彻的呢? 我们继续研讨。

> 请同学们认真观察乙答案并思考:乙答案都写出了什么?

> 从"品味语言的角度、内容、情感、效果"等方面进行思考。

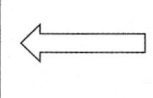

学生静心独立思考,读出认识、读出感受。

教师指定学生个体展示答案。

学生回答预设1:我觉得这个答案写出了小草的质地和颜色,还写出了作者的情感。

学生回答预设2:我觉得这个答案从两方面分析"嫩嫩"和"绿绿"。第一个方面是从形容词的角度,第二个方面是从叠词的角度。

教师点拨引导:这两位同学有一个共同的发现,那就是乙的品析结果是包含两个层次的。请大家根据赏析角度的不同,为乙答案划分层次并说明理由。

学生回答预设:乙答案的第一层是从"嫩嫩"到"赞美"。第二层是从"叠词"到最后。

教师:两种不同的品析角度必然会有两种不同的效果。叠词连用,语言既活泼又有韵律感。两个形容词连用,更便于抒发赞美之情。

教师继续点拨,将学生的思考引向深入:请同学们再把乙答案的第一层分成两个小层次,并说明理由。

学生回答预设:"春草的可爱"前后各是一层。前面一层是内容,后面一层是情感。

教师:写内容的这一层里,并不是一个句子,而是两个句子。第一个句子写出了小草的"质地"和"颜色"。第二个句子表现了小草的可爱。那么这两个句子都必须得写吗?可不可以删去一句呢?

学生回答预设1:我认为不可以删去。第一句话只是写出了小草的质地和颜色的特点,这是小草的局部的特点。第二句是描绘出小草的可爱,是写出小草整个事物的特点。

学生回答预设2:"嫩嫩"是小草的质地,"绿绿"是小草的颜色。透过这两个词,让人感受到小草是一个非常可爱的样子。这样才品出了味道,赏析才有价值。

教师点拨重点和相关注意:刚才同学的发言用了个词叫"透过"。"透过这两个词使我们看到了小草那种可爱的样子"。那也就是说,我们在对语言进行品味的时候,一定要注意透过表面的文字看到文字背后的内容。这样的思考方式就叫由表及里。

赏析品味,一定要学会"由表及里"分析。所谓"表"是指词语、句子的字面意思。但是,不论是词语、句子,还是文章内容的理解或赏析,都不能只停留在表层思考。而是必须结合文章语境或写作背景进行揣摩和体会,这就是深层思考。这样,才能抓住重点,品出深意。

教师追问:同样道理,乙答案的情感这一层也是两句话。我们可不可以删掉一句?答案当然是不可以,请说明原因。

学生回答预设:答案中"含蓄地表达了作者对春草的喜爱,"这是作者对所描写的景物的情感。答案中"抒发了对春天的赞美之情"这一句恰恰是文章中"小草偷偷地从土里钻出来,嫩嫩的,绿绿的"这一句的表现力所在,通过这一句更有力地表现了作者对春天的热爱和赞美之情,即文章的主旨。

教师强调重点:品味语言,就是通过对文章语言的细心揣摩,体会作者是怎样运用语言来表情达意的。所以,品味语言必然离不开对文章的整体感知,这是品味赏析的前提。具体来说就是要考虑:整篇文章要传达什么意思,某处语言是怎样将这种意思表达出来的。

品味富有表现力的散文语言时,怎样才能做到全面、透彻?	←	从"品析角度、思考方式、内容情感"等方面综合考虑。

学生回答预设1:品味赏析的角度要全,不能拘泥于单一固定的一个角度。

学生回答预设2:要尝试着由点到面,由表及里的深入思考,不能只看字面的意思。

学生回答预设3:心里要有全文意识,要在对全文整体感知的基础上,围绕着文章的主要内容和主旨进行品味,不能偏离方向,不能就词说词,就句说句。

教师将思考方向引向之前提出的主问题:在对上面三个分问题进行探讨之后,我们来回看主问题。

| 怎样品味富有表现力的语言？ | ← | 从"品味的角度、品味语言的方法、品味语言要注意的事项"几方面去考虑。 |

第四步：学生静心独立思考主问题。

学生回顾对三个分问题进行分析的过程，梳理分问题与主问题之间的关联，形成口头或笔头答案。

第五步：教师指定学生个体展示答案。

学生回答预设1：要想品味富有表现力的语言，应该先知道什么样的语言是富有表现力的语言。

学生回答预设2：可以从修辞、叠词、形容词的角度对富有表现力的语言进行品析。

学生回答预设3：品味富有表现力的语言不能脱离文章的中心。

学生回答预设4：品味语言时既要弄明白句子的内容，又要体会句子所表达的感情。

学生回答预设5：品味时应该反复有感情地读文章，否则品味不出什么来。

学生回答预设6：品味语言时，可以通过删减、比较的方法。

学生回答预设7：还应该利用自己的生活经历和经验。

学生回答预设8：品味时可以把文字想象成画面，让白纸黑字变成声音、色彩、形象俱全的情境。

教师针对预设适当点拨：大家的回答都有道理。那么，综合起来看，品味富有表现力的语言必须要遵循的原则是什么？

第六步：小组讨论归纳答案。

学生以小组为单位，交流，形成口头或笔头答案。

第七步：指定组代表展示本组归纳的答案。

学生回答预设1：词语、句式、修辞、手法，多种角度切入。

学生回答预设2：增删、调换、比较、想象，多种方法品味。

学生回答预设3：语境、文意、思路、主旨，多重因素兼顾。

学生回答预设4：方式、效果、内容、情感，多个层次说全。

第八步：教师强调品味富有表现力的语言的方法。

品味富有表现力的语言可以关注以下切入点。关键词语,如:动词、形容词;叠词;褒义贬用、贬义褒用等。修辞方法,如:拟人、比喻、夸张等。表现手法,如:虚实结合、对比衬托、多种感官等。

在具体的品味过程中,需要关注的比较多,首先要以一个切入点为入口,一点一点开掘,通过各种适合自己的方法,比如:比较、推敲、想象、联想、调动生活经验等由表及里地品出文字的味道——意蕴和情思。

品味富有表现力的语言,其方法也是因文而异,因人而略有不同。但重要的原则不能违背,那就是:结合语境,结合文本,由表及里,由点及面,多角度、全方位思考,通盘考虑。这样才能走进文本,逐步发现文本的语言特质,感受散文语言的精妙。

课堂总结

经典散文,文质兼美,《春》更是其中的精品,文风清新活泼,语言极富表现力。品味这样富有表现力的语言,需要理性分析,更要调动自己的情感体验。同时必须要遵循主旨的指向,不能主观臆断。希望我们这节课总结的方法,能够为同学们品味散文语言之美,感受母语之美插上一双有力的翅膀,引领同学们在美文的海洋里徜徉。

【板书设计】

品味作品中富有表现力的语言

春
整体感知,找准赏析角度。
增删调换,反复比较咀嚼。
结合语境,析全内容情感。

【智慧训练】

阅读文段,完成各题。

一

一日的春光

冰心

海棠是浅浅的红,红得"乐而不淫",淡淡的白,白得"哀而不伤",又有满树的绿叶掩映着,像一个天真、健美、欢悦的少女,同是造物者最得意的作品。

春在眼前了!

这四棵海棠在怀馨堂前,北边的那两棵较大,高出堂檐约五六尺。花后是响晴蔚蓝的天,淡淡的半圆的月,遥俯树梢。这四棵树上,有千千万万玲珑娇艳的花朵,乱哄哄地在繁枝上挤着开……

看见过幼稚园放学没有?从小小的门里,挤着的跳出的涌出的一大群的快乐、活泼、力量和生命,这一大群孩子分散在极大的周围,在生的季候里定格为永远的春天!

那在海棠枝上卖力的春,使我当时有同样的感觉。

(有删改)

1. 原文《一日春光》的主要内容和主旨是什么?
2. 请对以上文章中富有表现力的语言进行赏析。

二
别踩疼了雪
朱成玉

我和女儿在焦急地等待着一场雪的降临。

雪,只在女儿的童话和梦境里飘过。我一直这样认为:没有触摸过雪花的女孩,永远做不了高贵的公主。我领她到雪的故乡来,就是要让她看看雪是怎样把人间装扮成宫殿,把人装扮成天使的。

带女儿来北方,就是为了让她看雪。因为我无法为她描述雪的样子,而她又是那么渴望看到它。

雪开始零星地飘起来,我和女儿激动得手舞足蹈!

它多美啊,轻盈、飘逸、纯洁,让人爱不释手。

女儿伸开手掌,发现,我们的手掌虽可以接住雪花,但雪花却无法随我们的爱意长时间停留。它只亭亭玉立了那么一会儿,转眼就消失得无影无踪了。

但女儿并没有收拢她的手掌,她依然执著地积攒着手中的白色花瓣。雪渐渐大了些,女儿小心翼翼地捧着她的雪花,她说把她带回去,在妈妈的坟墓旁边堆一个大大的雪人。

女儿的话触动了我。原来,女儿一直嚷嚷着要来北方看雪,真正的目的还是为了她的妈妈。

我不忍提醒她,我们永远也无法将雪花运到南方去。我总是提醒自己:孩子的心灵是最纯洁的一片雪地,在他们心灵上经过的时候,一定要小心,再小心,不要弄脏了孩子的世界,不要踩疼了他们的梦想。

　　女儿没有见过她的妈妈,在她出生的那一刻,她的妈妈便因为难产离开了我们。仿佛一切都有预感一样,在妻子的日记里,我看到了她写给自己未出生的孩子的信。她说:即使有一天她离开了人世,她的魂魄依然围绕在孩子的身边,春天她就是早上第一缕吻着孩子脸颊的阳光,夏天她就是那大树底下的阴凉,秋天她就会变成一朵朵云彩,冬天的时候她就会变成雪花……

　　每当女儿问我她的妈妈在哪里的时候,我就会对她说,你妈妈离开这个世界了,但她爱我们。春天的晨光,夏天的绿阴,秋天的云朵,冬天的雪花,这些都是你妈妈变的,她一刻都没有离开我们。女儿记住了我的话。在春天,总是太阳刚一露头就醒了,她说妈妈在唤她起床呢;夏天,她总是习惯把书桌搬到那棵大树底下去做作业;在秋天,她总是趴在窗台上,托腮凝望天上的云。我知道,她那颗小小的心在用她自己的方式怀念着母亲。

　　可在冬天的时候她找不到与母亲的联系了,因为南方没有雪。

　　这就是她要来北方看雪的原因啊!? 雪花在天空舞蹈!

　　天空阴暗得仿佛是大地,大地晶莹得仿佛是天空。

　　夜晚再黑,也压不过雪的白。

　　第二天清晨,女儿轻轻推开门,小心翼翼地踩出了一行小脚印。她对我说:"爸爸,顺着我的脚印走,别踩疼了雪。"

　　那一刻,我看到的世界全都是洁白的,包括人的心灵。

(选自《今日教育·读写舫》2008.2)

1. 阅读全文,说出女儿要来北方看雪的原因。
2. 品味揣摩下面句中加点的词的表达效果。
①孩子的心灵是最纯洁的一片雪地,在他们心灵上经过的时候,一定要小心,再小心,不要弄脏了孩子的世界,不要踩疼了他们的梦想。
②爸爸,顺着我的脚印走,别踩疼了雪。

三
母亲这个词所能给予的
梁晓声

那是我第一次到母亲为我们挣钱的那个地方。①空间低矮得使人感到压抑,不足二百平米的厂房,四壁潮湿颓败。七八十台破缝纫机一行行排列着,七八十个都不算年轻的女人忙碌在自己的缝纫机后。因为光线阴暗,每个女人头上方都吊着一只灯泡。正是酷暑炎夏,窗不能开,七八十个女人身体和七八十只灯泡所散发的热量,使我感到犹如身在蒸笼。毡絮如同褐色的重雾,如同漫漫的雪花,在女人们在母亲们之间纷纷扬扬地飘荡。

我走到那个角落,看见一个极瘦弱的毛茸茸的褐色的脊背弯曲着,头凑近在缝纫机板上。

"妈——"

②背直起来了,我的母亲。转过身来了,我的母亲。肮脏的毛茸茸的褐色的口罩上方,我熟悉的一双疲惫的眼睛吃惊地望着我,我的母亲的眼睛……

母亲大声问:"你来干什么?有事快说,别耽误妈干活!"

"我……要钱……"我本已不想说出"要钱"两字,可是竟说出来了!

"要钱干什么?"

"买书……"

"多少钱?"

"一元五角就行……"母亲掏衣兜。掏出一卷毛票,用指尖龟裂的手指点着。

旁边一个女人停止踏缝纫机,向母亲探过身,喊:"大姐,别给!没你这么当妈的!供他们吃,供他们穿,供他们上学,还供他们看闲书哇!……"

母亲却已将钱塞在我手里了,大声回答那个女人:"谁叫我们是当妈的啊!我挺高兴他爱看书的!"③母亲说完,立刻又坐了下去,立刻又弯曲了背,立刻又将头俯在缝纫机板上了,立刻又陷入了手脚并用的机械忙碌状态……

(有删节)

1. 上面文段的主旨是什么?
2. 从上面文段画横线的①②③处任选一处,画出关键词,从效果和作用等方面进行赏析。

附　参考答案

一、答案示例

1. 在作者90日的等待之后,终于等来了春光的烂漫、骄奢、光艳与迷人的景象,使作者饱尝了"一日春光"带来的快乐、活泼、力量和生命。表达了作者惜春、爱春,强烈盼望春天到来的期望之情。

2. 答案示例(一)

"红""白"从视觉角度写海棠的不同颜色,与满树的"绿叶"相称,产生一种画面美。"乐而不淫""哀而不伤"是引用孔子的话准确写出海棠的颜色恰到好处,而且极富韵味。把海棠比喻成少女,不仅形象地描绘出海棠情态的可爱,而且给人赏心悦目之感。表达作者对海棠所具有的生机和活力的喜爱,春天到来时的欣喜之情。

答案示例(二)

"乱哄哄地在繁枝上挤着开"这句话运用拟人的手法,生动地描绘了海棠花的茂盛,与下文"在海棠枝上卖力的春"形成呼应,写出了作者对春天的活力与生机的真切感受,流露出欣喜之情。

二、答案示例

1. 在女儿心中,雪花是妈妈变成的,通过看雪找到与妈妈的联系,以此怀念妈妈。

(意思对即可)

2. ①变抽象为具体(答成"形象生动"也可)表现出父亲对女儿梦想的呵护,对女儿的爱;②用拟人的手法赋予雪以生命,表达出女儿对母亲的爱,展示出女儿纯洁的心灵。

三、答案示例

1. 通过记叙母亲在极其艰难的生活条件下,支持和鼓励"我"读课外书的往事,表现了慈母对孩子的深情,以及孩子对母亲的敬爱之情。

2. ①"空间低矮、四壁潮湿颓败、光线阴暗、毡絮如同褐色的重雾"等直接写车间环境恶劣;"感到压抑、犹如身在蒸笼"写车间恶劣环境带给我的切身感受,从而表明母亲工作环境非常艰苦,挣钱十分不易,反衬母亲毫不犹豫地掏出自己的血汗钱让儿子买书的慈祥与伟大。②"背直起来了"表明母亲长时间地弯曲着脊背,"肮脏的毛茸茸的褐色的口罩""一双疲惫的眼睛"突出了瘦弱的母亲承受着异常繁重的工作,作为儿子第一次知道母亲的这种工作状态又是多么地震惊和不忍,此处细节真切地表现了儿子对艰辛工作的母亲的深深疼爱之情。③"坐、弯曲、俯、手脚并用"几个连续的动作分开来写,突出表现了母亲劳动的艰辛和强度,强调了母亲工作紧张忙碌的程度,也表现了儿子对母亲的深情挚爱。

(编写　金玉荣)

阅读新闻和说明性文章

能获取主要信息，形成自己的初步认识

人民解放军百万大军横渡长江

【内涵释义】

能获取主要信息是指围绕一定目标，在一定范围内，通过一定的方法获得关键的原始信息。形成自己的初步认识指在阅读过程的开始阶段对某个内容的确定，对获取的信息进行归纳概括。

【引领读悟】

以《人民解放军百万大军横渡长江》为例，落实本点。

学习准备

预习《人民解放军百万大军横渡长江》，扫清阅读文字障碍，了解这则新闻的历史背景。初步了解新闻的要素、结构等知识。

导入新课

教师：我们前几天参观了首都博物馆，这是同学们参观时拍的照片。哪位同学能根据这些照片，向大家介绍自己了解的首都博物馆的情况？

学生欣赏照片，两名同学根据自己的了解介绍情况。

教师：你们从不同角度向大家介绍了自己眼中的首都博物馆，让同学对博物馆的认识更全面。那你们是如何了解到这些信息的？

学生回答预设：在参观前，老师给我们布置看有关首都博物馆的新闻。在参观的时候，那些新闻内容就加强了这些信息的印象了，再按照一定的顺序参观，看起来就顺畅了。

教师：看来学习新闻很有必要。新闻是我们了解时代生活的一个窗口，也是社会变化的一个晴雨表。今天让我们一起走近新闻，了解新闻，共同学习出自一代伟人毛泽东之手的新闻《人民解放军百万大军横渡长江》。

叙述目标

教师:我们来看本节课的学习目标。通过自读、齐读的方式,整体感知内容,了解新闻的六要素和新闻结构的五部分,通过合理的整合、筛选,获取主要信息。在此基础上,体会准确、简洁、情感鲜明的语言特点,同时形成自己的初步认识。

阅读渐进引领

第一步:学生读文本,整体感知文章。

教师:这是一篇新闻,所以在学习新课之前,我们先来了解一下新闻知识。(出示PPT)请大家看多媒体,齐读新闻的有关知识。

(学生齐读)

新闻的特点:新闻这种文体,从广义上来讲,包括消息、通讯、报告文学。从狭义上来讲,只指消息,本文就是一篇报道及时的消息。新闻具有公开性、真实性、针对性、时效性、可读性的特点。

新闻的要素:六要素(也就是记叙要素)是人物、时间、地点、事件发生的原因、经过、结果。

新闻的结构:新闻的结构有五部分,即标题(分为:主标、引标、副标)、导语、主体、背景、结语。标题是以最精练的文字将新闻中最重要、最新鲜的内容提示给读者。用一段话在开头介绍新闻的叫导语。用几段话具体介绍新闻的叫主体。背景指的是新闻发生的社会环境和自然环境。背景和结语有时可以暗含在主体中。另外,课文开头括号部分叫电头。

教师:作者是在什么情况下写下这篇消息的?

介绍新闻背景(出示PPT),请一位同学为我们朗读。

(学生朗读):1949年4月20日,国民党政府拒绝签订国内和平协定。解放军坚决执行毛泽东主席和朱德总司令向全国进军的命令,举行了规模空前的全面大进攻。中国人民解放军于21日凌晨发起了渡江战役。我们今天学的这篇消息,就是毛泽东同志当时满怀豪情写的一则全面报道前线战况的新闻稿。

教师:了解了新闻的有关知识和写作背景,接下来我们先看文章的标题《人民解放军百万大军横渡长江》,从标题上看,你读出了什么信息? 又想到什么?

引领读悟:文学　说明性文章　科技作品　>>>

> 如何分析新闻的标题？　←　首先明确新闻的标题要能概括事件的主要内容,再看标题是否有人物、事件、时间、地点、结果等内容。

学生回答预设:我从"人民解放军"这个词读出了人物,从"长江"这个词读出了地点,从"横渡"这个词读出了事件和结果,还从"百万大军"这个词读出了气势。想到了作者要告诉我们这一百万人是如何渡过长江的。

教师:分析得非常好。进行新闻阅读,也要从标题开始。标题是文章的文眼。新闻的标题会告诉我们与事件六要素有关的信息。"人民解放军百万大军横渡长江"就告诉我们本文要叙述事件的人物、地点与结果。现在我们就进行自由朗读。用横线画出自己喜欢的句段,用"?"标出有疑问的内容,一会大家一起交流。

学生自由朗读。并进行圈点批注。

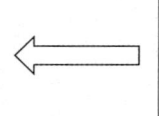

> 如何去寻找文章中有代表性的语句段落？　←　关注能够概括主要内容的句子。关注富有表现力的句子。关注能对事件进行分析评价的句子。关注能够引起同感,让你进行联想的句子。关注能够明白为人处世道理,从中获得正能量的句子。

教师:好,哪位同学愿意与大家分享一下自己喜欢的句段？

学生回答预设:我喜欢"人民解放军百万大军,从一千余华里的战线上,冲破敌阵,横渡长江。西起九江(不含),东至江阴,均是人民解放军的渡江区域。"这一句。因为这句话非常明白地提供了事件的人物、地点、区域和结果等信息。

学生回答预设:我喜欢这一句:"此种情况,一方面由于人民解放军英勇善战,锐不可当。"因为这一句突出了我军英勇的士气这个信息。

学生回答预设:我喜欢这一句,"国民党的广大官兵一致希望和平,不想再打了,听见南京拒绝和平,都很泄气。"因为这一句突出了敌军抓不住人心,肯定不会胜利的信息。

阅读新闻和说明性文章

教师:看来同学都认真阅读了这篇文章。找到了自己喜欢的语句,说出了自己的阅读感受。那么,读完文章,你对文章重要的句子有什么疑问吗?那怎样才能准确提出自己的疑问呢?请发表你的问题。

第二步:进入问题解决。

| 阅读新闻,如何针对重要的句子提出自己的疑问? | ← | 重要的句子主要是指表现脉络层次的关键语句,对文意起重要作用的名言警句,中心句,起始句,过渡句,总结句,比喻句,长句,内涵丰富的句子等。 |

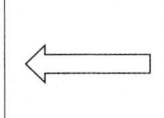

教师:根据老师的提示,请同学们提出自己的问题。

学生回答预设:本文只有一段,新闻结构如何划分?

学生回答预设:"不料正是汤恩伯到芜湖的那一天"一句中的"不料"一词能否删去?

学生回答预设:三路大军的渡江情况,哪路详写?哪路略写?为什么要这样安排?

学生回答预设:为什么按中、西、东的顺序叙述?西路军与东路军是同时发起渡江作战的,为什么先说西路军,再说东路军?

学生回答预设:敌军已经失败了,作者为什么不用"消灭"或"打垮"等词,而用"击溃""歼灭"等词。

教师:非常好,同学提出了自己的问题。那么看看这些问题中,有没有根据相同的信息可以合并的?本节课我们将针对这些问题中有代表性的问题进行解答。

学生回答预设:这几个问题不可以合并。虽然第三题和第四题都出现了三路大军这个信息,但出发点不同。一个强调了详略安排,一个是强调先后顺序。

第三步:教师指导点拨。

教师:你分析得很有道理。那么本节课我们就来分析解决这五个问题。我们先来看这篇消息的结构。

97

> 本文只有一段，消息结构如何划分？

> 首先给全文标注语句序号，分别概括各句的信息。再根据相同出发点，将相关信息合并，获取主要信息，从而确定这则消息的结构。

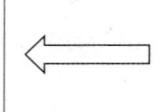

（学生默读课文，标句号，根据教师提示思考。）

学生回答预设：全文共 15 句。第一句是导语，因为它在第一句，而且交代了最重要、最新鲜的事实。第二句到第十五句都是主体部分。具体介绍百万大军的进军情况。背景和结语隐含在主体里。

教师追问：文中哪些信息告诉我们第二句到第十五句是在具体介绍百万大军的进军情况？

学生回答预设："20 日夜起——已渡过三十万大军"告诉我们中路军渡江的时间、地点、人数。"21 日下午五时起——不起丝毫作用"告诉我们西路军渡江的情况，并加以评价。"汤恩伯认为——结束无锡段铁路线"告诉我们东路军渡江情况。

教师：不错！获取的主要信息很准确。为什么按中、西、东的顺序叙述？西路军与东路军是同时发起渡江作战的，为什么先说西路军，再说东路军？

> 主体为什么这样安排顺序？

> 先观察百万大军的行军路线图；再看各路军的进军情况；然后结合当时的作战情况分析。

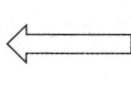

教师：（PPT 展示大军路线图）我们来看看当时百万大军的进军路线图。

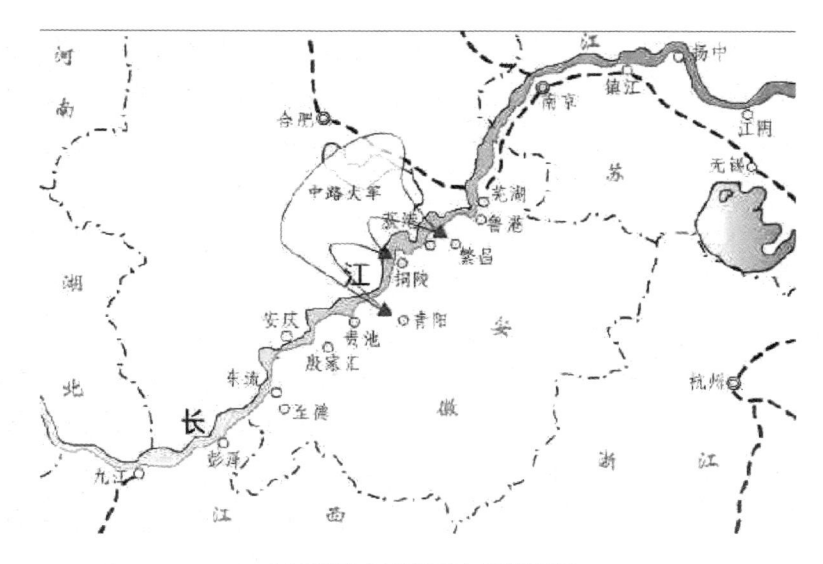

人民解放大军百万大军渡江图

学生观察解放军的行军路线图。

教师：根据这张图，你能用自己的话说说中、西、东路军的行进路线吗？

学生回答预设：中路军突破的是从安庆到鲁港段；西路军突破的是九江到安庆段；而东路军则突破的是芜湖到江阴段。

教师：好，现在三路军的进军路线弄明白了。那作者为什么按照中、西、东的顺序叙述呢？

第四步：学生静心思考，准备个体答案。

学生再次默读课文，根据刚才的提示思考问题。

第五步：教师指定学生个体展示答案。

学生回答预设：结合文本信息看，应该是中路军先从 20 号夜里发起进攻的，所以先写。西路军和中路军所遇敌情一样，敌军抵抗甚为微弱，而东线敌军抵抗较为顽强，所以西路接着中路说，合在一起，可以议一议。汤恩伯认为南京九江段是弱点，肯定在兵力安排上是最强的，战斗是最激烈的。所以最后说东路激战。文势也涌起高潮。也体现了人民解放军渡江作战中先从中间突破、再以三路并进的战略部署。

教师：现在，三路大军写作顺序清楚了。那三路大军的渡江情况详略安排又是怎样的呢？

学生回答预设：中路军写得简略，是因为中路军是 19 日夜发起进攻的，新华社在此前已经有关于中路军的详细报道，此处简略交代即可转入下文。

西路大军写得稍详,是因为渡江正在进行中,有些事情需要交代,如"至发电时止,该路35万人民解放军已渡过2/3,余部23日可渡完"。已渡过的"正向南扩展中",预示了战役的前景。

教师:你的观察很细致,结合了电头的内容,很容易就能理解作者如此安排材料的目的。也只有全面把握信息,才能更容易理解作者的用意。

作者在介绍完中西路军进军情况后,又进行了一详一略的议论。你是如何看待这个安排的呢?

第六步:小组讨论归纳答案。

| 如何看待文中的一详一略的议论? | ← | 首先明确一详一略议论是针对什么内容而发,再根据已知信息确定发议论的原因,最后再联系当时的背景。 |

教师:同学们需要再读课文,并根据老师的提示,前后桌为一组进行交流,然后展示交流的结果。

第七步:指定组代表展示本组归纳的方案。

教师:好! 现在我们就来看看你们交流的成果吧。

学生回答预设:两方面的议论一略一详,是因为"人民解放军英勇善战,锐不可当",这一方面,在当时已是众所周知,广大读者已经形成共识,可以一笔带过;而"国民党反动派拒绝签订和平协定"使敌军官兵"都很泄气"这一方面,在当时还是一个新出现的情况,有较大的新闻价值,也充分反映了国民党反动阵营内部分崩离析、士气低落的虚弱本质,值得较为详细地写出来。同时国民党反动派拒绝签订和平协定,正是我军发起渡江战役的直接原因。此处着重点明这一点,更有力地证明了我军发动渡江战役在政治上是完全正确的。

教师:通过你们的一步步分析、获取信息,你对解放军横渡长江这件事有什么认识?

学生回答预设:中国共产党领导的解放军之所以能取得决定性胜利,是因为党把人民的利益放在了第一位;而国民党政府内部不团结,没有把人民的利益放在第一位,最终导致了失败。

教师:看来,你们已经有了自己的认识。那你们的认识对不对呢? 我们来验证一下。我们来看最后的语言题:敌军已经失败了,作者为什么不用

"消灭"或"打垮"等词,而用"击溃""歼灭"等词?"不料正是汤恩伯到芜湖的那一天"一句中的"不料"一词能否删去?

学生回答预设:"不料"充满嘲讽蔑视的语气,嘲讽汤恩伯过高估计东面防线的巩固性,过低估计了人民解放军的战斗力,"不料"一词既可见敌人狼狈,又可见我军神勇,感情色彩鲜明。

学生回答预设:分别用了"歼灭"及"击溃"(不是笼统地说"消灭"或说"打垮"),"占领"并"控制"(后者比前者又进了一步,江阴要塞已为我所用),对长江是"封锁"(不准船只自由通航),对铁路则用"切断"(阻住了敌人从铁路逃跑的退路)。这些动词用得非常准确,这就有助于"真实"地反映战况,又能恰切表明我军锐不可当的气势。

教师:也就是说本文在用词上就已经揭露国民党不得人心的本质。赞扬了我军深得人心,作战神勇的气概。你们形成的初步认识是准确的。

第八步:强化这类问题的重点的方法。教师评价、确认答案:同学们获取的主要信息很完整,也初步形成了自己对文本的认识。这也告诉我们回答这类问题,要有三个意识:以文解文;语境意识——依托提示语、关键词、过渡句、中心句等,准确、深入理解;要点意识——抓关键词,要点找全,简介回答。

课堂总结

今天这节课,我们通过学习《人民解放军百万大军横渡长江》这篇消息,掌握了获取本文主要信息的方法,首先要掌握新闻的记叙要素,接着要明确本文的结构,还要结合背景,感受人物的品质。结合精彩语句,形成自己初步认识。回答问题的时候还要有以文解文意识、语境意识、要点意识。

【板书设计】

人民解放军百万大军横渡长江

结构
    中路军首战告捷 叙(略)
    西路军所向披靡 叙议结合(详)
    东路军遭遇顽强抵抗 叙(详)
语言特点 准确、简明、凝练、概括性强
    鲜明、生动、富于感情色彩
    庄重得体

【智慧训练】

阅读文段或材料,完成后面各题。

一

去年七月,南线人民解放军开始向敌后实行英勇的进军以来,一年多时间内,除歼灭了大量的国民党正规部队以外,最大的成绩,就是在大别山(鄂豫区)、皖西区、豫西区、陕南区、桐柏区、江汉区、江淮区(即皖东一带)恢复和建立了稳固的根据地,创立了七个军区,并极大地扩大了豫皖苏军区老根据地。除江淮军区属于苏北军区管辖外,其余各军区,统属于中原军区管辖。豫皖苏区、豫西区、陕南区、桐柏区现已连成一片,没有敌人的阻隔。这四个军区并已和华北连成一片。我武装力量,除补上野战军和地方军一年多激烈战争的消耗以外,还增加了大约二十万人左右,今后当有更大的发展。白崇禧经常说:"不怕共产党凶,只怕共产党生根。"他是怕对了。我们在所有江淮河汉区域,不仅是树木,而且是森林了。不仅生了根,而且枝叶茂盛了。在去年下半年的一个极短时间内,我们在这一区域曾经过早地执行分配土地的政策,犯了一些策略上的"左"的错误。但是随即纠正了,普遍地利用了抗战时期的经验,执行了减租减息的社会政策和各阶层合理负担的财政政策。这样,就将一切可能联合或中立的社会阶层,均联合或中立起来,集中力量反对国民党反动统治势力及乡村中为最广大群众所痛恨的少数恶霸分子。这一策略,是明显成功了,敌人已经完全孤立起来。

1. 概括本文段的主要内容。

2. 筛选有用信息回答,一年多来南线人民解放军取得了哪些成绩?用简洁的语言概括出三条。(每条不超过10字。)

3. 品读下列语句,完成问题。

"我们在所有江淮河汉区域,不仅是树木,而且是森林了。不仅生了根,而且枝叶茂盛了。"这句话运用了_____修辞手法,表达的意思是_____

4. 本文语言准确精练,试举例说明。

二

【材料一】

汽车自诞生伊始,就极大地改变着人类的生产、生活方式,加快了人类改变自然、改变社会的步伐,提高了人们的生活品质。

但汽车的产生对人类的影响是多元的。比如,传统燃油汽车在带给人类便利的同时也给人类的生活带来种种问题:制造汽车时需要 ① (消费/消耗)大量的自然资源,除了使用钢铁外,现代的汽车还需要使用能耗很高的铝材和难以回收的塑料;汽车行驶时需要大量石油来驱动内燃机;在各类事故中,汽车引起的交通事故导致人类死伤数最多;大量的汽车造成交通拥挤,车辆的停放也日益压缩人们的生活空间;同时,由汽车带来的噪音污染和尾气排放造成的空气污染,严重危害人们的健康。

在汽车行业变革汹涌来袭之时,汽车制造大国相继出台了推动新能源汽车发展的政策。我国针对新能源汽车的销售也出台了高额补贴的优惠政策。

【材料二】

目前我国生产和销售的新能源汽车主要有纯电动汽车、混合动力汽车和燃料电池汽车。

纯电动汽车,顾名思义,就是所有的动力由电机输出,同时电力来源于充电。它技术简单成熟,充完电就可以行驶,目前续航里程已超过300公里。其保养费用低,行驶时没有排放。缺点是充电桩少、充电不便。

混合动力汽车则同时用发动机和电机这两个能量转换器以及两套能量储存系统来驱动车辆。它续航里程长,还可以随时加油,且油耗低。但两套系统也使其价格和维护保养费用偏高。

燃料电池汽车是以氢气为燃料,通过化学反应产生电流,依靠电机驱动的汽车。其运行过程中排出物是水,且可通过加注燃料来保证续航。但目前氢燃料存储和运输成本过高,能加注氢燃料的点太少,限制了燃料电池汽车的发展。

【材料三】

2017年中美法三国新能源汽车销售数据表

销售国	销售数量(万辆)	销售增长	国内市场份额占比
美国	20	26%	1.2%
法国	3.6	26%	1.7%
中国	55.6	69%	2.1%

从上表可以看出,2017年,无论是新能源汽车的销量、增速,还是国内市场份额占比,美法两国均与我国存在显著___②___（差距/差别）。新能源汽车已成为近年来我国战略性新兴产业的一道风景。

与之相应,我国新能源汽车产业技术水平也显著提升。新能源汽车的整车、动力电池的骨干企业研发投入占比达到了8%以上,高于全球行业平均水平。

同时,车主关注的充电桩建设问题也正在逐步解决。据不完全统计,截至2017年,全国私人专用充电桩24万个。以北京为例,个人购买电动汽车约10.7万辆,充电设施安装比例接近80%。公共充电桩建设也在稳步增长。截至2017年底,我国已建成公共充电桩21万个,保有量位居全球首位。城际高速快充站建设提速,建成充电站1400多个,涉及19个省市区,服务3.1万公里的高速公路。

1. 综合【材料一】和【材料二】,与传统燃油汽车相比,目前我国生产和销售的新能源汽车有哪些优势。

2. 从【材料一】和【材料三】横线后的括号内分别选择词语填入横线处,①处应填_____,②处应填_____。

3. 王阿姨住在东五环,每天上下班50多公里,需要购置一辆汽车代步。某汽车销售人员向她推荐纯电动汽车,但王阿姨担心车贵、路远、充电不方便。请你根据上述三则材料写一段话,打消她的顾虑。

朝阳区2018年中考一模试题

附　参考答案

一、答案示例

1. 回顾一年多来南线人民解放军取得的伟大胜利。

2. (1)恢复、建立、扩大了根据地;(2)我党武装力量增加;(3)纠正了"左"倾策略。

3. 比喻,大片的革命根据地稳固、蓬勃发展。

4. "豫皖苏区、豫西区、陕南区、桐柏区现已连成一片,没有敌人的阻隔"句中"现已连成一片"不说"现在已经连成一片",前者精炼,后者就显得拖沓了。又如:"恢复和建立了稳固的根据地,创立了七个军区,并极大地扩大了豫皖苏军区老根据地"句中"恢复""建立""创立""扩大"一系列动词用得很准确,准确地说明了当时斗争的情况。

二、答案示例

1. ①减少石油消耗。②减轻空气污染。
2. 消耗　　差距
3. ①有高额补贴。②续航里程已超 300 公里。③充电桩多。

（编写　李建华）

能获取主要信息,形成自己的初步认识

奇妙的克隆

【内涵释义】

"获取主要信息",对说明文阅读而言,是要求在阅读时,能明确说明对象,找准说明方法,理清说明思路。"形成自己的初步认识"是指能联系实际把握说明中心;阅读科普作品,还应注意领会作品中所体现的科学精神和科学思想方法。

【引领读悟】

以《奇妙的克隆》为例,落实本点。

学习准备

具备阅读说明文的基本能力,掌握说明文分类、说明对象特征、说明顺序、说明方法等基本说明文阅读知识。体会说明方法为说明对象特征服务的特性;能提出自己的思考和疑问;具备基本的口头表达和书面表达能力;能对问题提出自己的见解。

导入新课

教师:大家都知道,《西游记》里的孙悟空有一个绝招——"猴毛变猴",每当他与妖魔们作战手头吃紧,就立刻从身上拔下一撮儿猴毛,吹一口气变成一大群小猴参加战斗。这当然是神话,但今天的科学却可以实现类似的奇迹,这就是"奇妙的克隆"。(PPT:奇妙的克隆)什么是克隆?它何以如此奇妙?今天我们将跟随我国著名遗传学家谈家桢的笔,一同走入奇妙的克隆世界。

叙述目标

这节课,通过概括四个小标题的内容,练习提取信息、整合信息、概括信息的能力;通过阅读课文第一节,明确"什么是克隆",并辨析作者主要采用的说明方法;通过阅读课文第二、三节,了解克隆技术的进程,并理清作者说明的顺序;通过研读第四节,思考标题"克隆技术造福人类"与"科技进步是一首悲喜交集的进行曲"是否矛盾,理解文章主旨,理解科学家严谨、求实、锲而不舍的态度与精神。

阅读渐进引领

第一步:学生读文本,整体感知文章。

教师:同学们,因为本文是一篇科普文章,涉及许多专业术语,老师做出了解释,请同学们结合注释,默读课文,整体感知文章内容。本文约3000字,请5分钟读完。

| 对于一篇科普类的说明文,同学们在阅读时要思考哪些问题呢? | ← | 抓住说明对象及本质特征思考;结合全文理解主旨句的含义;体会文章的科学精神。 |

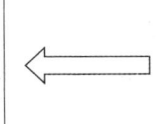

学生:按照说明文阅读要求,默读文章,圈点批注说明文重要知识点。

第二步:进入问题解决。

教师:读过课文之后,同学们有哪些问题或疑点,可以提出来,大家集思广益。

学生提问预设1:为什么克隆羊"多利"的诞生在全世界引起了轰动?

学生提问预设2:课文最后一节说"科技进步是一首悲喜交集的进行曲",这句话是什么意思?

学生提问预设3:课文最后一节,最后一段引用著名分子生物学家 J. D. 沃森的话"可以期待,许多生物学家,特别是那些从事无性繁殖研究的科学家,将会严肃地考虑它的含义,并展开科学讨论,用以教育世界人民",为什么要严肃地考虑?含义指什么? 教师:非常好,同学们都能认真思考。问题主要集中在第三、四节,让我们带着这些问题、疑点学习课文。

第三步:教师指导点拨。

教师:要想解决问题,必须有对全文的主要内容的把握,对于一篇说明文来说,就是理清说明思路,把握说明内容。本文分列四个小标题向我们介绍了有关克隆的科学知识,你能将四个小标题分别概括成两个吗?

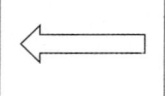

引领读悟:文学　说明性文章　科技作品　>>>

| 如何准确理清文章的说明思路,把握说明内容呢? | ⇐ | 指导学生研读课文,分步概括内容,从而找到各部分之间的关系。 |

学生思考约2分钟后回答。

学生回答预设1:我概括的分别是:含义—实验—发展—造福。

学生回答预设2:我概括的分别是:释义—探索—发展—利用。

学生回答预设3:我概括的分别是:定义—发展—突破—应用。

教师:看来,对有些内容的概括还存在分歧,那请同学们再思考一下,你更倾向于哪种意见呢?小组讨论后发言。

学生回答预设:全文脉络清楚,层次分明,我们经过再次研读课文,并结合文章已有的标题,认为这篇科普说明文首先写克隆的含义,接着写克隆技术的探索、发展过程,最后写克隆技术的利用,所以,第二种意见最准确。

教师:说明文显著的特征是"授人以知"。本文分列四个小标题为我们解说了有关克隆的科学知识,下面我们速读课文,根据问题筛选信息。

PPT出示问题:速读第一节,用一句话概括"什么是克隆",作者主要采用了哪些说明方法?

| 为了说明"奇妙的克隆",作者都采用了哪些说明方法? | ⇐ | 指导学生结合文章具体内容辨析说明方法,并体会其对说明克隆本质所起的作用。 |

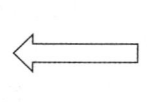

学生速读第一节,圈点批注,约4分钟。

学生回答预设1:凡来自一个祖先,无性繁殖出的一群个体叫克隆。

教师:解答科学术语,既要严谨还要准确具体,抓住本质特征。

学生回答预设2:凡来自一个祖先,靠自身的一分为二或自身的一小部分的扩大繁衍后代的无性繁殖技术叫克隆。

学生回答预设3:克隆是无性繁殖的新兴生物技术。

教师:大家的发言都抓住了克隆"无性繁殖"这一重要特征。克隆也就"奇妙"在此。注意:"克隆是无性繁殖的新兴生物技术"这一表述对吗?依据课文回答。

学生回答预设4：我认为刚才这个同学回答不准确。"克隆"在本文中专指动物,不包括植物的克隆。植物的克隆,比如"嫁接"或"插扦",指的是以幼苗或者嫩枝插条,以无性繁殖或营养繁殖的方式培育植物。而且,这些方法古已有之,并不是新兴技术。所以,我认为作者是由"植物的克隆"说起,引出下文"动物的克隆",结合全文,克隆在本文指的是"动物无性繁殖的新兴技术"。

教师：对,这位同学的课外知识非常丰富,解释有理有据。而且,他能够根据老师的要求去思考问题,老师说的是"依据课文回答",所以,克隆在本文指的是"动物无性繁殖的新兴技术"。那么,作者主要采用哪些说明方法来说明这一中心呢？

学生回答预设5：课文开头运用举例子的说明方法,列举了一系列植物靠自身的一分为二或自身的一小部分的扩大来繁衍后代"的例子,具体清晰地说明了什么是克隆。并由植物的克隆自然引出下文动物的克隆。

学生回答预设6：作者在第二段首先运用下定义的方法解释了什么叫"有性繁殖"。然后运用作比较的说明方法,将"有性繁殖"与"无性繁殖"进行比较说明,更好的突出了克隆"无性繁殖"的特征。

学生回答预设7：还有引资料的说明方法,第一节最后的精彩描述生动有趣,引用大家熟悉的孙悟空拔猴毛变猴子的情节,一下子吸引了同学们的兴趣。

教师：作者在第一节运用多种说明方法,把深奥的科学知识解说得深入浅出,通俗易懂。这些做法值得我们用心领会并学习。

第四步：学生静心独立思考,读出认识、读出感受。

教师：好,下面我们分小组自学第二、三节,按照PPT上的自学要求,逐步了解这项奇妙的技术的发展情况。

PPT出示自学要求：

1. 自学第二、三节。

2. 可以将文中的说明内容、说明方法等知识依照一定的顺序设计成表格,反映"克隆的科研成果"。

3. 提出需要和大家讨论的问题。

学生速读课文,静心思考,积极讨论,设计表格。

第五步：教师指定学生个体展示答案。

引领读悟:文学　说明性文章　科技作品　>>>

教师:同学们的阅读速度很快,很多同学都能及时进行圈点批注。下面哪个小组愿意展示一下你们设计的表格?

学生回答预设1:我用实物投影展示一下我组设计的表格。请同学们根据刚才阅读思考的情况,提取信息,迅速填写表格,没问题吧?

投影:"克隆"与克隆的科研成果

学生回答预设2:我们小组讨论了一下,也用实物投影把填写结果展示一下。

投影表格:"克隆"与克隆的科研成果

教师:同学们完成任务的积极性很高。那么,面对这张表格,同学们有没有质疑之处和不理解的地方呢? 提出来,同学们群策群力来解决。

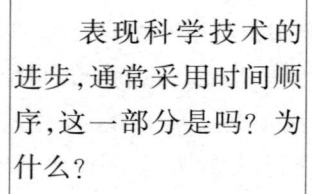

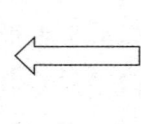

| 表现科学技术的进步,通常采用时间顺序,这一部分是吗? 为什么? | ← | 指导学生结合文中重要语句,分析问题。理解说明方法和说明顺序都为说明中心服务这一原则。 |

学生提出问题预设1:"克隆鲫鱼出世前后"一节的说明顺序是什么?为什么不以时间的先后来写呢? 文中这种安排有什么好处?

学生提出问题预设2:这两部分当中,并没有打比方的说明方法呀,表格当中为什么填写上了?

教师:同学们思考深入,观察仔细。这是学习科普文章必须要具备的。那么,谁能来解答这些问题呢?

学生回答问题预设1:我先来回答比较简单的问题。"打比方"的说明方法,在文章的最后一部分里("一只母羊就好比一座制药厂")出现的,为了表格的完整性,所以提前列出。

学生回答问题预设2:课本第二节第五段有一句"对科学的追求是永无止境的。鱼类、两栖类克隆的成功自然而然地使科学家把目光投向了哺乳类",我认为是按照生物进化由低等到高等的顺序,也就是从鱼类到两栖类再到哺乳类,这样安排有条不紊,如果按时间顺序就乱了。

教师:文中这句话太重要了,找得好!

学生回答问题预设3:动物越进化,越难以进行无性繁殖,我认为这两部分是按克隆技术的难易程度由易到难安排顺序,这样安排体现了科学研究是一个不断求索探究的过程,体现科学家的探索精神。

教师:大家说得都很好,老师综合一下同学们的意见。你们发现的最重要的一点是,根据第二节题目的提示,作者先写中国的克隆鲫鱼实验再写之前外国的克隆爪蟾实验及我国童第周的黑斑蛙实验,然后写其后的中国克隆鲤鱼、鲫鱼实验及外国的克隆鼠实验,这样对比来写,也充分体现了"克隆"这样的世界尖端技术,中国并不落后!另外,统观二三两节,才是以克隆技术的发展为顺序安排的。

学生回答问题预设4:之前同学提出的问题:"'克隆羊'的诞生为什么在全世界引起了轰动?"我在自读这两部分时已经找到了答案:这是因为它换进去的是体细胞的核,而不是胚胎细胞的核,这成为克隆技术的新进展和重大突破。

第六步:小组讨论归纳展示答案,体悟科学精神。

教师:学习这篇课文,从中获取科学知识固然重要,但更重要的是,我们体悟到了科学家难能可贵的科学态度和科学精神。下面请同学们阅读课文,提取信息,找出能表现科学家严谨、求实、锲而不舍的态度与精神的句子,并加以点评。

| 如何抓住重点语句理解科普文章所体现的科学精神呢?精心研读课文,你有哪些疑问想得到解决呢? | ← | 指导学生抓住文中采用精密数字的语句,以及议论抒情的句子,体会文章的科学态度和精神。理解科学工作者的艰辛和伟大。 |

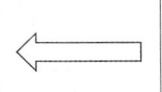

第七步:指定组代表展示本组归纳的答案。

学生搜索阅读课文,圈点批注,讨论。

学生回答问题预设1:我找的是第二节"克隆鲫鱼出世前后"中"……经过38天59代连续传代培养后,用直径10微米左右的玻璃管在显微镜下从培养细胞核中吸出细胞核。……在189个这种换核卵细胞中,只有两个孵化出了鱼苗,而最终只有一条幼鱼渡过难关,经过80多天培养后长成8厘米长的鲫鱼",首先"385天59代"一个惊人的数字震撼人心,表明实验的艰辛,"用直径10微米左右",我们知道微米是何等细小的单位,进一步反映实验进行之艰难、精细,科学家们严谨求实的精神跃然纸上。"接纳","准备就绪",一切有条不紊地进行着,然后经过如此精细的准备后,大部分却"夭亡"了,即使是这样,科学家们永不放弃,"189个","只有两个","只有一条渡过难关",由此可以想象实验艰辛的程度之深,失败率之高,最后经过"80多天"漫长等待,成长为"8厘米"长的鲫鱼。这一过程使我感受到科学家们在探索过程中克服多少困难,经历多少挫折才获得成功。

学生回答问题预设2:我找的是这一节第五段"对科学的追求是永无止境的。鱼类、两栖类克隆的成功自然而然地使科学家把目光投向了哺乳类",科学家对科学的探索是永无止境的,在日常生活中,我们往往仅满足于一次成功而不去更上一层楼,科学家们往往以严谨求实的态度完成了一件创举并不止步,而是向更高的目标迈进,表现出在科学的道路上不断求索、探寻、锲而不舍的精神。

学生回答问题预设3:我感受最深的是第三节第一段"经过247次失败后,他们在去年得到一只名为'多利'的克隆雌性小绵羊",一句简短的不过30字的文字,仅从"247"就能看出科学工作者的严谨、认真、坚持不懈、永不言败的精神,研究了上百次才成功足见实验的艰辛不易,我深切体会到科学家一丝不苟为人类造福的伟大精神!

教师:大家积极踊跃,畅所欲言,我们看到了科学家总是在现有的研究领域不断提出新的挑战,一边实验,一边思索,不断发问,坚持不懈,创造了一个又一个的奇迹。克隆鲤、鲫鱼是我国科学家的首创,这也充分表明了在克隆这一世界尖端技术方面我们中国一点也不落后!他们这种讲究实证、求真创新的精神令人钦佩,值得学习。

第八步:教师或学生评价,确认(或补充)答案,升华——强化做这类题重点的、带规律性的学习方法,掌握要求(明确积累内容)和相关注意(提示防止出现的问题)等。

| 作者为什么说,"科技进步是一首悲喜交集的进行曲"呢? | ← | 引导学生深入思考,阅读科普文章,不仅仅是从知识角度的获得,更有对科学世界的深入思考。 |

教师:同学们,这里有一个问题呀,大家看:课文最后一节的小标题是"克隆技术造福人类",而末段首句说"科技进步是一首悲喜交集的进行

曲",既然是"造福人类",都是"喜"才对啊,何来的悲呢?这里是不是弄错了?

学生疑惑,看书,思考。

学生回答问题预设1:我觉得不矛盾。克隆技术有利有弊,课文小标题"造福人类"是其"利"的一面,也就是"喜"的一面,这是主要方面。克隆技术越发展,尤其是"克隆人"也会给社会及人类带来负面影响,正如文中所说"有可能引起许多有关的伦理、道德和法律等问题",这是其"弊"的方面,也就是"悲"的一面。

教师:说得不错。大家都从文章中找找看:"科技进步是一首悲喜交集的进行曲",克隆技术有几"喜"?几"悲"?

学生回答问题预设2:三"喜"。第一段"克隆可以使高附加值的牲畜有效的繁殖";第二段"克隆技术可以用来挽救珍稀动物";第三段"克隆动物对于研究癌生物学、研究免疫学、研究人的寿命等都有不可低估的作用"。"悲"就是刚才那位同学说的"有可能引起许多有关的伦理、道德和法律等问题"。

教师:好。关于"喜"的一面,课文写得具体明白,显而易见。大家想想看:"克隆人"怎么会引起许多有关的伦理、道德和法律问题呢?

学生回答问题预设3:假如若干年后克隆一个"我"出来,那我的父母、同学、师长及所有认识我的人应该怎样称呼她?她又该如何面对这些人呢?再说,如果克隆出来的我犯了错误或触犯了法律,应该惩罚她,还是惩罚我?有关部门怎样辨别哪个是真我,哪个是"冒牌"的呢?

学生回答问题预设4:一个真实的人和一个克隆人,克隆人应该跟随真实人姓同样的姓,还是自立门户?站在克隆人的角度来说,走到哪里人们都会说:这是某某克隆出来的。克隆人也是人,也有思想情感,这样一来,克隆人的心灵会不会蒙上阴影?产生自卑?会不会反过来报复人类?

教师:既然如此,我们该怎么办呢?著名分子生物学家 J. D. 沃森的话给了我们答案。请找到并齐读这一段。

学生齐读"可以期待,许多生物学家,特别是那些从事无性繁殖研究的科学家,将会严肃地考虑它的含义,并展开科学讨论,用以教育世界人民"。

教师:克隆技术是一把双刃剑,既可造福人类也可殃及人类。值得我们欣慰和骄傲的是,面对克隆,人类表现得比以往任何时候都富有成熟理性和远见。如果克隆技术真是上帝放在人类面前的又一只潘多拉魔盒,那么人类将满怀自信地伸出两手,一只手叫智慧或灵性,它让克隆技术为我所用,造福世界,另一只手叫理性,它将控制和防止克隆技术走向反面。这也就是要"兴利除弊"!科学家们有足够的信心,智慧、理性地运用科学之剑,使之为人类造福!有关"克隆及克隆技术"的话题远不是这节课就能画上句号的。有兴趣的同学课下可接着探究讨论。

课堂总结

今天,我们首先从说明文的角度,结合具体语句体会说明方法和说明顺序的准确选用,对说明对象本质特征的突出作用。同时,明白了学习科学的道路无坦途。科海泛游靠的是渊博的科学知识,精湛的科学技术,更要靠严谨求实的科学态度和坚持不懈、永不言败的科学精神。这种难能可贵的科学态度和科学精神值得我们每一位中学生借鉴学习。

【板书设计】

奇妙的克隆
谈家桢

克隆的含义——克隆的实验——克隆的发展——克隆带来的思考
　　　　——→逐层深入　——→步步推进——→

【智慧训练】

一

电磁辐射污染

①电磁波是电场和磁场周期性变化产生波动并通过空间传播的一种能量,也称电磁辐射。它既可以造福人类,但同时也给环境带来负面影响。产生负面效应超过标准的电磁辐射强度就是电磁辐射污染,也被称为电子"烟雾"或电子垃圾。

②电磁辐射污染的来源可分为天然电磁辐射源和人为电磁辐射源。天然电磁辐射源是由大气中的自然现象引起的,比如自然放电、雷电、火山爆发等此类大气与空气污染源,具有黑子活动和黑子放射的太阳电磁场源,以及有恒星爆发、宇宙间电子移动等现象的宇宙电子场源。人为电磁辐射源是指人工制造的各种系统、电器和电子设备产生的电磁辐射,可以分为工频辐射源和射频辐射源。各类电磁波发射系统、工频辐射系统、利用电磁能的工业、科学、医疗设备等,甚至包括家用电器,均是电磁辐射的

污染源(见下表)

电磁辐射污染源

类别	设备名称
发射系统	广播发射台、干扰台;电视发射台、差转台;无线电台;雷达系统;移动通信系统
工频辐射系统	高压送、变电系统;工频设备;轻轨、地铁和干线电气化轨道等
工、科、医领域	介质加热设备、感应加热设备、电疗设备、工业微波加热设备、射频溅射设备等
放电致辐射	高压电线电晕放电;电器轨道、开关弧光放电;电气设备、发动机火花放电等
家用电器	电磁炉、微波炉、电热毯、电脑、电视机、手机、空调等

③电磁辐射污染危害严重。它会引发意外重大事故,可以使电爆装置、易燃易爆气体等意外爆炸、燃烧,甚至引起火箭发射失败、卫星失控。它会干扰信号,直接影响电子、仪器仪表的正常工作,使信息失真,控制失灵。例如,会引起火车、飞机、导弹或人造卫星失控。它还会危害人体健康,长期处于高强度的电磁辐射环境中极易造成白血病,诱发癌症并加速癌细胞增殖,影响心血管系统和视觉系统等。

④现代生活中,处处离不开电子设备,我们要学会从日常生活中防止电磁辐射污染。购买通过国家电磁兼容性安全认证的电子产品;尽量使用座机,少用手机拨打电话;给有显示屏的电器安装电磁辐射保护屏;积极锻炼身体,多食用富含维生素 A 维生素 C 及蛋白质的食物,还需作定期检查,有效防止电磁辐射污染对人体健康造成的影响。

(选自《环保与生活》有删节)

1. 本文说明的主要内容是什么?
2. 电磁辐射污染的危害有哪些?
3. 你从文章表格中获得了关于电磁辐射污染源的什么信息?

4. 第①段是怎样说明电磁辐射污染的?
5. 第③段中加点的"极易"一词能否换成"容易"？为什么？

二

电子药丸:把电脑吃进肚子

杨武平

①俗话说,是药三分毒。许多药物在治病的同时,会产生不同程度的药物副作用,影响器官的健康。能不能开发一种既能治病又无任何毒副作用的药？这就是近年来科学家研制出来的电子药丸。

②电子药丸是一种可以口服的、能对胃肠道及相邻组织器官产生节律性电脉冲刺激的胶囊式微处理器。它虽然叫药,但不含有任何药的成分。它不像常规药物那样,服用后在肠胃中溶解吸收产生生物或化学反应,而是在肠胃中不断地发出模拟人体胃肠运动的生物电,规律刺激消化系统的消化管和消化腺来进行治疗,最后随代谢物完整无损地排出。

③电子药丸和普通药丸没什么两样:椭圆形,比常吃的微生物药丸略小。它进入肠胃以后,发出模拟人体运动规律的电脉冲,刺激胃肠道的平滑肌、腺体和神经。不远的将来,如果你的医生给你开了这种药丸的处方,你可能会听到新鲜的说法:"每天吃两个这种内服式'电脑',它们会在早上自动给我发'邮件'。"虽然这些微型设备尚未成为主流,但有些"敢吃螃蟹的人"已经吃下了一些药丸,用它们来监视一系列健康数据,并通过无线网络分享给医生。这些药丸内置有超微传感器和发射器,可以用水或牛奶冲服,之后,它们就会一路进到胃里,并"穿肠过肚",整个过程都将完好无损。

④电子药丸的电来自于人体生物电。药丸在出厂前调制"备用状态"。口服后在胃肠道与酸碱液等接触,电源自动开启。也就是说,这种产品不需要电池,而是将人体作为电力来源,就像用土豆来点亮灯泡一样。传感器的每一面都增加了镁和铜两种元素,从而利用胃酸获取足够的电力。当这个药丸到达胃的底部时,便会将信息发送到手机应用里。此外,医生还可以据此了解病人的身体对药物的反应,甚至探测病人的运动和休息状态。

1. 请简要说明文章题目的作用。

2. 第③段的说明层次是:先说明_____,再说明_____,最后说明_____。

3. 请阅读下面材料,结合文章内容,说说"电子药丸"解决了传统药物的哪些问题。

链接材料:
丽珠得乐、胃得乐、胃必治等常用胃药的主要成分分别是枸橼酸铋钾、碱式硝酸铋、铝酸铋,另外有的还含有重质碳酸镁、碳酸氢钠等成分。其作用是能在胃部形成保护膜,还能杀灭幽门螺杆菌。然而,慢性胃病反复发作,需要长期用药。正常情况下,铋剂类药物形成的不溶性胶沉淀很难被消化道吸收,微量的铋吸收后主要分布在肝、肾及其他组织中,以肾脏分布居多,主要通过肾脏排泄。但是,长期服用这类药物,可能造成铋在体内的累积,引起铋中毒。铋属重金属物质,如果铋大量沉积于脑部和肾脏,会引起尿毒症、记忆力变差等症状。更重要的是重金属铋对脑部和肾脏的损害是悄无声息的。因此,长期服用铋剂类药物的患者,如出现排尿异常、记忆力和判断力减退,应尽早到医院检查。

三
神奇的极光
曹冲

①五光十色、千姿百态、瞬息万变的极光,是自然界中最漂亮的奇观之一。它常常出现在南北半球的高纬地带(主要在南极区和北极区),是人们能用肉眼看得见的唯一的高空大气现象。

②现代科学研究认为,极光的形成一方面与地球高空大气和地磁场的大规模相互作用有关,另一方面又与太阳喷发出来的高速带电粒子流有关,这种粒子流通常称为太阳风。它们是形成极光必不可少的条件。具备这些条件的太阳系其他行星,如木星和水星,它们的周围,也会出现极光。

③地磁场分布在地球四周,被太阳风包裹着,形成一个棒槌状的腔体,它的科学名称叫做磁层。为了形象化,我们打这样一个比方。可以把磁层看成是一个巨大无比的电视显像管,它将进入高空大气的太阳风粒子流汇聚成束,聚焦到地磁的极区,极区大气就是显像管的荧光屏,极光则是电视屏幕上移动的图像。但是,这里的电视屏幕却不是18英寸或24英寸,而是直径为4000公里的极区高空大气。通常,地面上的观众,在某个地方只能见到画面的1/50。在电视显像管中,电子束击中电视屏幕,因为屏上涂有发

光物质,会发射出光,显示成图像。同样,来自空间的电子束,打入极区高空大气层时,会激发大气中的分子和原子,导致发光,人们便见到了极光的图像显示。在电视显像管中,是一对电极和一个电磁铁作用于电子束,产生并形成一种活动的图像。在极光发生时,极光的显示和运动则是由于粒子束受到磁层中电场和磁场变化的调制造成的。

(选自《极光的故事》,有删节)

1. 现代科学研究认为,极光形成必不可少的条件是:

2. 选段中,作者将地球磁层比作"_____",将"_____"比作显象管的荧光屏,将极光比作"_____",使深奥的科学道理变得通俗易懂又形象生动。

3. 从段③可以知道,极光形成的原理是:

4. 仿造例句,从下面的三个"假如"中,任选一个,按要求回答问题。

①假如你是一位旅行家,阅读本文时,你将关注哪些信息?②假如你是一位科研人员,阅读本文时,你将关注哪些信息?③假如你想学写说明文,阅读本文时,你将关注哪些信息?例:假如我是一位浪漫的诗人,我会关注那些美妙的传说、极光的多姿多彩以及形成的原理,因为人类童年期的幻想和想象、大自然鬼斧神工的魅力,会激发我创作的奇思妙想。

附 参考答案

一、答案示例

1. 电磁辐射污染的来源、危害及防止。

2. ①会引发意外重大事故②会干扰信号③会危害人体健康(每项1分)

3. 电磁辐射污染源的种类多、分布广,存在于方方面面。

4. 用下定义的说明方法,说明了电磁辐射污染的特性(或说明了什么是电磁辐射污染)。

5. 不能。"极易"指"非常容易",准确地说明了电磁辐射污染对人体健康的危害之大。

二、答案示例

1. 点明 ①说明对象及其②特征 ③并以悬念吸引读者

2. 电子药丸的形状 电子药丸的工作原理 电子药丸的独特作用

3. 要点:传统药物一般含有化学成分。传统药物某些化学成分会沉积在人体内,不能排除体外。长期服用会产生毒副作用。④不能让医生准确了解药物对病人身体的作用。

三、答案示例

1. 大气、地磁场、太阳风。

2. 巨大无比的电视显象管；极区大气；电视屏幕上移动的图像。

3. 极光是进入高空大气的太阳风聚集在地磁的极区上空造成的一种大气发光现象。或"极光是磁层（地磁场被太阳风包裹着形成的）将进入高空大气的太阳风粒子流汇聚成电子束打入极区高空大气层时，激发大气的分子原子发光的现象"。

4. 开放性试题，符合题意，言之成理，即可按评分标准给分。

例：假如我是旅行家，我会关注极光的特征、活动区域，因为旅行家是大自然的热爱者甚至崇拜者，自然界的壮丽景观吸引着我去一饱眼福。

假如我是科研人员，我会理性地关注与极光有关的资料、数据及研究成果，因为科学家的职业习惯，使我对探索自然界的本质感兴趣。

如果从学写说明文出发，文章的写法是我关注的要点。例如：用电视屏幕图像的显示做比方，解释极光的发光原理，使科学的道理深入浅出，还有文章语言的准确，脉络的清晰等，因为这些都是提高我说明文写作能力的很好的借鉴。

（编写　吴海燕）

归纳内容要点,形成自己的初步认识

奇妙的克隆

【内涵释义】

新闻和说明性文章这两种文体都具有语言简明准确,层次表达分明,结构清晰严谨的特点。在阅读这两类文章时,首先,要整体感知文章内容,提取主要信息;其次,分析文章结构,进而理清文章思路;最后,品析文章语言,精准理解作者情感意图。通过这样一个从宏观到微观的阅读过程,来对文章有一个全面、深入的理解,进而形成自己的认识。

【引领读悟】

以谈家桢的《奇妙的克隆》为例落实本点。

学习准备

熟悉基本概念:说明内容、说明方法、说明顺序。

预习《奇妙的克隆》一课,通过上网查阅资料,对克隆技术及应用有初步的了解。

导入新课

同学们,在生活中就有很多克隆现象。例如一个细菌经过 20 分钟左右就可一分为二,一根葡萄枝切成十段就可能变成十株葡萄,仙人掌切成几块,每块落地就生根。这些就是克隆现象。其实,在《西游记》里就有克隆——孙悟空经常在紧要关头从身上拔一把猴毛变成一大群和他一模一样的猴子。当然这只是我国明代大作家吴承恩奇妙想象下的精彩描写,但这一想象却在今天成了可能,这就是克隆。今天我们就一起到奇妙的克隆领域去探究一番吧。(师板书课题)

叙述目标

教师:今天这节课,我们的学习目标有三点:第一,通过整体感知文意,能够筛选主要信息;第二,能够在归纳内容要点的基础上,理清说明顺序,梳理文章的思路;第三,能够品析文章语言,形成自己的认识。

阅读渐进引领

第一步:初读文章,整体感知文章内容。

教师:同学们,请大家先来结合注释默读课文,试着提出阅读中产生的疑难问题,本文约3000余字,所以我们争取6分钟读完。

学生默读后质疑。

学生回答预设1:课文使用了四个小标题,有什么作用?

学生回答预设2:"克隆"的突出特点是什么?

学生回答预设3:第二小节写了许多实验,为什么要这样安排材料?

学生回答预设4:"多利"的诞生有什么重大的意义和影响?

学生回答预设5:克隆技术能够给人类带来哪些益处与弊处?

教师:同学们的默读速读还是不错的,提出的问题也非常有探究的价值,接下来就让我们一起来解决这些疑问。

第二步:进入问题解决,悟读质疑。

教师:《奇妙的克隆》是一篇介绍克隆知识的科普文章,属于事理说明文,我们在阅读时要能快速获取主要信息,归纳内容要点,了解所说明的事理的本质。下面,请同学们先分小组来针对我们刚才质疑的内容进行研讨。

第三步:教师指导点拨。

教师:同学们的研讨很热烈,接下来就请大家来展示一下研讨成果。

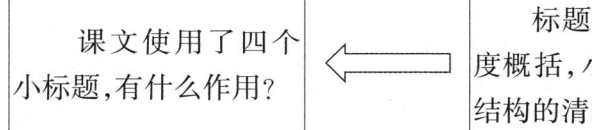

| 课文使用了四个小标题,有什么作用? | ← | 标题是对文章内容的高度概括,小标题往往是文章结构的清晰呈现。 |

学生回答预设1:四个小标题能使我们一看就知道文章主要写的什么内容,并且文章看上去层次分明、结构清晰。

学生回答预设2:文章写了四个方面的内容:克隆的含义、克隆的实验、克隆的发展、克隆的利与弊。

教师:这两位同学的回答都很正确。四个小标题从形式上看:结构清晰、层次分明、有条不紊;从内容上看:所统领的内容一目了然,使读者更容易把握文章的内容。

说明文显著的特征是"授人以知"。本文分列四个小标题为我们解说了有关克隆的科学知识。下面我们速读课文,根据问题筛选信息。

> 请用一句话概括"什么是克隆",判断作者主要采用了哪些说明方法?

> 速读第一节,先利用圈划阅读法抓住关键词句,然后将要点概括成一句通顺的话。

学生回答预设1:凡来自一个祖先,无性繁殖出的一群个体叫克隆。

学生回答预设2:凡来自一个祖先,靠自身的一分为二或自身的一小部分的扩大繁衍后代的无性繁殖技术叫克隆。

教师:大家的发言都抓住了克隆"无性繁殖"这一重要特征,这就是克隆的"奇妙"所在。有同学说"克隆是无性繁殖的新兴生物技术"这一表述合理吗?请大家依据课文回答。

学生回答预设:我认为不准确。因为"生物"应该是包括动物和植物。关于植物的克隆,课文开头说"一根葡萄枝切成十段,就可能变成十株葡萄",这是葡萄与生俱有的,这能称为新兴技术吗?我认为作者是由植物的克隆说起,目的是引出下文"动物的克隆"。结合全文来看,克隆在本文指的是"动物无性繁殖的新兴技术"。

教师:非常好!这位同学读书非常仔细,紧扣课文找到了依据,这种读书的方法特别可贵。的确,克隆在本文指的是"动物无性繁殖的新兴技术",为了说明这一内容作者主要采用了哪些说明方法呢?

学生回答预设1:课文开头举出了"细菌、葡萄等靠自身的一分为二或自身的一小部分的扩大来繁衍后代"的例子来说明什么是克隆,这是举例子。

学生回答预设2:第一节最后引用吴承恩《西游记》中的精彩描述,把克隆技术写得富有趣味。这里采用了引用的说明方法。

教师:两位同学说得很好,作者在第一节为解说"什么是克隆"这一问题采用了举例子、下定义、作比较等说明方法。科普短文重在"普",作者从常见且容易理解的生物现象写起,将高深的科学技术说得生动形象,明白晓畅。接着又从词源追溯"克隆"原意,进一步弄明白了克隆含义,用《西游记》中妇孺皆知的故事,更将科学技术写得富有趣味。

接下来,我们来一起研读文章的第二、三两个小节。

| 请用一段连贯的话概括克隆技术是如何应用的。 | ← | 四个同学为一小组合作探究它们的克隆过程。速读第二、三节,先利用圈划阅读法抓住关键词句,然后将要点概括成一句通顺的话。 |

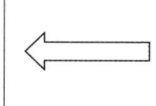

教师:这些新生命是怎么被克隆出来的呢?我们先请一位同学来说一下鲫鱼的克隆过程。

学生回答预设:用鲫鱼囊胚期的细胞进行人工培养,经过385天59代连续传代培养后,用直径10微米左右的玻璃管在显微镜下从培养细胞中吸出细胞核。与此同时,除去鲫鱼卵细胞的核,让卵细胞留出空间做好接纳囊胚细胞核的准备。一切准备就绪后,把玻璃管吸出的核移放到空出位置的鲫鱼卵细胞内。得到了囊胚细胞核的卵细胞在人工培养下大部分夭亡了。在189个这种换核卵细胞中,只有两个孵化出了鱼苗,而最终只有一条幼鱼渡过难关,经过80多天培养后长成8厘米长的鲫鱼。

教师:这位同学课文读得很仔细,但哪位同学能抓住关键将这一过程表述得再简练些呢?

学生回答预设:先取出一条鲫鱼胚胎细胞的细胞核,再把该细胞核植入另一条鲫鱼的无核卵细胞中,得到换核卵,经过人工培育,克隆鲫鱼就出世了。

教师:很好,你的语言概括能力很强,既简练又准确。那么,克隆技术发展的进程是怎样的呢?

| 请说说克隆技术发展的进程是怎样的呢? | ← | 速读第二、三节,先利用圈划阅读法筛选信息,再采用分组讨论法填写相关内容。 |

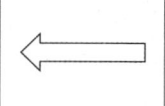

学生回答预设：

时间	对象	类别	技术顺序
1979	鲫鱼	鱼类	换核卵（囊胚细胞核）
1960和1962	爪蟾	两栖类	换核卵（肠上皮、肾细胞核）
1978	黑斑蛙	两栖类	换核卵（红细胞核）
	鲤鱼、鲫鱼	异种鱼类	换核卵
	鼠	哺乳类	换核卵（胚胎细胞核）

教师：同学们筛选信息很准确。通过填表，大家对"克隆羊的诞生为什么在全世界引起了轰动"这一问题有什么看法呢？

学生回答预设1：克隆羊之所以轰动是因为它换进去的是体细胞的核，而不是胚胎细胞核。这个结果证明：动物体中执行特殊功能、具有特定形态的所谓高度分化的细胞与受精卵一样具有发育成完整个体的潜在能力。也就是说，动物细胞与植物细胞一样，也具有全能性。

学生回答预设2：克隆羊之所以在全世界引起了轰动，是因为换进体细胞的技术是克隆技术新的进展和重大突破。所以作者才为此单列了一节来进行说明。

教师：两位同学回答得很正确。不过，作者为什么不按照时间顺序安排呢？

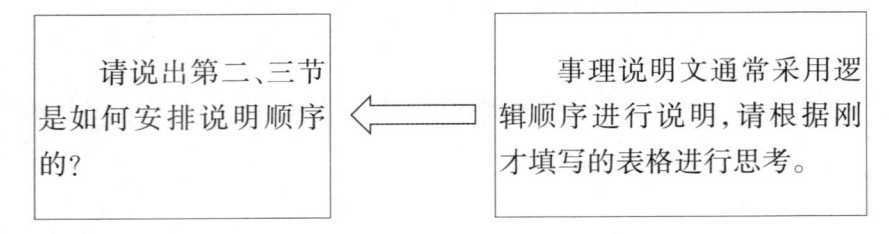

请说出第二、三节是如何安排说明顺序的？ ← 事理说明文通常采用逻辑顺序进行说明，请根据刚才填写的表格进行思考。

学生回答预设1：我找到了课本第二节第五段有一句"对科学的追求是永无止境的"。鱼类、两栖类克隆的成功自然而然地使科学家把目光投向了哺乳类，我认为是按照生物进化由低等到高等的顺序，也就是从鱼类到两栖类再到哺乳类，这样安排有条不紊，如果按时间顺序就乱了。

学生回答预设2：我认为这两部分是按克隆技术的难易程度安排顺序的。因为动物越进化，越难以进行无性繁殖。我认为这样安排体现了科学研究是一个不断求索探究的过程,体现科学家的探索精神。

教师:大家说得对,把这些看法综合在一起就全面了。第二、三节是以克隆技术的发展为顺序安排的。我要补充的是第二节"克隆鲫鱼出世前后"这部分除了按照从鱼类到两栖类再到哺乳类的顺序,根据题目,作者先写中国的克隆鲫鱼实验再写其前外国的克隆爪蟾实验及我国童第周的黑斑蛙实验,然后写其后的中国克隆鲤、鲫鱼实验及外国的克隆鼠实验,这样安排也充分体现了在克隆这样的世界尖端技术方面中国并不落后!

接下来,我们来研读课文的最后一节"克隆技术造福人类",但是末段首句却说"有关'克隆人'的讨论提醒人们,科技进步是一首悲喜交集的进行曲。科技越发展,对社会的渗透越广泛深入,就越有可能引起许多有关的伦理、道德和法律等问题。"请谈谈你的看法。

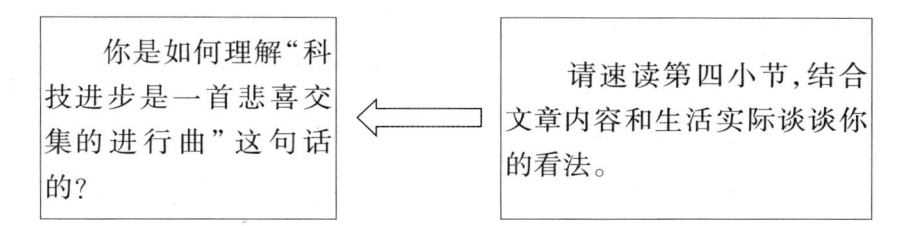

你是如何理解"科技进步是一首悲喜交集的进行曲"这句话的?	⬅	请速读第四小节,结合文章内容和生活实际谈谈你的看法。

学生回答预设1:我觉得克隆技术会带来很多隐患。例如,假如若干年后克隆一个"我"出来,那我的父母、同学、师长及所有认识我的人应该怎样称呼她?她又该如何面对这些人呢?再说,如果克隆出来的我犯了错误或触犯了法律,应该惩罚她,还是惩罚我?有关部门怎样辨别哪个是真我,哪个是"冒牌"的呢?

学生回答预设2:我对克隆技术尤其是克隆人也有很多顾虑。如果面对一群面貌、体态、风姿一样的克隆人,我们该怎样确认他们的身份?如果他们犯罪,我们又用什么手段缉拿真凶?再说,人类居住的地球早已因为人口爆炸难堪重荷,我们还有什么理由用另一种方法生产自身呢?再说了,一个真实的人和一个克隆人,克隆人应该跟随真实人姓同样的姓,还是自立门户?站在克隆人的角度来说,走到哪里人们都会说:"这是某某克隆出来的。"克隆人也是人,也有思想情感,这样一来,克隆人的心灵会不会蒙上阴影?产生自卑?会不会反过来报复人类?

学生回答预设3:我觉得克隆技术是有利有弊的。课文小标题"造福人类"是其"利"的一面,也就是"喜",这是主要方面。然而,随着克隆技术的发展,尤其是"克隆人"会给社会和人类带来很多负面影响。正如文中所说,"有可能引起许多有关伦理道德和法律等问题",这是"弊"的方面,也就是"悲"。

教师:同学们的发言很有思考。确实啊,克隆技术是一把双刃剑,既可造福人类也可殃及人类。值得我们欣慰和骄傲的是,面对克隆,人类表现得比以往任何时候都富有成熟理性和远见。如果克隆技术真是上帝放在人类面前的又一只潘多拉魔盒,那么人类将满怀自信地伸出两手,一只手叫智慧或灵性,它让克隆技术为我所用,造福世界,另一只手叫理性,它将控制和防止克隆技术走向反面。这也就是要"兴利除弊"!科学家们有足够的信心,智慧、理性地运用科学之剑,使之为人类造福!

同学们,我们一起研读了文章的内容,接下来,我们再来品析一下这篇科普文的语言。

| 你能找出能表现科学家严谨、求实、锲而不舍的态度与精神的句子并对其进行赏析吗? | ← | 先利用圈点批注法独立思考,然后小组合作交流。 |

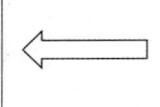

学生回答预设1:我找的是第二节"克隆鲫鱼出世前后"中"经过385天59代连续传代培养后,用直径10微米左右的玻璃管在显微镜下从培养细胞核中吸出细胞核……在189个这种换核卵细胞中,只有两个孵化出了鱼苗,而最终只有一条幼鱼渡过难关,经过80多天培养后长成8厘米长的鲫鱼"。首先"385天59代"一个惊人的数字震撼人心,表明实验的艰辛,"用直径10微米左右",我们知道微米是何等细小的单位,进一步反映实验进行之艰难、精细,科学家们严谨求实的精神跃然纸上。"接纳""准备就绪"一切有条不紊地进行着,然后经过如此精细的准备后,大部分却"夭亡"了,即使是这样,科学家们永不放弃,"189个""只有两个""只有一条渡过难关",由此可以想象实验艰辛的程度之深,失败率之高,最后经过"80多天"漫长等待,成长为"8厘米"长的鲫鱼。这一过程使我感受到科学家们在探索过程中克服多少困难,经历多少挫折才获得成功。他们这种锲而不舍、严谨求实的态度更是常人难以想象的,我们在探索知识的过程中更是需要这种精神。

学生回答预设2:我找的是这一节第五段"对科学的追求是永无止境的。

鱼类、两栖类克隆的成功自然而然地使科学家把目光投向了哺乳类",科学家对科学的探索是永无止境的,在日常生活中,我们往往仅满足于一次成功而不更上一层楼,科学家们往往以严谨求实的态度完成了一件创举并不止步,而是向更高的目标迈进,表现出在科学的道路上不断求索、探寻、锲而不舍的精神。

学生回答预设3:我感受最深的是第三节第一段"经过247次失败后,他们在去年得到一只名为'多利'的克隆雌性小绵羊",一句简短的不过30字的文字,仅从"247"就能看出科学工作者的严谨、认真、坚持不懈、永不言败的精神,研究了上百次才成功足见实验的艰辛不易,我深切体会到科学家一丝不苟为人类造福的伟大精神!

学生回答预设4:我感受最深的也是第三节第一段"经过247次失败后,他们在去年得到一只名为'多利'的克隆雌性小绵羊",初读这句话,我并没有体会出科学家们的艰辛,但仔细一想,我在学习中遇到什么问题,一次失败了,两次,三次……我想许多人遇到这种接踵而来的打击都会灰心丧气,而科学家们竟然尝试了247次,这是一个怎样漫长的过程,最终才孕育出这个令全世界震动的科研成果,让我们向这些严谨求实、锲而不舍的人们敬礼!

教师:科学的道路无坦途。科海泛游靠的是渊博的科学知识、精湛的科学技术,更要靠严谨求实的科学态度和坚持不懈、永不言败的科学精神。这种难能可贵的科学态度和科学精神值得我们每一位同学学习借鉴。

第四步:学生独立思考,个体准备答案。

教师:同学们,我们刚才一起研读了这篇《奇妙的克隆》。那么,我们是怎样归纳内容要点进而形成自己认识的呢?请大家分组来归纳整理。

第五步:教师指定学生个体展示答案。

学生回答预设1:我们先通过四个小标题,迅速了解了文章的说明内容;然后分节筛选重要信息进行归纳,对文章有了深入的了解。

学生回答预设2:我们对这篇文章的学习主要可分为三步:第一步是通过标题整体感知文章内容;第二步是筛选信息,归纳要点,理清文章思路;第三步是通过赏析语言对作者的意图深入理解,从而形成自己的认识。

第六步:小组讨论归纳答案。

学生以小组为单位,交流,整理,形成规范表述。

第七步:指定组代表展示本组归纳的答案。

教师点拨帮助学生完成。

学生回答预设:阅读新闻和说明性文章,首先,要通过整体感知文意,筛选主要信息;其次,是在归纳内容要点的基础上,理清说明顺序,梳理文章的思路;最后,通过品析文章语言,形成自己的认识。

第八步:教师或学生评价、确认或补充答案,强化做这类题型重点的、带规律性的学习方法、掌握要求和相关注意(提醒防止出现的问题)等。

教师巡视并指导学生完成本节课笔记的整理。

课堂总结

同学们,这节课我们不仅对克隆技术有了较深入的理解,而且,我们还在研讨交流的过程中初步提炼出了阅读说明文的方法:在阅读时,首先,要整体感知文章内容,提取主要信息;其次,分析文章结构,进而理清文章思路;最后,品析文章语言,精准理解作者情感意图。通过这样一个从宏观到微观的阅读过程,我们对文章有一个全面、深入的理解,进而形成自己的认识。

【板书设计】

奇妙的克隆

谈家桢

克隆技术:无性繁殖
克隆的研究过程:低到高,易到难 ┫科学家:探索求真
一分为二看克隆:悲喜交集

【智慧训练】

阅读短文或材料完成后面的问题。

一

即将消失的低碳民居——地窨子

兰博文　张雪梅

①古书记载,东北地区的渔猎民族,至少在一两千年前,就有一种适应在异常严寒气候下生存的简陋民居——地窨子。这种最为原始的居住方式并不意味着落后,恰恰相反,在它身上体现了很多人与自然和谐统一的设计理念与建造思想。

②地窨子展示了人类适应自然环境的设计才华。为了适应极端寒冷的气候,地窨子多选址在南面向阳坡地,这种设计是为了保证有充足的阳光照

射,对居所起到杀菌、保温、照明的作用。地窨子多为半在地上半在地下,三面多半在地下,冬季雪后屋顶上就覆盖上厚厚的雪被,起到很好的防寒保温作用,即使冬季不取暖,屋子也能保持在零度以上。地窨子一般建造在山坳与河流小溪附近,这样既【甲】能有效地避免暴风雪的袭击,又【乙】可以就近取水、便于生活。

③地窨子体现了人类降低房屋造价的调控理念。地窨子的建筑材料主要为泥土和秸秆,便于就地取材;三面利用自然山坡做围墙,省时省料;建筑方式为人工挖掘和土坯夯实,建房技术水平要求不高;面南背北的半地穴式,冬暖夏凉,适宜防寒保温。作为东北地区典型的借助自然环境降低制造成本的经济型民居,简陋低廉的特点成为平民百姓必然的选择,这种民居在东北延续长达千年之久,到民国乃至五六十年代仍可以见到它的身影。

④地窨子采取了人类降低能源消耗的有效措施。地窨子坐北朝南、北面以山坡作墙、一面通风的特点,有利于太阳光的利用,避免在大暴风雪到来时将屋子里的暖空气带走。窗户多为纸质,能有效防止冬季冷风透过窗户缝隙进入室内;开窗取光、关窗留影这种天然的百叶窗适度调节采光与遮阳,很好地解决了夏季强光抬高室温的弊端,并随时随地都可修补维护。

⑤随着城市化进程的加剧,地窨子作为最简陋的居住方式已退出历史舞台,即将消逝。真希望能有一批睿智的人用现代化的科技手段,构建一批能够满足现代生活需求的"地窨子",使之在历史气息与人文追忆中焕发新的青春。

(有删改)

1. 阅读第②段,说出画线的【甲】【乙】两个语句的位置不能调换的理由。

2. 阅读下面材料,说说同为传统民居的窑洞和地窨子有哪些共同点。

【材料】

窑洞最早出现在距今四五千年的新石器文化时期。窑洞式住宅是陕北甚至整个黄土高原地区较为普遍的民居形式。这种特殊的"建筑",不是用"加法",而是以"减法",即"减"去自然界的某些东西而形成的可用的空间。中国西北部黄土高原地区,有深达一二百米、极难渗水、直立性很强的黄土,这为窑洞提供了很好的发展前提。同时,西北部地区气候干燥少雨、冬季寒冷、木材较少等自然状况,也为冬暖夏凉、十分经济、不需木材的窑洞,创造了发展和延续的契机。但是随着经济的发展,窑洞的废弃越来越多,挖掘的很少,这种挖掘方式会越来越不为人知。

二

材料一：

山沟沟里通高铁,中国标准动车组"复兴号"投入运营并出口印尼,中欧班列开行不断,中国铁路的发展已经成为一张闪亮的中国名片。五年来,随着京广、沪昆、兰新、海南环岛等一批高铁重点项目建成通车,"四纵四横"高铁网基本成型。目前,我国高速铁路与其他铁路共同构成的快速客运网已超过4万公里,基本覆盖中国省会及50万以上人口城市,长三角、珠三角、环渤海等城市群因高铁联系更加紧密,东部、中部、西部和东北四大板块实现了高铁互联互通。

根据国家《中长期铁路网规划》(2016—2030年),在"四纵四横"高速铁路网的基础上,我国即将形成以"八纵八横"主通道为骨架、区域连接线衔接、城际铁路补充的高速铁路网。到2020年,全国铁路网规模将达到15万公里,其中高速铁路3万公里,覆盖80%以上的大城市。届时路网结构会更加优化,更有利于发挥铁路对经济社会发展的保障作用。

材料二：

据美国《市场》杂志网站2017年12月20日报道：十年前,全世界最顶尖的十台超级计算机有八台在美国,中国则一台都没有。如今,中国超级计算机中心运行着世界上速度最快的计算机——"神威·太湖之光",这种超级计算机的浮点运算速度最高可以达到每秒10亿亿次,比美国最顶尖的超级计算机"泰坦"高出四倍。也就是说,如果地球上的70亿人每人手拿一个计算器连续不断地按键计算,需要花32年时间才能完成"神威·太湖之光"一分钟的运算量。

超级计算机对于国家安全和科学研究至关重要。目前,已有一百多家科研单位、一百多个大型应用在"神威·太湖之光"系统上运行,涉及气候气象、海洋、航空航天、高能物理、生物、材料等二十多个方面,支持国家重大科技应用、先进制造等领域解算任务几百项。一年来,共计完成作业任务达二百多万项。

目前,国防科技大学正在研发超级计算机"天河三号",它的性能指标将达到"神威·太湖之光"的8倍。

材料三：

近两年来，中国科学家正用"速度与激情"书写着一个又一个中国奇迹，给世界留下深刻印象。神舟十一号航天员太空停留33天、国产海上钻井平台"蓝鲸1号"实现可燃冰开采、首艘国产航母下水、C919大飞机首飞、"中国天眼"发现脉冲星、"悟空号"探测到疑似暗物质、"墨子号"实现千公里量级量子纠缠……一系列井喷的科学成果，不仅让国人骄傲，也获得美国、日本、法国等国家的科研人员纷纷点赞。在他们的眼中，中国所取得的成就非常"酷炫"，一定会推动全人类的科技进步。

外国科学家表示，中国拥有一大批非常优秀的科学家，这得益于中国的教育体系。中国的义务教育体系覆盖了所有人，包括贫困家庭的孩子，可以让不同文化背景的人都有机会成为学识渊博的人。对一个国家来说，这是一笔巨大的财富。另外，在海外科研人员看来，中国传统文化底蕴也被视作中国科技崛起的潜力所在。若想成为伟大的科学家，首先要是一个诗人，因为超越现有知识体系离不开大胆设想。而中国科学家的思维如同中国文化一样，充满了想象力和诗意，这也是促使中国能够在科技探索方面迅速发展的重要原因。

1. 请结合"材料一"和"材料二"的内容，谈谈令世人瞩目的"中国速度"主要体现在哪些方面。

2. 从"材料三"看，外国科学家认为中国科技力量能够迅速崛起的原因是什么？

三

①"一条大河波浪宽，"是歌曲《我的祖国》的第一句。据说，当时创作人员，想找一样东西能让全国各地的人都觉得可以代表自己的家乡，产生亲切和壮丽的感觉。想来想去，大家觉得无论我们的家乡在中国的什么地方，都会有一条大河从家乡流过。对于今天的北京人来说，这种感觉已经非常疏远。其实北京也是在一条大河边的沃野上建立的，这条河就是永定河。永定河是北京的母亲河，有了它才有了北京。

②永定河已经有160万年的历史了，古永定河的水是非常大的，北京的清河、沙河、一直到大兴整个都是古永定河流经的地方。商代，从三家店出来，向北流，今天的昆明湖、圆明园、清华大学都是永定河当时流过的地区。

后来向东流,就留下了玉渊潭、紫竹院、积水潭、后海、什刹海、北海、中海(南海是后挖的)。中南海往东流入金水河,进故宫,然后流到菖蒲河,和南河沿那边的河连在一起。再往南就流到了珠市口附近,这里有个三里河,这条河从前门楼算起到珠市口正好三里,前门南边那一带,有很多斜的胡同,都是故河道。这些水经过老舍先生描写过的龙须沟、金鱼池,再向东南流就到龙潭湖,注入通惠河。现在庞各庄的西瓜特别好吃,就是因为它是沙壤,还有大兴的梨树王,成片的古桑园,这些都是在永定河的冲击下留下的沙壤地,适合梨树、桑树、西瓜、花生这些东西生长。

③北京城从一个小居民点,变成一个大城市,已经三千年历史了,这个城市始终是在永定河的边上成长起来的。无论是在辽金时候的莲花池,还是现在的玉泉山水系都是永定河的水。在永定河的影响下,北京到处都是水,到处都是沼泽。北京现在还有一个区的名字叫"海淀",明代古籍《海淀古镇风物志略》记载:海淀泉水丰盈,溪流四溢,荷叶田田,垂柳依依,稻田千顷、沙堤十里。那一带地名现在还有港沟、巴沟,巴沟就是八条河沟,过去面积是很大的。巴沟附近有一条河叫万泉河,说明当地的泉水非常多,光乾隆皇帝命名的就有28眼。因为这里有山有水,从明代开始人们在这里营建园林。明代这里是水乡环境,人们在这里植禾种稻,很多人来此赏景,吟诗作画,后来一些造园家就开始在这里营建园林。到了清朝,将更大的财力用在了大规模兴建园林上。海淀有山有水,前后形成150年,绵延20余里,三山五园,万寿山、玉泉山、香山、圆明园、清漪园、静明园、静宜园、畅春园。其中,玉泉山、静宜园最早,金朝金章宗的行宫就在玉泉山,清漪园就是现在的颐和园。

④后来,在皇家园林的基础上,兴建了北京大学和清华大学。有了北京大学和清华大学,解放以后八大学院就落户在海淀区,逐步形成后来的大学区,而后在高校云集的基础上,很多研究机构落户海淀,形成科学城,在大学城、科学城的基础上诞生了今天的高科技园区。可见北京的发展是和水分不开的。

1. 阅读上面文字,说说作者是从哪三个方面介绍永定河的。
2. 结合上文内容和你的体会,说说你对"北京的发展是和水分不开的"这句话的理解。

附　参考答案

一、参考答案

1. 因为【甲】句与上文中地窨子建造在山坳中相对应;【乙】句与上文中地窨子建造在河流小溪附近相对应,所以不能颠倒顺序。

2. 历史悠久;适应当地的自然环境;建筑过程中就地取材,使用材料少,建造经济;都能够冬暖夏凉,节约能源;逐渐衰落。

二、参考答案

1. 主要体现在中国高铁建设势头强劲和中国超算技术进展神速两个方面。

2. 原因有两点:第一,中国义务教育体系覆盖了所有人,让不同文化背景的人都有机会成为学识渊博的人;第二,中国传统文化底蕴也是中国科技崛起的潜力。

三、参考答案

1. 答案要点:

(1)永定河是北京的母亲河,有了它才有了北京。

(2)永定河已经有160万年的历史了,古永定河的水非常大。

(3)北京城是在永定河边上成长起来的,北京的发展是和水分不开的。

2. 答案示例:我每天上学都要经过后海、什刹海,在这些水域附近有著名的银锭观山、恭王府等古迹。随着改革开放,游人越来越多,后海、南锣鼓巷一带,已经成为北京著名的景区。由此看来,北京的发展是和水分不开的。

(编写　李刚)

归纳内容要点,形成自己的初步认识

向沙漠进军

【内涵释义】

阅读说明性文章时,能够根据说明文的特点,运用说明文的知识,在理解说明文内容的基础上,准确获取主要信息,并且对获取的信息进行归纳概括和理解,从而准确把握文章的说明内容,体会作者情感。

【引领读悟】

以《向沙漠进军》为例落实本点。

学习准备

知识方面:掌握说明文的概念,说明文的类型,说明对象及其特征,说明顺序,常用的说明方法及其作用,说明文语言的特点等。

能力方面:具有提取和整合信息的能力。

导入新课

教师:楼兰古国,位于我国的西北部,昔日的它,熙熙攘攘,车水马龙,商贾聚集,经济繁荣;今天的它,已被黄沙覆盖,一片荒芜。人们只能凭着那干枯的树木,光秃秃的沙丘,去想象它昔日的繁华与丰美。是沙漠夺走了它的美丽,我们要拿起武器,与沙漠决战!今天我们一起来学习竺可桢写的一篇说明性文章——《向沙漠进军》。在学习课文前,先让我们看看本节课的学习目标。

叙述目标

本节课我们要通过识别和把握本文的中心句,理解课文的内容,把握作者的思路;通过分析本文的说明方法,准确把握文章的说明内容;通过对说明文语言的赏析,体会作者情感,形成自己的初步认识。

阅读渐进引领

第一步:学生读文本,整体感知文章内容。

教师:请大家读课文,完成下面的任务:第一,标记生字新词并利用工具书掌握好;第二,标记好段落序号,采用找中心句的方法,简要概括每个自然段的意思;第三,理清作者的思路;第四,提出自己的疑问。

第二步:质疑问难。

教师:刚才大家读得非常认真,有同学提了好几个问题,但老师发现大家提问题的角度比较单一,我们应该怎样多角度提问呢?

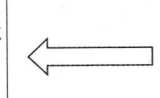

| 我们应该怎样多角度提问呢? | ⇐ | 可以从题目出发提问,从知识的角度提问,从能力的角度提问,从内容的矛盾处提问,从内容的重复处提问,从重点内容提问,从文章主题的角度提问等。 |

学生提问预设:

竺可桢是做什么工作的?说明文主要说明什么?为什么要向沙漠进军?怎样向沙漠进军?人类能征服沙漠吗?本文的说明顺序有哪些?本文使用了哪些说明方法,作用是什么?本文语言有什么特点?本文属于什么类型的说明文?……

教师:大家提出的问题都不错,都值得思考,希望通过这节课的学习,大家的问题都能够得到解答。

第三步:教师指导点拨。

首先我们看看"标记好段落序号,采用找中心句的方法,简要概括每个自然段的意思"这个任务完成得怎么样。

| 怎样采用找中心句的方法,简要概括每个自然段的意思? | ⇐ | 一段中只有一个中心句,以短句居多,大多放段首,有时放段中或段尾。 |

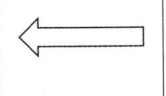

第四步:学生独立思考准备答案。

第五步:个体展示答案。

135

学生回答预设1:第1段:沙漠是人类最顽强的自然敌人之一。

学生回答预设2:第2段:地中海沿岸被称为西方文明的摇篮,如今有些部分逐渐变成荒漠了。

学生回答预设3:第3段:我国陕西榆林地区古代是天然草原区,如今关外30公里都变成了沙漠。

学生回答预设4:第4段:沙漠逞强施威的武器是风和沙。

学生回答预设5:第5段:抵御风沙袭击的方法是培植防护林和培植草皮。

学生回答预设6:第6段:抵御沙丘进攻的方法是植树种草。

学生回答预设7:第7段:征服沙漠最主要的武器是水。

学生回答预设8:第8段:只要能充分利用这些水源,我们向沙漠进军,不但有收复失地的把握,而且能在沙漠里开辟出若干绿洲来。

学生回答预设9:第9段:我们向沙漠进军取得的若干成绩。

学生回答预设10:第10段:我们向沙漠进军,不仅可以保护农田,开辟绿洲,而且对交通线路也起了防护作用。

学生回答预设11:第11段:风可以为人类造福。

学生回答预设12:第12段:沙漠地区的日光照射特别强烈。

学生回答预设13:第13段:只要正确地认识沙漠的危害,找出对付它的办法,沙漠是有可能治理的。

第六步:合作探究。

教师:这13个自然段内容的概括并不难,大家概括得很准确,以上13个自然段中的哪些段落采用的是原文的中心句概括的?

第七步:指定组代表展示本组归纳的答案。

以上各段的中心意思中1、4、7、8、10、13是用原文的中心句概括的,其他几段的中心意思是提取信息后整合概括出来的。

教师点拨:看来利用找中心句的方法概括文章内容既简洁又准确,但在这个过程中我也发现了一些问题,最主要的问题是没有中心句的情况下也拿段落开头一句作中心句。

比如第二段和第三段,有的同学就概括成:"地中海沿岸被称为西方文明的摇篮"和"我国陕西榆林地区古代是天然草原区",实际上这两段的重点内容在后面,并没有中心句,应该概括成"地中海沿岸被称为西方文明的摇篮,如今有些部分逐渐变成荒漠"和"我国陕西榆林地区古代是天然草原区,如今关外30公里都变成了沙漠"。这样才能突出本文的重点内容"沙漠对人类的危害"。

再如第五段:"抵御风沙袭击的方法是培植防护林。防护林的主要作用是减小风的力量。风遇到防护林,速度就减小70%—80%。到距离防护林等于林木高度20倍的地方,风又恢复原来的速度。所以防护林必须是并行排列的许多林带,两列之间的距离不要超过林木高度的20倍。其次是培植草皮。有了草皮覆盖地面,即使有风,刮起的沙也不多,这就减少了沙粒的来源。"有的同学直接把第一句当成了中心句,概括成了"抵御风沙袭击的方法是培植防护林"。为什么不准确呢？因为他没有看到后面的"其次是培植草皮"。这样就造成了以偏概全的错误,这段话有两层意思,概括时应该把两层意思进行整合,即"抵御风沙袭击的方法是培植防护林和培植草皮"。

教师小结:用找中心句的方法概括段落的主要内容固然准确,但也要注意区分一段中到底有没有中心句。有的同学可能问了,老师我找不到中心句怎么办？

那我们就要研究一下:什么样的句子是中心句？中心句都有哪些特点？

什么是中心句？中心句有什么特点？	←	"中心句"就是能够概括文章主要内容的句子。中心句的特点:①在段的开头的中心句一般起概括和总述作用;②在段的中间的中心句一般起承上启下作用;③在段的末尾的中心句一般起归纳和总结作用;④起强调和增强印象作用的中心句一般在段的开头和结尾。要准确判断一个句子是不是中心句还要看段中的其他内容是不是都是围绕这句话写的。

教师:只有掌握了中心句的特点才能准确找到它,并且明确中心句的作用。刚才未找到中心句的同学,我们再试一试。

教师过渡:在上述概括中心意思的基础上,"划分段落,概括段意"就很容易了。谁来试着划分一下？

学生回答预设:第一部分(第1—4段):说明为什么向沙漠进军。第二部分(第5—8段):说明怎样向沙漠进军。第三部分(第9—13段):说明沙

137

引领读悟：文学　说明性文章　科技作品　>>>

漠是可以被征服的,人类向沙漠进军的前景。

教师:这三部分的划分比较简单,因为本文的思路非常清晰,有非常清晰的说明顺序,这篇课文的说明顺序是什么?

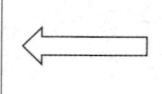

| 这篇课文的说明顺序是什么? | ← | 要回答好这个问题就要知道常用的说明顺序有:时间顺序、空间顺序和逻辑顺序。逻辑顺序又包括:因果关系、由现象到本质的层递关系、主次关系、总分关系、并列关系等。事理说明文最常用的就是逻辑顺序。|

教师:结合题目和内容就能确定这篇说明文的类型,这篇说明文的类型是什么?

学生回答预设:事理说明文。

教师:能结合课文内容及作者思路确定本文的说明顺序了吗?

学生小组讨论后回答。

学生回答预设1:逻辑顺序。

学生回答预设2:因果关系。

学生回答预设3:由现象到本质的层进关系。

教师点拨:逻辑顺序是大层级的顺序,具体到一篇文章应该用小层级的说明顺序。本文是按照"为什么向沙漠进军?怎么向沙漠进军?进军后的前景如何?"的顺序写的,所以应该是"由现象到本质的层递顺序"。

教师小结:本文是事理说明文,这篇文章根据大量事实和科学原理,对为什么要向沙漠进军,怎样向沙漠进军,进军的前景如何等重大问题,做了深入浅出的说明,把科学道理讲得生动具体,明白透彻。

教师过渡:在整体感知课文内容的基础上,接下来让我们看看作者具体运用了哪些说明方法,怎样深入浅出地把科学道理讲得生动具体,明白透彻的。

教师:第2、3两段说明了什么?使用了什么说明方法?

>>> 阅读新闻和说明性文章

第 2、3 两段说明了什么？使用了什么说明方法？

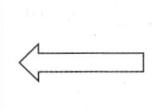

要回答好这个问题首先要明确"说明了什么"指说明内容，即说明对象及特征。其次要知道常用的说明方法有：下定义、列数字、分类别、画图表、举例子、作比较等，以及每一种说明方法的特点及作用。

学生回答预设 1：这两段举了国外地中海沿岸和国内陕西榆林地区受沙漠侵袭的情况。从而说明沙漠对人类的危害，属于举例子的说明方法。

学生回答预设 2：这两段文字还把过去和现在进行了对比，所以还运用了作比较的说明方法，通过比较也让我们懂得了沙漠对人类的危害很严重。

教师：沙漠向人类发动攻势的武器是什么？进攻的主要方式有哪几种？这属于哪类说明方法？

学生回答预设：沙漠向人类发起进攻的武器是风和沙，进攻的主要方式是"游击战"和"阵地战"，这属于分类别的说明方法。

教师：如何征服沙漠？征服沙漠的关键是什么？其中运用了哪些说明方法？

学生回答预设 1：征服沙漠的途径是培植防护林和培植草皮。

学生回答预设 2：我觉得上一个同学回答得不全面，还应该有植树种草。

教师点拨：嗯，回答问题应该力求全面。征服沙漠的途径：一是培植防护林和培植草皮，这是抵御沙漠的"游击战"的方法；一是植树种草，这是抵御沙漠的"阵地战"的方法，这两种途径都只是采取守势。征服沙漠最主要的武器是水，寻找和开发充足的水源是征服沙漠的最重要的途径。征服沙漠的关键是水，这也是征服沙漠区别于征服其他自然灾害的必要条件。有了水，才能抵御沙漠的"游击战"和"阵地战"；有了充足的水源，向沙漠进军才能取得彻底的胜利。大家回答这个问题时要找好答题区域，否则会出现不全面的现象。

教师：说明征服沙漠的可能性和现实意义，并指出所用的说明方法。

学生回答预设：沙漠有可能被征服，采用了举例子的说明方法。

教师点拨："征服沙漠最主要的武器是水。"我国沙荒地区，有的"有足够的雨量"，有的"地面径流和地下潜水也是很大的"，有的"周围的高山上有大量的积雪"，"只要能充分利用这些水源，我们向沙漠进军，不但有收复失地的把握,而且能在大沙漠里开辟出若干绿洲来"。这说明了征服沙漠的可能性。"沙漠是可以征服的",举例说明"我们有计划地向沙漠展开攻势,已经取得了若干成绩",用事实说明了征服沙漠的现实性。大家答题时不能离开文本,说出了答案还要说明理由,这样才能有理有据。

教师小结:要回答好这个问题就要研究作者在文中用了哪些说明方法,这些说明方法具体说明了什么;同时还要关注说明文语言,看看作者运用了什么样的语言进行说明的,达到了怎样的效果。

提问:仔细阅读课文,看看作者都运用了哪些说明方法?试从文中找出来,并简要谈谈其好处?可相互讨论。

学生独立思考后小组讨论回答。

学生回答预设:

1. 举例子:课文的第2、3自然段,举了"地中海""榆林地区"这两个有代表性的例子。说明沙漠对人类的危害严重,这样使要说明的内容更明确,更具体。

2. 分类别:风沙的进攻方式分"游击战"和"阵地战"两类。又如:介绍对沙漠采用"守势"时,又分两种方法:①抵御风沙袭击的方法②抵御沙粒进攻的方法。

3. 打比方:①将地中海沿岸比作西方文明的摇篮。②把风沙进攻的两种方式比作"游击战"和"阵地战"。

4. 作比较:文章开头说:"过去人类没能征服沙漠。"而结尾处:"征服沙漠的理想会实现。"又如:原来地中海沿岸被称为西方文明的摇篮,而如今却有部分地区逐渐变为了荒漠。

5. 列数字:文章在说到培植防护林可以有效地防御风沙的"游击战"时,说"风遇到防护林,速度就减小百分之七十到八十"。运用数据可以使说明具有高度准确性和科学性。

教师小结:《向沙漠进军》这篇说明文,作者紧紧抓住向沙漠进军这一中心,由浅入深,层层深入,先说明沙漠严重危害人类,揭示为什么向沙漠进军,再说明怎样向沙漠进军,最后说明向沙漠进军的前景。本文逻辑严谨,条理清晰,又恰当地使用了列数字、分类别、举例子、作比较、打比方等说明方法使说明对象清晰地出现在我们眼前,达到深入浅出的效果。

教师:竺可桢是科学家,他的语言非常严谨,揣摩下列加点字的意义和作用。

风沙的进攻主要有两种方式。一种可以称为"游击战"。狂风一起,沙粒随风飞扬,风愈大,沙的打击力愈强。春天四五月间禾苗刚出土,正是狂风肆虐的时候。一次大风沙袭击,可以把幼苗全部打死,甚至连根拔起。沿长城一带风沙大的地区,农民常常要补种两三次才能有点收获。

学生独立思考后回答。

学生回答预设:"刚",限制说明禾苗出土时间很短;"一次",限制说明风沙袭击的厉害;"全部",限制数量之大;"常常""两三次""点",说明一次大风沙袭击给农民的生产和收获带来的严重后果。就这一点讲征服沙漠刻不容缓。

教师:同学们答得很好,大家要明白一点,所有的说明方法都是为说明对象及其特征服务的,说明文的语言也是,之所以准确是要把说明对象的特征准确无误地传达给大家。

教师:文中还有哪些句子中的词语用得准确?找一找,说一说。

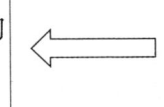

| 文中还有哪些句子中的词语用的准确? | ← | 句子表达的准确主要表现为句中词语用的准确,这些词语主要包括:动词、形容词、数量词、介词等。作用分别是修饰限制范围、程度、频率等。 |

教师:比较下列句子中加点的词,看看它们有什么特点?

1. 但是两三千年来,这个区域不断受到风沙的侵占,有些部分逐渐变成荒漠。2. 由于长城外的风沙侵入,榆林城也受到袭击,新中国成立后,榆林地区关外30公里都变成沙漠了。3. 征服沙漠最主要的武器是水。4. 所以要取得向沙漠进军的胜利……水源。

学生独立思考后指名回答:这些都是动词,形象生动。

教师指导:"侵占""侵入""袭击"都是贬义词,都是介绍沙漠进犯人类所使用的动词;"征服""进军""胜利"都是介绍人类向沙漠进军所使用的词语。这和作者把人类征服沙漠比作一场战争相符合,体现了语言的准确性。

教师小结:说明文,因为是介绍客观事物,说明事理,在内容上要科学、严密。所以,其语言就要求准确无误,其修饰限制就要做到准确严密,无论是表示时间、空间、数量、范围等,还是表示程度、概率、频率、预测等,都要做到没有歧义,不留误解。

教师小结:怎样"阅读说明性文章,归纳内容要点,形成自己的初步认识"?

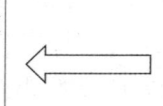

| 怎样阅读说明性文章,归纳内容要点,形成自己的初步认识? | ⟵ | 首先要明确说明文的类型,明确文章的说明对象及特征;其次是通过抓中心句等方法提取每一段的内容,之后进行归纳概括,明确说明顺序,理清作者思路;最后再读课文通过说明文语言的准确特点形成自己的初步认识。 |

第八步:教师或学生评价,确认或补充答案,总结带规律的学习方法和相关注意等。

课堂总结

教师:通过本节课的学习,你们知道如何"阅读说明性文章,归纳内容要点,形成自己的初步认识"了吗?要想完成这个任务,我们首先要了解本文的说明内容,然后结合说明内容和说明顺序理清文章思路,比如本文采用的是层进式结构,条理清晰,层层推进,先说明了沙漠危害人类,揭示了为什么要向沙漠进军和怎样向沙漠进军,最后展望向沙漠进军后的前景。明确了本文的内容和思路后,为了更好地形成自己的认识,我们还要细致看一看作者运用了什么说明方法进行具体说明的,这些说明方法的作用是什么。如果要想更深刻地理解本文,还要挖掘说明文语言严谨等的特点进行进一步体会。

【板书设计】

归纳内容要点,形成自己的初步认识

说明文,分类明,事物、事理分得清。
明对象,抓特征,说明中心首尾攻。
说顺序,道顺序,时、空、逻辑细分明。
分、数、例、打、比、下,引用资料作诠释,
列个图表摹状貌,说明方法记不停。
准确、简明、周密,语言特点心中记。

【智慧训练】

阅读文段,回答问题。

一

《死海不死》第6自然段

其实,死海是一个咸水湖,它的形成是自然界变化的结果。死海地处约旦和巴勒斯坦之间南北走向的大裂谷的中段,它的南北长75公里①,东西宽5至16公里②,海水平均深度146米③,最深的地方大约有400米④。死海的源头[主要]是约旦河,河水含有很多的矿物质,河水流入死海,不断蒸发,矿物质沉淀下来,经年累月,越积越多,便形成了今天世界上最咸的咸水湖——死海。

1. 这段文字的中心句是_____句,主要说明了什么?

2. 文中运用了列数字的说明方法,所列的四个数字有确数和约数两种,其中运用确数的是第_____句和第_____句,运用约数的是第_____句和第_____句?

3. 死海的形成原因可以归纳为三个方面:①是_____;②是_____;③是_____。

4. 这段文字除了运用列数字的说明方法外,还运用了什么说明方法?

5. 说明文的语言特别注重准确性,文中加下划线的词语就体现了这一特点,请按要求回答问题。

"东西宽5至16公里的"的"至"能否改成"或"?

"死海的源头主要是约旦河""主要"可否删去,为什么?

二

奇招击退红潮

丹丘生

① 在湖泊和海洋里,当藻类一生二、二生四、四生八……这样漫无节制地繁殖起来的时候,就形成了红潮。红潮来时,因藻类生长吸收了太多的氧气,致使当地的水域严重缺氧,大量水生植物窒息而死,此外,红潮还会在水中释放出神经毒素,使与之接触的人感染上呼吸道和神经系统疾病,甚至患上癌症。

② 一直以来,人们都对红潮束手无策,他们所能做的,只是听天由命,按

事物发展盛极必衰的规律,耐心等待着红潮自己消失,但现在,科学家终于找到了一种消除红潮的办法——用超声波消除藻类。

③藻类之所以能漂浮在水面,而不会沉到水底,是因为它们身体里含有一种浮力细胞,里面含有氮气气泡,它们就像藻类与生俱来的"救生圈",靠着这些气泡的浮力,就使整棵植株漂浮在水面上。

④而人们就抓住了藻类的这一特点,用特定频率的超声波引起浮力细胞里的气泡共振,当共振达到一定强度,气泡就会把细胞胀破,使得藻类失去浮力的支撑而下沉。一旦失去了水面的阳光,藻类在水下很快就会死亡。

⑤最近,一个英国研究小组利用三种不同频率的超声波对项圈藻进行了测试。他们发现,尽管三种频率的超声波在一定程度上都能起作用,但效果最好的是频率接近1兆赫的超声波,这个频率刚好是项圈藻中浮力细胞的共振频率。

⑥不同种类的水藻,因为大小不等,它们的共振也是不一样的。所以,这项技术可以有针对性地去除某一种类的水藻。此外,这种除藻办法不会伤及其他的水生植物,因为其他的水生植物的细胞对于超声波来说太致密了,不容易引起共振。

⑦由于高频率超声波在水中传播时,会很快被吸收,譬如1兆赫的超声波作用范围半径只有20米,所以这项技术在小范围的湖泊和池塘里,比在动辄方圆千米的大海里更为实用。

(选自2013年第1期《大科学》)

1. 请用简洁的语言概括红潮的危害。

2. 全文的说明顺序是什么?请简洁概括作者是怎样按这种顺序进行说明的。

3. 第③自然段运用了哪种说明方法?它有什么作用?

4. 下列说法或推断符合原文意思的一项是(　　)

A. 凡是红潮繁殖的水域,水生植物都无法生存。

B. 击退红潮的"奇招"就是用特定频率的超声波来消除藻类。

C. 藻类浮力细胞的共振频率是1兆赫。

D. 频率为1兆赫的超声波对漂浮在方圆数千米的大海里的红潮不会起作用。

三

蜜蜂消失,人类只能再活四年?

①大多数人一想起蜜蜂,就会想到蜂蜜、蜂胶、蜂王浆……但这些和蜜蜂对大自然做出的最大贡献——维持生物多样性相比,实在太微不足道。爱因斯坦曾经预言:"如果蜜蜂从地球上消失,那人类只能再活四年。"因为,蜜蜂是为植物授粉的一支生力军。世界上有数万种植物的繁育依靠蜜蜂授粉,而在人类所种植的农作物中,也有1000多种离不开蜜蜂。

②假如蜜蜂消失,人们将告别大多数的粮食和蔬菜瓜果。此外,蜜蜂还为众多饲料植物授粉,没有它,肉类和牛奶也将变得稀有和昂贵;世界上植物类型变得单调,这会直接影响各种动物的生存……也就是说:如果在生态系统中丢失了一个环节,整个系统便会开始崩溃。

③令人不安的是,蜜蜂消失的事件正在发生。在美国,一些蜜蜂突然神秘地消失得无影无踪,在不到一年的时间里,美国有超过60%的蜜蜂消失。如今,蜜蜂消失现象又像瘟疫一样传到了德国、瑞士、西班牙、葡萄牙、意大利和希腊等欧洲国家。

④实际上,不仅仅是蜜蜂遭遇到了生存危机,没有天敌的北极霸主——北极熊也被列为濒危动物。由于气候变暖,北极熊生活的冰面缩小,食物来源变得稀缺,让北极熊的数量也越来越少。冬天,居然有饥肠辘辘的北极熊残忍地捕杀小熊来填饱肚子。

⑤根据联合国的一份报告,目前物种灭绝的速度由大致每天一种加快到每小时一种,比以前快了约1000倍,比新物种的形成速度更是快了100万倍。即使根据最保守的估计,地球上也有至少10%的物种正在面临生存威胁。

⑥一旦某种生物绝种,就永远消失,无法弥补;而每当我们失去一样物种,我们就失去一项对未来的选择。随着某种生物的灭绝,或许治疗艾滋病或发展抗病毒农作物的希望也会跟着破灭。

⑦在地球史上,曾经过发生5次物种灭绝。最近的一次发生在6500万年前,一次陨石撞击地球,造成了包括恐龙在内的大量物种的灭绝。目前,地球再一次走向物种灭绝的边缘,原因却是人类本身的行为:在过去的100年里,地球上45%的森林已经被砍伐掉了;全球20%的珊瑚礁已经遭到无法逆转的彻底破坏,而另外50%的珊瑚礁也接近崩溃边缘……联合国将2010年定为"国际生物多样性年",呼吁各国政府和全世界人民共同努力来

保护地球上的生命。

⑧和许多人的理解不同,在生态系统中,是没有"害虫"和"益虫"这类概念的,每个物种都有其特定的"使命"。例如,昆虫吃的往往是一些老弱病残的树,或许正好切断了树木疾病的传播途径。因此,地球上的每个物种都值得尊敬和保护。

⑨作为人类的个体,我们能为保护生物多样性做出什么贡献呢?我们可以不再吃珍稀野生动物,少吃肉类多吃素食,节约用纸和燃气,少坐车多步行……其实,由于人类活动与生物多样性关系太密切,只要我们能稍微压制一点点欲望,都是对保护生物多样性做出的贡献。

1. 本文说明了什么现象?造成这一现象的主要原因是什么?
2. 第⑤段采用了什么说明方法,有什么作用?
3. 第⑥段划线句中加点的词"或许"能否删去?为什么?
4. 读完此文,你得到了什么启示?

附　参考答案
一、参考答案
1. 第一　死海形成的原因
2. ①③②④
3. 地形　物理变化　化学变化
4. 作比较
5. 不能,"至"字能准确表达出死海宽度的范围,"主要"删去后改变了句子的意思。

二、参考答案
1. ①大量水生植物窒息死亡②人接触红潮会感染致病
2. 逻辑顺序。本文按照这种顺序依次说明了击退红潮的原因、方法及科学原理,用超声波消除红潮的优势和不足。由因到果,由表及里,条理清晰。
3. 打比方。形象生动地说明了藻类依靠气泡的浮力在水面上的特点,便于读者理解。
4. B

三、参考答案
1. 物种正在加速灭亡;人类对自然环境的破坏行为。(用原文第⑦段中

的句子"目前,地球再一次走向物种灭绝的边缘,原因是人类本身的行为"回答也可)

2.第⑤段采用了列数字、作比较的说明方法,具体准确地说明了地球物种消失速度之快。

3.第⑥段划线句中加点的词"或许"不能删去;"或许"表示估计和推测,说明"某种生物灭绝"有导致"治疗艾滋病或发展抗病毒农作物的希望也跟着破灭"的可能,但这种情况并非一定会发生,去掉"或许",就表示一定要发生,显得太绝对,不能体现说明文语言的准确性。

4.读完此文,我得到的启示是:人类活动与生物多样性关系非常密切,我们应该从我做起,从身边小事做起,为保护地球生物的多样性做出贡献。

(编写　姜海燕)

阅读科技作品

能获取主要信息,归纳内容要点,形成自己的初步认识

中国石拱桥

【内涵释义】

科技作品是以介绍自然科学、专业技术和生产生活等方面的知识为主的说明文。具有知识性、科学性、趣味性的特点。科技作品的内容要点是指文章的层次分布点。内容要点又分为"显性要点"和"隐性要点"。"显性要点"是指在文章中有明显语言标志的,如用"首先,其次,再次"等表序列的词语,或某一段中并列于其他段落的中心句。"隐性要点"是指并无语言标志,散见在文章各处,需在文章各部分的字里行间寻找并概括。归纳科技作品的内容要点,就是对文章的要点或主题进行整理提炼使之更为精练、简洁、富有条理地显现出来。

【引领读悟】

以茅以升的《中国石拱桥》为例,落实本点。

学习准备

初步具备根据要求提取信息、整合信息的能力。

科技作品主要信息的范围有:文章的基本概念和新的知识;对重要概念和知识的解释和阐述;最能表达作者写作意图即文章主旨的语句。

掌握归纳内容要点的方法:抓住关键句、中心句,提取事物特征;借助说明内容,概括事物特征;借助说明方法,反观事物特征。

导入新课

教师:世界各国有很多著名的桥,它们雄伟壮丽,形式优美。那么中国的桥是什么样的呢?今天我们一起学习茅以升创作的《中国石拱桥》,感受

我国劳动人民的勤劳和智慧。(展示图片)

(板书:中国石拱桥　茅以升)

叙述目标

教师:通过朗读课文,圈点批注,把握中国石拱桥的主要特征;理解文章抓住事物特征进行说明的方法;通过概括各段内容,初步感知本文的说明顺序。

阅读渐进引领

第一步:学生读文本,整体感知文章或语段,明确积累内容。

教师:请同学们快速浏览课文,画出能体现石拱桥特点的词句,按自己的理解读一读。

学生自由读。

教师:好,哪位同学把自己画出的词句读一读?并说说自己圈画这些词句的原因。

指名三位同学读课文。

第二步:进入问题解决。

教师:发言的这些同学都有自己独到的见解,以后继续坚持。读完文章,同学们对内容还有哪些问题?请提出来。

指名说一说。

学生个体设计问题。

学生自读课文,在书上标记出自己的问题。

教师归纳同学们提出的问题。

学生提出问题预设1:石拱桥有什么特点?

学生提出问题预设2:中国石拱桥有什么特点?

学生提出问题预设3:文中列举了我国哪几座有代表性的桥?

学生提出问题预设4:我国有很多石拱桥,为什么课文中只列举了赵州桥、卢沟桥这两个例子呢?

学生提出问题预设5:作者为什么先介绍赵州桥,后介绍卢沟桥?

学生提出问题预设6:赵州桥为什么那么坚固?

第三步:教师指导点拨。

教师:各位同学提出的问题,有的是关于说明对象的,有的是关于说明对象特征的,还有关于说明顺序的,这充分说明了同学们的思考是很认真的。学习说明文,就要抓住事物的特征来介绍。那么根据课文题目及内容,

引领读悟:文学　说明性文章　科技作品　>>>

可以确定本文的说明对象是中国石拱桥。作为中国桥梁专家,茅以升积累了丰富的实践经验,为我们详细介绍了中国石拱桥。

教师:为了能更好地理解文章,我们首先要从整体上把握文章。下面,请同学们速读课文,概括出每段的内容。

默读全文,思考每个自然段的主要内容是什么? ← 概括段意的方法:摘句法(总起句、总结句、中心句)、串连法(串连层意、句意、关键词)、综合法、缩句法。

教师点拨指导:我们在通过圈点画线、边注眉批、利用学过的方法概括说明文段的主要内容时,可以采用摘句法、串连法、缩句法等方法。同时要注意概括内容要简洁、完整。

第四步:给学生适当时间,静心独立思考。

学生准备答案。

学生展示答案。

学生回答预设1:1、2段概括介绍一般石拱桥的特点。

学生回答预设2:第3段写我国石拱桥有悠久的历史。

学生回答预设3:第4段介绍了赵州桥的位置、建造时间及解放后的整修,突出了赵州桥历史悠久、结构坚固的特点。

学生回答预设4:第5段首先介绍了赵州桥的长度、宽度、设计施工的精巧,说明了赵州桥桥形雄伟,设计科学,施工巧妙的特点。接着从四个方面具体说明赵州桥的特点。

学生回答预设5:第6段介绍了卢沟桥的位置、建造时间及其建筑规模。接着介绍了卢沟桥强度高,坚固耐用的特点。最后介绍桥的形式优美。

学生回答预设6:第7段用马可·波罗的话赞扬卢沟桥高度的技术成就和艺术价值。

学生回答预设7:第8段介绍了卢沟桥的历史价值。

学生回答预设8:第9段介绍中国石拱桥取得光辉成就的原因。

学生回答预设9:第10段介绍了中国石拱桥在新中国建立以后的发展。

教师:同学们概括得非常好。能不能用自己的话说一说课文的主要内容?

学生回答预设1:这篇文章主要通过赵州桥和卢沟桥介绍了中国石拱桥的特点,取得辉煌成就的原因和新中国成立后的发展。

学生回答预设2:文章还赞扬了我国劳动人民的聪明才智。因为赵州桥和卢沟桥从设计到建造,都能体现出我国劳动人民的聪明才智。还有第9段"在建筑技术上有很多创造,在起重吊装方面更有意想不到的办法"也能看出劳动人民的勤劳和智慧。

学生回答预设3:这篇文章也赞扬了我国社会主义制度的优越性。因为"建国后,全国大规模兴建起各种形式的公路桥与铁路桥和不少石拱桥"。

教师:第一位同学说得非常好,他能通过段落内容的连缀,归纳出课文主要内容,这是一个非常好的方法,希望大家平时多加练习。后两位同学结合具体句子说了自己的看法,表达了自己对这篇文章的认识,有理有据,同学们注意,抓住具体句子是表达自己认识的依据。

教师:我们了解了课文的主要内容,那么就可以这样说:本文先说世界上石拱桥的特点,然后说中国石拱桥的特点,接着说赵州桥和卢沟桥,最后总说中国石拱桥取得光辉成就的原因以及社会主义时期不同石拱桥的发展。可见文章是按照"总—分—总"的结构来说明的。那么,哪位同学能说一说本文的说明对象是什么?最好能说出你的判断依据。

学生回答预设:这篇文章的说明对象应该是中国石拱桥。首先,文章题目就告诉了我们本文的说明对象是中国石拱桥。第二,文章中提到的"旅人桥""赵州桥""卢沟桥"和福建漳州的"江东桥"以及云南省的"长虹大桥"都是我国的石拱桥。所以,这篇文章的说明对象是中国石拱桥。

教师:这位同学解释得非常好,他注意到了文章中提及的石拱桥的地理共性——中国。除了地理共性外,文章中的石拱桥还有一些其他共性,这些共性叫做说明对象特征,即中国石拱桥的特征。请同学们给课文题目"中国石拱桥"前加一个恰当的修饰语,来说明中国石拱桥的共同特点。

| 给课文标题前加适当的修饰语,即 _____ 的中国石拱桥,并对添加的内容稍作解释。 | ← | 默读课文前三段,关注语句中有关表现中国石拱桥特点的词语。再结合课文列举的例子解释。 |

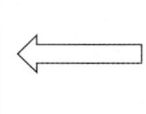

教师点拨指导:在确定了说明对象后,我们还要把握说明对象的特征。

引领读悟:文学　说明性文章　科技作品　>>>

这是一篇事物性说明文,事物性说明文常对事物的形状、性质、方位、构造、类别、功能等特征进行说明。同学们在阅读《中国石拱桥》这篇说明文时,要致力于从这些方面抓住说明对象的特征,从而鉴别、分析、汲取有关信息。

第五步:教师指定学生个体展示答案。

给学生三分钟的时间静心独立思考,圈点批注,做好回答问题的准备。

教师视情况指导点拨重点与相关注意。

学生准备答案。

教师:时间到了,请同学们展示你填写的结果并适当解释。

学生回答预设1:形式优美的中国石拱桥——因为石拱桥的桥洞成弧形,就像虹。我国诗人把石拱桥比作虹,说拱桥是"卧虹""飞虹",把水上拱桥形容为"长虹卧波"。所以说它形式优美。

学生回答预设2:历史悠久的中国石拱桥——因为我国石拱桥有悠久的历史,旅人桥大约修建于公元282年。赵州桥修建于公元605年左右,到现在已经1300多年。卢沟桥修建于公元1189到1192年间。

学生回答预设3:坚固的中国石拱桥——理由是:赵州桥到现在已有1300多年的历史了,还保持着原来的雄姿。永定河发水时,来势很猛,以前两岸河堤常被冲毁,但是卢沟桥从没出过事,足见它的坚固。

学生回答预设4:巧妙绝伦的中国石拱桥——桥的设计完全合乎科学原理,施工技术更是巧妙绝伦。唐朝的张嘉贞说它"制造奇特,人不知其所以为"。可以看出它的巧妙绝伦。

学生回答预设5:形式多样的中国石拱桥——因为我国的石拱桥几乎到处都有,这些桥大小不一,形式多样。

教师:同学们的回答有理有据,通过大家的分析我们已经找到了中国石拱桥的共同特点:历史悠久,形式优美,结构坚固(教师板书)。要想让别人认识、了解这个事物,就得抓住它的特征来介绍。

教师:那么作者是怎样把这些特点说清楚的呢?通常的做法是精选例子。下面请同学们仔细看看课文所选取的赵州桥和卢沟桥的例子(教师板书)。作者是如何利用这两个例子把中国石拱桥的共同特点说清楚的呢?

> 赵州桥和卢沟桥是怎样体现中国石拱桥的共同特点的？

> 默读对赵州桥、卢沟桥的说明段落，逐句分析例子，判断例子中的某一句话具体说明了哪个特征。

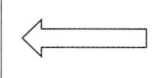

教师点拨指导：中国石拱桥的共同特点是：历史悠久、形式优美、结构坚固。请结合赵州桥和卢沟桥两个例子中的具体语句，分析它们说明了中国石拱桥的哪个特征。

学生准备答案。

学生展示答案。

学生回答预设1："赵州桥修建于公元605年左右，到现在已有1300多年了。"说明赵州桥历史悠久。"大拱的两肩上，各有两个小拱。不但节约了石料，减轻了桥身的重量，而且在河水暴涨的时候，还可以增加桥洞的过水量，减轻洪水对桥身的冲击。""大拱由28道拱圈拼成。每道拱圈都能独立支撑上面的重量。"说明它结构坚固。

学生回答预设2："拱上加拱，桥身也更美观。"体现了形式优美这个特点。另外，赵州桥的第四个特点"全桥结构匀称，和四周景色配合得十分和谐；桥上的石栏石板也雕刻得古朴美观"，说明了它的形式优美。

学生回答预设3："唐朝的张鷟说，远望这座桥就像初月出云，长虹饮涧。"也说明了赵州桥形式优美。

学生回答预设4："永定河上的卢沟桥，修建于公元1186到1192年间"说明它历史悠久。

学生回答预设5："永定河发水时，来势很猛，以前两岸河堤常被冲毁，但是这座桥却极少出事，足见它的坚固。"体现了结构坚固这一特点。

学生回答预设6："桥面用石板铺砌，两旁有石拦石柱。每个柱头上都雕刻着不同姿态的狮子。这些石刻狮子，有的母子相抱，有的交头接耳，有的像倾听水声，有的像注视行人，千态万状惟妙惟肖。"从卢沟桥的石刻狮子身上体现了形式优美这一特点。

学生回答预设7：还有"早在13世纪，卢沟桥就闻名世界。那时候有个意大利人马可·波罗来过中国，他的游记里，十分推崇这座桥，说它'是世界上独一无二的'，并且特别欣赏桥栏柱上刻的狮子，说它们'共同构成美丽的奇观'。在国内，这座桥也是历来为人们所称赞的。它地处入都要道，而且建

引领读悟:文学　说明性文章　科技作品　>>>

筑优美,'卢沟晓月'很早就成为北京的胜景之一。"这段内容体现了卢沟桥历史悠久和形式优美两个特点。

教师:同学们总结得非常到位。看来这两座桥都具体地体现了中国石拱桥的共同特点:历史悠久、形式优美、结构坚固。中国有那么多的石拱桥,作者为什么只举赵州桥和卢沟桥两个例子呢?

| 中国的石拱桥很多,都有相同特点,作者为什么选择赵州桥和卢沟桥作为说明的例子? | ⇐ | 默读文章前三节以及赵州桥和卢沟桥的段落,画出文中与例子相关的内容后进行解释。 |

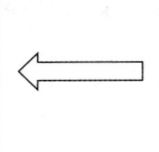

教师点拨指导:请同学们默读前三节内容,结合对赵州桥卢沟桥具体说明的文字进行解释。

学生展示答案。

学生回答预设1:这是举例子,具体有力地说明中国石拱桥的特征。课文中说:"这些桥大小不一,形式多样,有许多是惊人的杰作。其中最著名的当推河北省赵县的赵州桥,还有北京丰台区的卢沟桥。"

学生回答预设2:因为这两座桥大家都知道,所以举这两座桥的例子。

学生回答预设3:因为这两座桥都很有特点,赵州桥拱上加拱,卢沟桥上的狮子姿态生动。

学生回答预设4:因为赵州桥修建于公元605年左右,卢沟桥修建于1189到1192年间,能看出这两座桥都有悠久的历史。这两座桥自建成后使用至今,说明它的结构非常坚固。赵州桥就像"初月出云,长虹饮涧",卢沟桥的"卢沟晓月"很早就成为北京的胜景之一,说明他们的形式优美。这两座桥具有中国石拱桥的三个特点,所以选择这两座桥做例子来说明中国石拱桥的特点。

教师:大家的发言都很好。赵州桥和卢沟桥历史悠久,驰名中外,具有中国石拱桥的典型特点,所以课文以这两座有代表性的桥为例来说明中国石拱桥的特征。选择有代表性的例子说明事物的特征可以起到举一反三的效果,使读者对被说明事物的特征认识得更具体、更明确、更深刻。

教师:既然赵州桥和卢沟桥都具有中国石拱桥的共同特点,那么作者为什么要举两个例子,举一个例子或者三个例子不行吗?

| 作者为什么要举赵州桥和卢沟桥两个例子,举一个例子或者三个例子不行吗? | ⇐ | 默读课文,比较赵州桥和卢沟桥的异同。再从课文前三段中找答案。 |

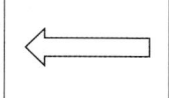

教师点拨指导:同学们可以分析一下赵州桥和卢沟桥的异同点,从不同之处找答案,答题依据都在课文之中。

学生展示答案。

学生回答预设1:只举一个例子显得单调,课文中说"我国的石拱桥几乎到处都有。这些桥大小不一,形式多样",如果举一个例子,体现不出"大小不一,形式多样"。举三个例子多余。

学生回答预设2:课文举两个例子,使文章内容充实,更能说明我国石拱桥"大小不一,形式多样"。

学生回答预设3:因为中国石拱桥一般有两种形式:一种是独拱石桥,只有一个拱;另一种是联拱石桥,由几个拱相联而成。赵州桥和卢沟桥正好代表了这两种形式,所以举了这两个例子。因为中国石拱桥一般有独拱和联拱两种形式,若再举一个例子,就和前边两个例子重复了。

教师:这位同学的回答完全正确。赵州桥代表的是独拱石桥,卢沟桥代表的是联拱石桥。独拱石桥和联拱石桥是中国石拱桥的两种形式,所以举了两个例子。如果举一个例子,就缺少了一种形式,如果举三个例子,就多余了。看来,选择例子除了要有典型性,还要有代表性。

第六步:小组讨论归纳答案。

教师:其实大家在生活中会接触到许多说明性的文字,比如看说明书,学习地理生物知识,这些文字都会快速告知我们一些生活中的常识,了解事物特性,掌握使用方法。那么想让读者看得清楚明白,说明顺序也很重要。接下来,请同学们依据所概括出的段落内容,理一理本文的说明顺序。

155

| 依据之前概括的段落内容,理清本文的说明顺序。 | ← | 常见的说明顺序主要有:时间顺序、空间顺序和逻辑顺序。同学们可以从这三方面考虑。另外,还可关注课文前三段和后面几段的关系来判断本文的说明顺序。 |

教师点拨指导:说明文常见的说明顺序主要有:时间顺序、空间顺序和逻辑顺序。时间顺序是按照时间先后来安排的说明顺序。空间顺序是按照事物空间的位置来安排的说明顺序。逻辑顺序是按照事物的逻辑关系来安排的说明顺序。逻辑顺序一般还可分为以下几种:从概括到具体,从主要到次要,从现象到本质,从结果到原因,从整体到部分,从个别到一般。同学们可以把课文前三段和后面的段落做一下分析,看看整篇文章运用了那种说明顺序。

学生小组讨论准备答案。

第七步:指定组代表展示本组归纳的答案。

学生展示答案。

学生回答预设1:这篇文章的说明顺序是时间顺序。因为课文中提到的旅人桥、赵州桥、卢沟桥、江东桥和长虹大桥,是按时间先后安排的材料。

学生回答预设2:这篇文章的说明顺序是逻辑顺序中的从概括到具体。因为课文开头概括地说明了石拱桥和它的特点,然后举了赵州桥和卢沟桥的例子具体说明中国石拱桥的特点。

教师:第一位同学关注了时间的先后,这是课文局部的说明顺序。就全文来看,作者从世界石拱桥说到中国石拱桥,又说到中国石拱桥的杰作:赵州桥和卢沟桥,最后说中国石拱桥的发展。是按照逻辑顺序中的从概括到具体的说明顺序说明的。(板书)

第八步:教师评价,强化做这类题重点的、带规律性的学习方法,掌握要求和相关注意等。

课堂总结

今天,我们通过学习茅以升的《中国石拱桥》,认识了说明文的文体特征,懂得了说明事物要抓住主要特征,并初步掌握了说明文的说明顺序。说明文是客观地说明事物的一种文体,目的在于给人以知识,或说明事物特点,或阐明事理。我们阅读说明性文章时,需先了解说明对象,把握其特征;

再通过每段内容确定说明顺序。

作业:请你根据所学内容设计一段话,向游人介绍自己家乡最有特点的一座桥。

【板书设计】

中国石拱桥
茅以升

抓特征:形式优美　结构坚固　历史悠久
举例子:赵州桥　　卢沟桥
理顺序:逻辑顺序

【智慧训练】

阅读文段,回答问题。

一

苏州园林
叶圣陶

①苏州园林据说有一百多处,我到过的不过十多处。其他地方的园林我也到过一些。倘若要我说说总的印象,我觉得苏州园林是我国各地园林的标本,各地园林或多或少都受到苏州园林的影响。因此,谁如果要鉴赏我国的园林,苏州园林就不该错过。

②设计者和匠师们因地制宜,自出心裁,修建成功的园林当然各各不同。可是苏州各个园林在不同之中有个共同点,似乎设计者和匠师们一致追求的是:务必使游览者无论站在哪个点上,眼前总是一幅完美的图画。为了达到这个目的,他们讲究亭台轩榭的(　　　　　),讲究假山池沼的配(　　　),讲究花草树木的(　　　),讲究近景远景的层次。总之,一切都要为构成完美的图画而存在,决不容许有欠美伤美的败笔。他们惟愿游览者得到"如在画图中"的美感,而他们的成绩实现了他们的愿望,游览者来到园里,没有一个不心里想着口头说着"如在画图中"的。

③我国的建筑,从古代的宫殿到近代的一般住房,绝大部分是对称的,左边怎么样,右边也怎么样。苏州园林可绝不讲究对称,好像故意避免似的。东边有了一个亭子或者一道回廊,西边决不会来一个同样的亭子或者一道同样的回廊。这是为什么?我想,用图画来比方,对称的建筑是图案

157

画,不是美术画,而园林是美术画,美术画要求自然之趣,是不讲究对称的。

④苏州园林里都有假山和池沼。假山的堆叠,可以说是一项艺术而不仅是技术。或者是重峦叠嶂,或者是几座小山配合着竹子花木,全在乎设计者和匠师们生平多阅历,胸中有丘壑,才能使游览者攀登的时候忘却苏州城市,只觉得身在山间。至于池沼,大多引用活水。有些园林池沼宽敞,就把池沼作为全园的中心,其他景物配合着布置。水面假如成河道模样,往往安排桥梁。假如安排两座以上的桥梁,那就一座一个样,决不雷同。池沼或河道的边沿很少砌齐整的石岸,总是高低屈曲任其自然。还在那儿布置几块玲珑的石头,或者种些花草:这也是为了取得从各个角度看都成一幅画的效果。池沼里养着金鱼或各色鲤鱼,夏秋季节荷花或睡莲开放,游览者看"鱼戏莲叶间",又是入画的一景。

⑤苏州园林栽种和修剪树木也着眼在画意。高树与低树俯仰生姿。落叶树与常绿树相间,花时不同的多种花树相间,这就一年四季不感到寂寞。没有修剪得像宝塔那样的松柏,没有阅兵式似的道旁树:因为依据中国画的审美观点看,这是不足取的。有几个园里有古老的藤萝,盘曲嶙峋的枝干就是一幅好画。开花的时候满眼的珠光宝气,使游览者感到无限的繁华和欢悦,可是没法说出来。

……

1. 选文第二段括号内依次填写的一组词语应是(　　　)
  A. 布局　　层次　　映衬
  B. 映衬　　布局　　层次
  C. 布局　　映衬　　层次
  D. 层次　　映衬　　布局

2. 说明事物应抓住特征。选文第二段说明苏州园林共同特征的句子是"＿＿＿＿＿＿＿＿＿＿"。句中"＿＿＿＿＿＿"二字,贯穿全篇,全文紧扣这两个字介绍了苏州园林的特征。选文第四段中的"＿＿＿＿＿＿＿"一句照应了这一特征。

3. 选文第二四段所说明的中心内容是(　　)
  A. 苏州园林都有假山和池沼。
  B. 苏州园林中,假山和池沼的配合显示出艺术美。
  C. 苏州园林中,假山和池沼的安排都体现了设计者们生平多阅历,胸中有丘壑。

D. 苏州园林中,假山和池沼的配合显示出自然美。

4. 对"讲究假山和池沼的配合"一句理解错误的一项是(　　)

A. 苏州园林有假山,有池沼,山水映衬,互相配合。

B. 苏州园林中假山的堆叠注意了与竹子花木相配合,使人产生"身在山间"的实感。

C. 苏州园林中的池沼与桥梁、石岸、石头或花草金鱼等景致的配合,富有自然情趣。

D. 苏州园林中假山和池沼的配合追求对称。

5. "假山的堆叠,可以说是一项艺术而不仅是技术"的正确意思是(　　)

A. 假山的堆叠,是技术也是艺术。

B. 假山的堆叠,不仅是技术,更是艺术。

C. 假山的堆叠,不仅是艺术,而且是技术。

D. 假山的堆叠,既是艺术,更是技术。

二
自给自足的人体生物能发电
吴迪

①随着煤炭、石油等资源日趋枯竭,环境恶化日趋严重,一些科学家为了开发更多的新能源,已把研究课题转向人类自身的生物能这一领域,利用人体生物能发电现已初见成效。

②人体中存在着一些化学物质,它们之间在发生反应时会产生化学能量。像新陈代谢过程中,葡萄糖和氧分子的反应就有能量释放出来,若稍加利用,这种能量就可以转化为电能。根据这一原理,科学家开始了人体生物电池的研究。

③据专家介绍,人体生物电池的电极是由两根长2厘米、直径约1／7000纳米的碳纤维制成,在每根碳纤维的外层还涂有一种聚合物,此外还有一种作为催化剂的葡萄糖氧化酶。聚合物的作用是将碳纤维与葡萄糖氧化酶连接成一个电路,而葡萄糖氧化酶则是用来加速葡萄糖与氧分子的化学反应。这种人体生物电池在37℃、pH为7.2的环境下工作,这很接近人体血液的温度和酸碱度。它产生的动力可以驱动一个监控糖尿病的小型传感器。

④人体生物能发电还有其他它形式。当一个人坐着或站立时,就会持续产生重力势能。此时,若能采用特制的重力转换器就能将这种能转换成电能。美国有一家公司将发电装置埋在行人拥挤的公共场所,外面是一排踏板。当行人从板上走过时,体重压在板上,使与踏板相连的摇杆向另一个方向运动,从而带动中心轴旋转,使与之相连的发电机启动。

⑤除此以外,人体生物能中的热能也可被利用。人每天都要散发大量的热能,而且是通过辐射传播出去。一般一个50千克重的成年人一昼夜所散发的热量约为2500千卡。利用人体的热能制成的温差电池,可以将人体的热能转换成电能。这种温差电池做得很精致,只要放在衣服口袋里就能工作。它可以起到电源的作用,给助听器、袖珍电视机、微型发电机等供电,可谓是自己发电自己使用。

⑥人体能源可以说取之不尽,用之不竭,而且没有污染。如此神奇的能源是我们每个人都具有的,充分利用它,便会为我们的社会节约更多的能源,希望这种新型的能源会越来越多地造福于人类。

1. 选文介绍了哪几种利用人体生物能发电的形式?
2. 研制人体生物电池依据的科学原理是什么?

附　参考答案

一

1. C。

2. "务必使游览者无论站在哪个点上,眼前总是一幅完美的图画""图画""这也是为了取得各个角度看都成一幅画的效果"

3. B。

4. D。

5. B。

二

1. 利用化学能发电;利用重力势能发电;利用热能发电。

2. 人体中存在着一些化学物质,它们之间在发生反应时会产生化学能量,若稍加利用,这种能量就可以转化为电能。

(编写　闫建民)

能获取主要信息，归纳内容要点，形成自己的初步认识

大自然的语言

【内涵释义】

阅读科技作品，读懂是前提。学生在阅读时，首先要通过整体感知了解文章内容，进而提取主要信息，对文章的内容形成自己的认识和解释。其次，还要关注科技作品渗透的科学精神和科学思想。科技作品通过语言文字能给读者以知识的启迪，还能让读者受到科学精神的洗礼。通过具体的文章内容，激发学生探索自然、观察社会的兴趣，培养学生的科学意识和创新精神，是阅读科技作品最终的归宿。

【引领读悟】

以竺可桢的《大自然的语言》为例落实本点。

学习准备

学生具备阅读一般说明文的能力：能明确文章的说明内容，了解常见的说明顺序和说明方法。

本节课，学生通过课前准备，搜集下列材料：通过阅读课文注解和查找资料等方法，理解文中涉及的专业术语、科学概念类的词语；收集关于二十四节气的农谚；收集关于物候现象的古诗词。

导入新课

教师：上课之前，大家先来跟老师看一首小诗，请大家齐读。

大自然的语言

别以为人才会说话，大自然也有语言。

这语言到处都有，仔细观察就能发现。

白云飘得高高，明天准是晴天。

这就是大自然的语言。

蚂蚁往高处搬家,出门要带雨伞。

这就是大自然的语言。

树桩上有一道道圈圈,一圈就是一年。

这就是大自然的语言。

蝌蚪甩着尾巴游泳,春天已经来临。

这也是大自然的语言。

大自然的语言啊,真是妙不可言。

不爱学习的人看不懂,粗心大意的人永远看不见。

教师:这首小诗,告诉了我们哪些内容?

学生回答预设1:这首小诗写了许多自然界的现象,这些现象就是大自然的语言。

学生回答预设2:我知道了白云飘得高高,蚂蚁往高处搬家,树桩上有一道道圈圈,蝌蚪甩着尾巴游泳是大自然的语言。还知道了我们应该认真观察生活,就会有很多的收获。

教师:那谁能在诗歌的中间部分再补写两小节诗?

学生回答预设:

枫叶变红随风飘落,秋天就要来临,这就是大自然的语言。

教师:说得真好!其实,成为诗人可以是一件很简单的事,只要你愿意做生活中的有心人。我们都知道,语言的本义是人们交流思想,传递信息的工具。这些大自然的景物、动物用它们特有的语言方式,为我们传递了时间的变化、天气的变化等消息。其实,对于"大自然的语言",著名气象学家竺可桢可是颇有研究,他从客观、科学的角度为我们进行了深入浅出的讲解,今天我们就一起来学习。

先请大家和老师一起了解这节课的学习目标。

叙述目标

这节课我们要通过筛选相关信息,概括文章要点,了解物候的有关知识;通过分析文章的行文思路,了解本文从现象到本质的认知方法,体会科技说明文语言具体、生动、形象、准确的特点;通过联系自己的生活实际,培养热爱科学、探索科学奥秘的志趣,注重观察、讲究实证的科学态度。

阅读渐进引领

第一步:学生读文本,整体感知文章。

教师:请同学们打开课文自由朗读。用"_____"划出自己喜欢的句段,用"？"标出有疑问的内容,一会儿大家一起交流。

学生自由朗读。

教师:好,哪位同学愿意为大家分享一下自己喜欢的句段？

指名两位同学回答。

学生回答预设1:我喜欢这段话:"立春过后,大地渐渐从沉睡中苏醒过来。冰雪融化,草木萌发,各种花次第开放。再过两个月,燕子翩然归来。不久,布谷鸟也来了。于是转入炎热的夏季,这是植物孕育果实的时期。到了秋天,果实成熟,植物的叶子渐渐变黄,在秋风中簌簌地落下来。北雁南飞,活跃在田间草际的昆虫也都销声匿迹。到处呈现一片衰草连天的景象,准备迎接风雪载途的寒冬。"因为它写出了春夏秋冬四个季节的美丽景象。

学生回答预设2:我喜欢这段话:"杏花开了,就好像大自然在传语要赶快耕地;桃花开了,又好像在暗示要赶快种谷子。布谷鸟开始唱歌,劳动人民懂得它在唱什么:'阿公阿婆,割麦插禾。'"因为我觉得写得非常生动,还引用了农谚。

教师:这两个同学不约而同地选择了文章中生动形象的语句,看来大家都是"爱美"之人。那么朗读的时候,这两个自然段要读得"美"一些,语调应该是舒缓、平和、优美的,读出对大自然美景由衷地赞美之情。值得表扬的是,第二个同学还为我们展示了他的预习成果——农谚,农谚是有关农业生产的谚语,是农民生产经验的概括和形象的反映,对于农业生产有一定的指导作用,这节课我们还会涉及与之有关的其他内容。

第二步:进入问题解决。

| 读完文章,同学们对文章内容有什么疑问吗？请提出来。 | ← | 围绕以下方面提问题:内容、中心、写法等,结合具体段落、语句、词语等也可;初读课文,最好从宏观的角度提问,涉及全文内容。 |

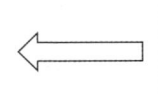

学生自由说,教师归纳同学们提出的问题。

学生提出问题预设:

文章写了很多的内容,作者是按照什么顺序写的？

这是一篇科技作品,语言应该是准确的,为什么会出现许多生动形象的语句？

作者为什么写这篇文章?

教师:总结大家提出的问题,其实就是文章写了什么,是怎么写的,为什么要写。下面我们就一起来研究这些问题。

首先,读完文章后,大家对"大自然的语言"一定有了一些了解。那么,"大自然的语言"在文章中究竟指的是什么呢?

学生跳读回答。

学生回答预设1:是自然现象,也就是文章中说的物候现象。文章中说:"这些自然现象,我国古代劳动人民称它为物候。"

学生回答预设2:我觉得是物候学。

教师:两个同学的意见出现了分歧。那么,"大自然的语言"在这里指一种现象还是一种科学呢? 我们可以借助修辞的知识来解决。大自然用自己的语言告诉我们春天来了,告诉我们冬天冷了要穿衣等等。对,这些是现象。所以,第一个同学说的是对的。后面我们还可以通过分析"物候学"的定义来印证。所以,以后答题时要注意比较。

物候现象仿佛就是传递信息的"大自然的语言",所以这篇文章就是一篇介绍物候知识的文章。

快速默读课文,归纳作者为我们介绍了哪些有关物候的知识。	←	跳读课文,筛选信息:找总括句;找提问式语句;找衔接各段的连接词语;找同一段中出现的关联词语。

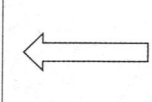

学生圈点批注,完成对文章内容的梳理归纳。

学生回答预设1:文章告诉我们什么叫物候,什么叫物候学:草木荣枯、候鸟去来等自然现象,古代劳动人民称之为物候;利用物候来研究农业生产的科学,叫物候学。

学生回答预设2:物候观测对农业的重要意义:物候观测的数据反映气温、温度等气候条件的综合,也反映气候条件对生物的影响,可以广泛应用在农业生产上。

学生回答预设3:决定物候现象来临的因素有哪些:纬度、经度、高下的差异和古今的差异。

学生回答预设4:研究物候学的意义:预报农时,安排播种日期;安排农作物区划,确定造林和采集种子的日期;引种植物到气候条件相同的地区;避免或减轻害虫的侵害;便利山区的农业发展。

教师:大家归纳得都很准确。这里我们需要关注提问式语句的概括。提问式语句一般以设问句的形式出现,往往提示了下文作者要介绍的内容,是要重视的信息。我们可以简单地把句尾的"?"和疑问代词、语气词删去。如"决定物候现象来临的因素有哪些呢?"概括成"决定物候现象来临的因素"。

可以看到,这些内容都是我们通过筛选信息,确定文章段落的中心句和分条叙述句的基础上明确的。这样我们就可以得出一个结论,说明文一个重要的特征就是条理清楚。作者往往对说明的内容逐方面、逐条、逐点说明,明确这一点,我们归纳文章内容要点就会很简单了。

第三步:教师点拨。

教师:熟悉了课文内容,我们也了解了许多关于物候学的知识。

> 再读课文,思考文章是按照什么顺序安排这四方面的内容的? ⇐ 归纳每部分的说明内容;分析每部分内容之间的关系;结合说明顺序的类型,对比分析。

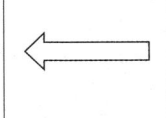

学生回答预设1:作者先举了许多物候的现象,接着又明确地告诉我们这些现象叫做物候,研究物候的科学就叫做物候学,还以具体事例说明物候学对农业生产的重要性。

学生回答预设2:作者还为我们解释了为什么会出现这些物候现象的几个原因。

学生回答预设3:最后作者告诉了我们研究物候现象对农业生产的意义,其实也就是为什么大家要关注物候现象。综合上面同学的分析,我觉得作者是从现象到本质进行分析的。

教师:大家分析得都很到位。整篇文章就是由现象到本质,条理分明地介绍物候学知识的,通俗易懂,给我们留下了深刻的印象。

我们可以看到,作者先描述物候现象,再做出科学解释,再追究因果关系,最后阐述研究意义。从现象到本质的认知方法和行文思路,正是体现了科技作品中蕴涵的科学方法和科学精神。

引领读悟:文学　说明性文章　科技作品　>>>

第四步:学生个体思考。

教师:短时间内,同学们就基本掌握了文章的内容,这说明大家都能积极思考,领悟能力较强;另一方面,我们也要归功于作者,是他有条有理地介绍了物候学的相关知识,给我们留下了深刻的印象。更难能可贵的是,作为气象学家和地理学家的竺可桢先生在语言方面也独具匠心。

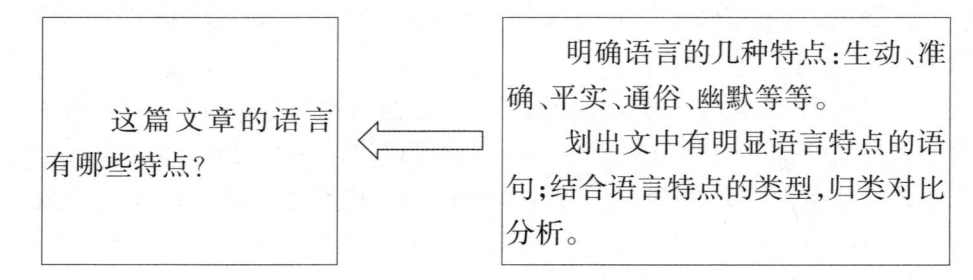

| 这篇文章的语言有哪些特点? | ⇐ | 明确语言的几种特点:生动、准确、平实、通俗、幽默等等。
划出文中有明显语言特点的语句;结合语言特点的类型,归类对比分析。 |

第五步:教师指定个体展示答案。

学生回答预设1:说明文是介绍知识的,所以要求说明语言要准确。如"古代流传下来的许多农谚就包含了丰富的物候知识"一句中,"古代流传下来"就在范围上加以限制。

学生回答预设2:课文开头一句"立春过后,大地渐渐从沉睡中苏醒过来"采用拟人的修辞方法写春天到了,很形象。

学生回答预设3:总结起来,我们可以看到这篇文章语言既准确又生动,很有特色。

教师:大家分析得很全面。我们再来看这两句话:"在早春三四月间,南京桃花要比北京早开20天,但是到晚春五月初,南京刺槐开花只比北京早10天","北京的物候记录,1962年的山桃、杏花、苹果、榆叶梅、西府海棠、丁香、刺槐的花期比1961年迟十天左右,比1960年迟五六天"。两句中"早10天""十天左右",可以体现出说明文语言准确的两种表现:一是表精确性的语言,二是表模糊性的语言。

还有,本文语言生动的一个重要体现就是题目了。不说"物候"或"物候学",而说是"大自然的语言"。将大自然拟人化,将物候现象说得生动而有情趣,也含蓄地说明了物候对于农事安排的重要意义。这样的标题形象、生动,颇具文学性。

第六步:小组讨论。

教师:刚才大家都觉得第1、2段写得生动形象,下面我们就结合具体语句分析一下。

> 请大家分析第1、2自然段,哪些语句最能体现说明文语言的生动性呢?

> 锁定语句;明确方法(词语、修辞等),归纳所表现事物的特点,分析其在段落中的作用;顺畅地表达。

学生各自朗读,品析生动形象的语言,课堂交流。

小组活动,交流所选语句,推选组代表发言。

第七步:指定组代表展示本组归纳的答案。

学生回答预设1:其实,只要细细推敲"苏醒"一词,心中就有了一个春天的轮廓。下文"冰雪融化,草木萌发,各种花次第开放……燕子翩然归来……布谷鸟也来了"这些自然现象展现了"苏醒"的内涵,给人带来一片扑面而来的春色。

学生回答预设2:这两段文字写得好,好在用词形象生动。如"冰雪融化,草木萌发","萌"字准确地反映了草木开始生长的状况;如"繁花次第开放","次第"贴切地表现了花开的次序,渲染了春天的气息;如"叶子渐渐变黄","渐渐"确切地表达了叶子枯黄的过程;如"簌簌地落下","簌簌"摹拟风吹落叶的声音,使人感到秋天的肃杀;如"风雪载途","载"恰当地描写了风雪飘落的程度。

学生回答预设3:"北雁南飞""销声匿迹""衰草连天""风雪载途"等词语,简练而富有表现力。作者把大自然写得似乎有了灵性,说"准备迎接风雪载途的寒冬"。

教师:如此优美的段落,我们自然要再美美地读一遍。下面让我们齐读第1、2自然段,在优美的语言中品味美妙的物候世界。

学生有感情地齐声朗读。

教师:当然,作为一篇科技作品是要给人知识的,所以它的语言必须是准确的。即使是生动性的说明,也要做到这一点。生动而准确的语言体现实事求是的科学态度。

除了课文,古代的诗歌中也有不少反映物候知识的。白居易的《大林寺桃花》就是一例。请同学们打开课本,一起来读一下。

167

大林寺桃花

唐　白居易

人间四月芳菲尽,山寺桃花始盛开。

长恨春归无觅处,不知转入此中来。

学生齐读诗歌,理解诗意。

(人间四月花已开尽,春去夏来。山寺中的桃花四月才盛开,春意盎然。经常责怪春去无处觅春影,不晓得春已转入到高山中。)

教师:大家能联系课文中的物候知识,解释为什么会出现这样的自然现象吗?提示大家,大林寺,庐山寺名,庐山海拔1474米。

学生回答预设:这首诗正好说明了课文中影响物候的第三个因素——高下的差异:"植物的抽青、开花等物候现象在春夏两季越往高处越迟。"

教师:这也说明我们学习的最终目的其实是运用到实践当中去。

| 有人说,这篇文章主要对农业生产有意义,对于我们这些不从事农业劳动的人没有意义,你同意吗? | ← | 多角度思考:思考生活中熟悉的物候现象;思考物候现象和人类生活的关系;形成自己的探究结果。 |

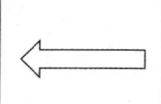

学生回答预设1:和我们的衣食住行都有关系。如物候能够预报天气等。

学生回答预设2:可以警醒我们,如果物候现象出现变化,说明环境出了问题。

教师:对,其实大自然是我们人类的朋友,所以它才会用"语言"和我们交流。人与自然和谐相处,是我们永恒不变的追求。

第八步:教师评价点拨。

通过对文章的分析,我们可以深切地感受到,竺可桢是一位严谨的科学家。作为我国物候学的创始人,他的物候学研究长达半个世纪,在他生命的最后一息,他依然用颤抖的笔记下了当天的气温、风力,并端正地写上"局报"两字。1941年,竺可桢在《思想与时代》上发表了一篇文章《科学之方法与精神》。他在文中说:"近代科学的目标是什么? 就是探求真理。科学方法可以随时随地而改换,这科学目标,祈求真理也就是科学的精神是永远不改变的。"他认为,据此可以得出科学精神的内涵:"1. 不盲从,不附和,以理智为依归。如遇横逆之境遇,则不屈不挠,不畏强御,只闻是非,不计利害。

2. 虚怀若谷,不武断,不蛮横。3. 专心一志,实事求是,不作无病之呻吟,严谨整饬,毫不苟且。"

其实,二三十年代成长起来的一大批科学家除了在科学研究上取得了杰出的成就之外,他们往往都有着深厚的文学功底。如至今还屹立在钱塘江上被称为"桥坚强"的钱塘江大桥的设计者茅以升,如诺贝尔奖获得者杨振宁、丁肇中等大科学家。这里更不用说大教育家叶圣陶,他本身就是一个大文学家。还有著名数学家华罗庚,他的古诗也写得很好。我至今还记得一句"勤能补拙是良训,一分辛劳一分才"。

所以,知人论世,是我们学习的一个途径。

课堂总结

《大自然的语言》是一篇介绍物候学知识的科普文章。文章由表及里地从一年四季的物候变化谈起,形象地说明什么是"大自然的语言"。全文语言不仅具有准确性,更具有生动性的特点。作者通过这些生动形象的语言,为我们描绘出一幅幅美丽的图画。这种用"生动"说"科学"的写作方法值得我们借鉴。

这节课的学习,还让我们了解了如何通过提炼信息归纳文章内容要点的方法,了解了从现象到本质的认知规律。

值得一提的是,文章不仅告诉了我们丰富的物候知识,更倡导我们要有严谨的科学态度,勇于探索的科学精神。在今后的学习生活中,我们要更多地了解大自然,认识大自然,感受大自然!

【板书设计】

大自然的语言

竺可桢

描述物候现象	现象
作出科学解释	⇓
追究因果关系	
阐述研究意义	本质

【智慧训练】

阅读短文,完成后面的练习:

一

湿地是地球上有着多功能的、富有生物多样性的生态系统,是人类最重要的生存环境之一。湿地的类型多种多样,通常分为自然和人工两大类。自然湿地包括沼泽地、泥炭地、湖泊、河流、海滩和盐沼等,人工湿地主要有水稻田、水库、池塘等。据资料统计,全世界共有自然湿地855.8万平方公里,占陆地面积的6.4%。

湿地的功能是多方面的。它可作为直接利用的水源或补充地下水,又能有效控制洪水和防止土壤沙化,还能滞留沉积物、有毒物、营养物质,从而改善环境污染;它能以有机质的形式储蓄碳元素,减小温室效应,保护海岸不受风浪侵蚀,提供清洁方便的运输方式……它因有如此众多而有益的功能而被人们誉为"自然之肾"。湿地还是众多植物、动物特别是水禽生长的乐园,同时又向人类提供食物(水产品、禽畜产品、谷物)、能源(水能、泥炭、薪柴)、原材料(芦苇、木材、药用植物)和旅游场所,是人类赖以生存和持续发展的重要基础。

湿地最富有生物的多样性。仅我国有记载的湿地植物就有2760余种,其中湿地高等植物156科、437属、1380多种。湿地植物从生长环境看,可分为水生、沼生、湿生三类;从植物生活类型看,有挺水型、浮叶型、沉水型和漂浮型等;从外部形态看,有的是细弱小草,有的是粗大草木,有的是矮小灌木,有的是高大乔木。湿地动物的种类也异常丰富,我国已记录到的湿地动物有1500种左右(不含昆虫、无脊椎动物、真菌和微生物),其中水禽大约250种,鱼类约1040种。鱼类中淡水鱼有500种左右,占世界上淡水鱼总数的80%以上。因此,无论从经济学还是生态学的观点看,湿地都是最具有价值和生产力最高的生态系统。

1. 找出本文的中心句:_____
_____。

2. 要理解第三段文字中"分说"部分的层次与内容,应抓住的两个关键语句是什么?

3. 读了这篇短文,你有什么体会?

二

①司马台长城位于密云县东北部的古北口镇境内,全长 5.4 公里,敌楼 35 座,是唯一一段保留明长城原貌的古长城。由于其特殊的地形条件和修筑者们的智慧创造,长城随着刀锋般的山脊奔驰,时宽时窄,时起时落,城台、敌楼、障墙在很短的一段距离里形式之多,变化之大,在整个万里长城之中极为罕见。司马台长城以"惊、险、奇"著称,著名长城专家罗哲文教授赞誉道"中国长城是世界之最,司马台长城堪称中国长城之最"。

②司马台长城构思新颖、形态各异,它集万里长城众多特色于一地,形成了一段"奇妙的长城"。这里长城的墙体,既有人所常见的"城墙类型",也有适应悬崖峭壁的山势而建的"半边墙类型";既有随缓坡而舒展的马道,也有陡坡上以大阶梯叠进的"天梯"。空心敌台形势多样,同样令建筑史家叹为观止。仅敌台上的望亭,就有一间房、三间房、三间房加前后廊,三间房加周围廊等几种,屋顶有歇山、悬山、硬山、卷棚和重檐悬山式多种。

③长城的最高处为"仙女楼",需登"天梯"而上。天梯高达 100 米,坡度 85 度,几近垂直,无胆量的绝难征服。仰头上望,那砖石砌就的台阶仅可容脚,两侧悬崖陡壁,中间这一道台阶细如线,薄如刃,陡如立,不由人望梯兴叹,倒吸一口凉气。爬上仙女楼,景色果然更加壮美秀丽,俯首看脚下的悬崖,刀削斧劈一般,几缕雾岚挂在绝壁处,更显得陡峭惊险。西北边金山岭长城与司马台长城浑然一体,活像一条即将腾飞的苍龙。长城上大小不同、形态各异的敌楼,恰到好处地建立在各个制高点上,威风凛然,冷峻挺拔。整段长城,完美和谐,气势磅礴,处处显示出她的巧妙、奇特、雄伟和壮丽。再看看连绵不断的燕山山脉奔涌而起,叠起无数的奇幻;看看辽阔的华北平原无边无际,一直铺向目不所及的天边,在这博大奇异的景色中,令人不禁惊叹:司马台长城——神奇!

1. 阅读第①段,指出是什么原因成就了司马台长城"惊、险、奇"的特征?"之最"的内涵都有哪些?

2. 第②段中的"奇妙的长城"都"妙"在何处?第③段中的有关"天梯"的描述文字与第①段中的哪一句相呼应?

附　参考答案

一、答案示例

1. 湿地是地球上有着多功能的、富有生物多样性的生态系统,是人类最重要的生存环境之一。

2. 仅我国有记载的湿地植物就有 2760 余种;湿地动物的种类也异常丰富。

3. 略。

二、答案示例

1. 特征:特殊的地形条件和修筑者们的智慧创造。内涵:是唯一一段保留明长城原貌的古长城;城台、敌楼、障墙在很短的一段距离里形式之多,变化之大。

2. 妙处:墙体类型的多样;敌楼形式的多样;望亭的种类多样。呼应句:"长城随着刀锋般的山脊奔驰"。

(编写　陈爱华)

阅读非连续性文本，领会文本的意思，得出有意义的结论

桥

【内涵释义】

所谓"非连续性文本"，是相对于以句子和段落组成的"连续性文本"而言的阅读材料，多以统计图表、图画等形式呈现。它的特点是直观、简明，概括性强，易于比较，在现代社会被广泛运用，在人们的日常生活和工作中须臾不离，其实用性特征和实用功能十分明显。学会从非连续文本中获取我们所需要的信息，得出有意义的结论，是现代公民应具有的阅读能力。

有意义的结论：

1. 明确非连续性文本中承载信息的内涵。
2. 理解文本所表达的思想内涵。
3. 可以使用文本中的内容或方法解决生活中的实际问题。
4. 明确文中使用的说明方法和说明顺序。

【引领读悟】

以《石拱桥》《中国石拱桥》《石桥之乡》为例落实本点。

学习准备

学生明确非连续性文本的四种基本形式。第一，空间二维分布：如表格（统计表），要完整确定一个信息，既要横着看又要竖着看；如图像（统计图、几何图形、函数图像、地图、物种图示、绘画作品、广播操图示），也是如此；又如很多含有高次项、微积分、行列式、矩阵等等的数学与科学式子，数字与符号也是上下左右都有，其实五线谱也是此类。第二，空间三维分布：运用3D技术，能在电子屏幕上呈现立体的表格或图像。第三，时空三维（左右＋上下＋时间）分布：很典型的一种情况是网上链接。你对网上一个空间二维分

布信息的统计表不满意,于是暂停,链接一个新网址并把新信息插入已有信息作为补充。第四,多媒体综合分布:一个文本综合运用文字、表格、图示甚至音响等多种媒体来承载信息。比如你在网上读历史,就可能一会儿是文字,一会儿是数字,一会儿是图像,一会儿是表格,甚至还会插上几段音乐!

学生明确非连续性文本的优缺点。优点:第一,非连续性文本能更好地承载信息。非连续性文本容量大。第二,读者喜欢非连续性文本。第三,对发展学生智能有好处。缺点:"没有最好,只有更好",非连续性文本也有缺点:信息呈现方式多样,读起来比连续文本要难;提供信息"短平快",容易使信息"碎片化",使学生知识零碎,系统性和逻辑性差;迷恋它的图像和音响而忽视文字与符号,容易使学生的思维因感性化、浅薄化而理性较差等等。

学生具有分析说明文的基本能力:说明文种类划分,说明顺序梳理,说明方法使用,说明内容概括。

教师准备:

准备讲课使用的《石拱桥》和《石桥之乡》的文字稿。注意在讲课中重点提示学习方法,思考问题的思路,教师以鼓励学生为主要评价方式。

导入新课

教师:中国石拱桥是我国古代一种独特的建筑形式,今天我们结合两段文字和课文《中国石拱桥》深入了解这一建筑形式。

叙述目标

本课我们要通过学习达到以下几点:通过学习本课了解说明文说明事物的顺序和说明方法及其作用,学习说明文运用语言准确的特点。通过阅读本课的三段文字,体会非连续性文本知识量大,具有实用性的特点。通过理解文本让学生得出有意义的结论,产生喜欢阅读非连续性文本的情感。

阅读渐进引领

第一步:课前阅读文本《石拱桥》思考问题。

教师:阅读短文《石拱桥》思考:这一段文字的说明对象是什么?它具有怎样的特征?说明顺序是什么?请说明你得出结论的方法或者理由。

阅读短文,复习巩固说明文的基本概念和方法。	←	1. 默读文本,概括内容,思考问题。 2. 借助画文章结构图的形式理解文章。

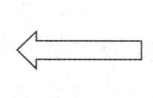

文段展示:《石拱桥》

石拱桥,用天然石料作为主要建筑材料的拱桥。这种拱桥有悠久的历史,桥梁又多有附属小品建筑,如桥头常立牌坊,著名者如北京北海琼华岛前的石拱桥,两端就各有一座规模甚大而美丽的牌坊。石拱桥是中国传统的桥梁四大基本形式之一,石拱桥这一体系多种多样,在中国桥梁发展史上一经出现,发展很快,在1880年近代铁路公路桥梁工程技术传入中国以后,它仍然保持其旺盛的生命力,显示了中国古代劳动人民的聪明才智和古代桥梁建造的辉煌成就。另外,桥梁专家茅以升的《中国石拱桥》一文,最成功地运用多种说明方法,为读者详尽介绍了中国石拱桥的历史及特点,是一篇很典型的事物性说明文。

学生回答预设1:这篇文章的说明对象是石拱桥,我通过看文章题目和阅读文章得到这个结论。

学生回答预设2:石拱桥的特征:第一,建筑材料是石头;第二,历史悠久;第三,多附有小品建筑;第四,发展快、成就辉煌。我通过寻找中心句的方法,文章第一二两句说明了石拱桥的前三个特征,并且采用了举例子的方法来证明,后面又进行补充说明。

学生回答预设3:这篇短文的说明顺序是:首先点明说明对象的建筑材料和特征,然后采用举例子的方法进行证明,之后又继续说明它体系多样、发展快、生命力旺盛的特点,最后推荐《中国石拱桥》这篇文章引发读者对石拱桥的关注。

学生回答预设4:我采用画结构图的方式理清了文章的写作顺序并得出说明对象是石拱桥的结论。我的结构图是:

石拱桥的建筑材料——历史悠久且多附小品建筑——体系多样发展快显示中国人民智慧和有辉煌成就——补充《中国石拱桥》的文章。

所以,我认为这篇文章介绍的石拱桥特征应该是历史悠久且多附小品建筑,体系多,发展快,显示中国人民智慧和辉煌成就。

第二步:进入问题解决,读悟质疑。

教师:同学们通过阅读《石拱桥》对说明文有了初步了解。我们知道非连续性文本是多段文字、多种说明方式互相补充具体介绍某一种事物或者事理的文体。那么,我们继续学习课文《中国石拱桥》,对石拱桥进行更深入的了解。

同学们阅读本文,根据说明文的知识点思考你的问题。

| 请同学们阅读课文,通过思考,写出自己的问题。 | ← | 1. 提示学生从说明顺序、说明方法、说明对象、说明对象特征等方面思考。
2. 自读、合作讨论等学习方式。 |

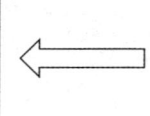

教师:阅读本文,同学们能提出哪些问题呢?

学生回答预设1:说出本课的说明对象,理清本文的说明顺序。同学们可以采用画文章结构图的形式完成。

学生回答预设2:本课说明对象是中国石拱桥,它具有哪些特征?赵州桥和卢沟桥分别说明了哪些特点?

学生回答预设3:中国的石拱桥非常多,为什么介绍赵州桥和卢沟桥,只介绍一个行不行?

学生回答预设4:本文采用了哪些说明方法,分别说明了中国石拱桥的什么特征?

学生回答预设5:这篇文章体现了哪些思想情感?

教师:同学提出的问题都非常具有针对性,说明大家对文章进行了深入的阅读和思考,下面我们就来解决这些问题。

第三步:教师指导点拨。(教师点拨相关知识、阅读方法、思考思路、方向、重点)

| 请同学们分组讨论,得出有意义的结论。 | ← | 1. 使用讨论法,总结归纳法解决上面的问题。
2. 自我思考发现新的问题并解答。 |

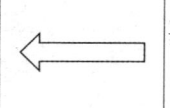

第四步:学生独立思考,独立准备答案。

教师:各组经过讨论肯定对以上问题有了答案,下面同学们再次独立思考,根据你对文章的理解,看看还能得出什么新的结论。

第五步:教师指定学生个体展示答案。

针对问题一:说出本课的说明对象,理清本文的说明顺序。同学们可以采用画文章结构图的形式完成答案。

学生回答预设1：介绍石拱桥形式优美、结构坚固的特征——介绍中国石拱桥——介绍赵州桥——介绍卢沟桥——总结。

学生回答预设2：我的结构图是这样的

中国石拱桥
- （1—2段）总述石拱桥的特点
- （4—5段）惊人杰作赵州桥
- （6—8段）闻名世界卢沟桥
- （9段）中国石拱桥取得成就的原因
- （10段）我国石拱桥当代的发展

历史悠久
形式优美
结构坚固

学生回答预设3：《中国石拱桥》课文结构列表

第一部分	总述石拱桥特征
第二部分	分别介绍赵州桥和卢沟桥
第三部分	我国石拱桥的成就以及原因
第四部分	我国石拱桥的当代发展

学生回答预设4：

总述石拱桥——具体介绍中国石拱桥特征——赵州桥——卢沟桥——成就及原因——发展

学生回答预设5：

总述石拱桥及中国石拱桥的特征——赵州桥——卢沟桥（地理位置、修建时间、建造结构、艺术价值）——取得成就及原因——发展

针对问题2：本课说明对象是中国石拱桥，它具有哪些特征？赵州桥和卢沟桥分别说明了哪些特点？

学生回答预设1：中国石拱桥首先符合世界石拱桥的特征即造型优美、结构坚固，同时它又历史悠久。这主要是阅读文章的第一和第二段得出的结论。

学生回答预设2：第一，它是独拱石桥；第二，拱上加拱的创造性设计；第三，全桥的结构匀称，和四周景色的配合。所以它和中国石拱桥的特征相符。

学生回答预设3：卢沟桥是多拱石桥，历史悠久没有损坏，造型优美和上

面的石狮子相得益彰且闻名世界,具有很高的艺术价值。

学生回答预设4:我认为文章在介绍完卢沟桥后的内容充分说明中国石拱桥的成就巨大,这也应该是其中的一个特点。所以我认为中国石拱桥的特征应该是:造型优美、历史悠久、结构坚固且成就巨大。

教师:同学能得出这样的观点非常难得,这是大家独立思考后得出的结论,十分有价值。首先中国石拱桥是世界石拱桥的一部分,因此结构坚固、形式优美的特征应该是一致的;其次中国石拱桥出现的早,充分说明它历史悠久,这是中国石拱桥的三大特征之一;最后,成就巨大是对中国石拱桥的评价和补充,不应该算中国石拱桥的特点。

教师:中国的石拱桥非常多,为什么介绍赵州桥和卢沟桥,只介绍一个行不行? 学生思考回答。

学生回答预设1:我觉得可以。因为这两座桥的基本特点都差不多,只介绍一个完全可以。

学生回答预设2:我觉得不行,因为赵州桥是独拱石桥而卢沟桥是联拱石桥,如果只介绍一个就不能体现出我国石桥的全面性。

学生回答预设3:我也觉得不行,因为只介绍一个不能体现中国石拱桥特征的全面性。

学生回答预设4:我认为只介绍一个是不行的,因为两座石桥虽然大体特征相同,但依然有区别。我特意列表对它们的异同进行了比较。

同: 　　　　　　　赵州桥　　　卢沟桥
（1）历史悠久　　1300多年　　800多年
（2）结构坚固　　保持雄姿　　从没出过事
（3）形式优美艺术价值高
"初月出云,长虹饮涧"
"独一无二""美丽奇观"

异: 　　　　　　　赵州桥　　　　　　　卢沟桥
（1）制造奇特　拱肩加拱用料省　　　联拱石桥
（2）历史意义　世界著名　使用到现在的最古的石桥　抗战见证有纪念意义

通过以上的对比,可以看出两座桥是有区别的,这完全可以说明我国的石拱桥既有相同的特点又各具特色。

学生回答预设5:我认为不行,因为两座桥的建筑时间和建筑形式都不相同,只介绍一个太片面了。

针对问题4:说明文为了将说明对象的特征说清楚,往往会采用大量的说明方法,请同学们找一找本文采用了哪些说明方法,分别说明了中国石拱桥的什么特征?学生思考并回答。

请同学找出本文使用的说明方法以及具体说明了中国石拱桥的什么特征!

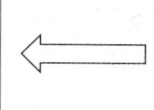

⬅

1. 阅读文章,从文中准确找出说明方法。
2. 任何说明方法都是为突出说明对象特征服务的,结合文章找出这些特征,体会说明方法的作用。

学生回答预设1:文中采用了列数字的说明方法,例如文中"赵州桥非常雄伟,全长50.82米,两端宽9.6米,中部略窄,宽9米"的句子就采用了这种方法。它充分说明了赵州桥非常雄伟这一特征。

学生回答预设2:文中采用了作比较的说明方法,例如文中"石拱桥在世界桥梁史上出现得比较早"一句话,把中国石拱桥和世界上其他地区的桥梁进行比较,突出了中国石拱桥历史悠久的特征。

学生回答预设3:文中还采用了列图表的方式,在课本上有赵州桥和卢沟桥的图片,让我们更加直观地认识这两座桥,充分显示出它们造型优美、结构独特的特征。

学生回答预设4:我觉得看图片也能看出这两座桥历史悠久,因为仔细看可以看出赵州桥的彩图上的石头都已经十分陈旧和斑驳了,而卢沟桥上的狮子也多有破损。

学生回答预设5:文章采用了引资料的说明方法,引用唐代文学家张家祯和张鷟的诗句,一方面体现出赵州桥结构奇特的特点,另一方面也体现出它造型优美的特征。

学生回答预设6:我觉得引资料的内容还有引用《水经注》里的话,充分说明石拱桥在中国历史悠久。因为《水经注》这本书是北魏郦道元写的,距今1000多年了。

学生回答预设7:文章还引用马可·波罗的话说卢沟桥是"世界上独一无二"的,和狮子共同构建成"美丽的奇观",这充分说明这座桥中外闻名且造型优美。

学生回答预设8:文中还使用了打比方的说明方法,把石拱桥的桥洞说成像彩虹,把石拱桥的样子形象生动地展现出来。

学生回答预设9:文中使用了分类别的说明方法,赵州桥是独拱石桥而卢沟桥是连拱石桥,这让说明更加明确,思路清晰。

针对问题5:这篇文章体现出了哪些思想情感?

学生回答预设1:这篇文章中提到了石拱桥的建造者,这些建造者都是普通的劳动人民,所以文章歌颂了古代劳动人民的伟大智慧。

学生回答预设2:石拱桥的建造理念和本身到现在社会依然发挥着巨大的作用,这充分体现出我国劳动者的聪明才智。

学生回答预设3:我觉得这些石拱桥到现在依然有巨大作用,说明我们现代人继承和发扬了古代人民的智慧,我们现代人也非常了不起。

教师:说明文虽然尽量要求客观,但很多文章依然带有比较明显的情感倾向。这篇文章以优美的笔触表达了作者对我国古代劳动人民伟大智慧的赞美,同学们体会到了这一点,是非常了不起的。

第六步:小组讨论归纳答案。

同学们通过比较分析,从以上答案中找出最正确的结论。	⇐	1. 分析比较各位同学的不同答案得出正确结论。 2. 需一边阅读文本,一边深入思考。

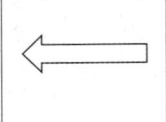

教师:同学们回答得非常好,请同学们分组讨论这些回答,思考、辨别甚至补充,得出正确结论。

学生分组讨论得出答案。

第七步:指定小组代表展示本组归纳答案。

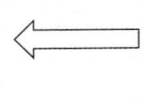

同学们展示自己的答案。	⇐	1. 学生组织语言要按照要求。 2. 大胆发言,敢于表达自己的观点、大胆质疑。

教师:请同学们展示各组的答案。

学生回答预设1:问题一的回答中,第一名和第五名同学的最为合理。

我们组采用第五名同学的答案,因为它更加细致。

学生回答预设2:对问题2,我们还是认为第四名同学的更好,他不仅说出了石拱桥的建筑特点还说出了其成就特点,应该更全面。老师虽然也进行了提示,但我们依然认为成就特点也是中国石拱桥的特点。这个问题老师和我们可以继续研究。

学生回答预设3:问题3中第二和第四名同学答得非常好,可以将他们的答案合并。

学生回答预设4:对问题4,同学们说得都非常好,其实还有很多例子没有涉及,但必须明确的是,说明方法是为更好地阐明说明对象特征这一目的服务的。

学生回答预设5:对问题5,几位同学说得都很好,可以将本文中心总结为,通过说明我国石拱桥的特征、巨大成就和成就取得的原因,歌颂了我国古代劳动人民的伟大智慧,号召我们发扬这一优点。

教师:同学们回答得太棒了,尤其是第二组敢于坚持自己的观点。学习说明文的重大意义在于可以在生活中解决许多实际问题,通过阅读本文和短文《石拱桥》思考中国古人大量建造石拱桥的原因是什么?

学生回答预设1:我觉得这是因地制宜就地取材的缘故。石头到处都是,找起来比较方便,再加上它非常结实,也能确保安全。

学生回答预设2:我认为这和每条河不同的地理形势有关系。赵州桥的独拱建造形式正好符合周围的地理环境,形式优美,互为补充。

学生回答预设3:拱桥可以减低洪水对桥墩的冲击,确保石桥的使用寿命,我认为造桥最主要的还是坚固。

学生回答预设4:我认为中国的石拱桥大多附有小品建筑,主要是让桥更加美观。另外1300多年前,我国人民就开始建造拱桥充分说明他们的伟大智慧。

第八步:教师评价,确认或补充答案,强化解决这类问题的重点方法。

教师:我们再阅读《石桥之乡》,结合课文和短文《石拱桥》思考。这段文字补充说明了中国石拱桥的哪些特点?石拱桥对我国现代化建设有怎样的意义?

石桥之乡

绍兴是中国历史文化名城之一,古称越国。境内水道纵横,有水乡水城之誉。因水而有桥,因桥必有景,美名桥乡。据清光绪癸巳(1893)绘制的

《绍兴府城衢路图》所示,当时城内有桥梁229座,城市面积为7.4平方公里,平均每0.0231平方公里就有桥一座,与世界闻名的水城意大利威尼斯相比较,为该城市在第二次世界大战前的桥梁密度的45倍(该城面积为567平方公里,当时有桥378座,现仅存桥76座),为清末时苏州城内桥梁密度的2倍(苏州城内面积21平方公里,清末有桥310座),石桥连接街巷,五步一登,十步一跨,真可谓是"无桥不成市,无桥不成路,无桥不成村"。

在全市现存的604座古桥中,宋以前古桥13座,明以前古桥41座,清代重修、重建、新建的古桥550座。按材料与结构分:有古木桥(包括木梁桥、木拱桥)10座,石梁桥(包括三折边桥)348座,石拱桥(包括多折边拱、半圆拱、马蹄形拱、椭圆拱、准悬链线拱)241座,多桥型组合桥4座,纤道桥1座。绍兴古桥不仅类多面齐,而且许多桥取得了国内"桥梁之最"称号:国内现存最早的城市桥梁——宋代八字桥国内仅有的唐代特长型石梁桥——纤道桥国内仅有的连续三孔马蹄形拱桥——泾口大桥国内首次发现的准悬链线拱古桥——玉成桥,迎仙桥国内折边桥数量之最。这些"之最"说明绍兴古桥不但品类齐全,而且在桥型、建桥工艺、技术水平都达到了当时时代的高峰。

学生回答预设1:我觉得补充说明中国石拱桥数量多,技术水平高。应该说石拱桥是一种非常好的建筑形式,我们现代社会可以借鉴它建造铁拱桥、钢拱桥造福人们。

学生回答预设2:这段文字充分说明中国石拱桥不仅品类齐全,而且在桥型设计、建桥工艺、技术水平都达到了时代的高峰。中国石拱桥造型优美的特点就值得现代建筑师借鉴,桥梁在突出使用功能的同时形式也应该更加美观才行。

课堂总结

同学们回答得非常好,既符合题目要求又有自己的独特见解。学习任何一种文体的文章,我们都应该把它们应用于生活之中,或陶冶情操、或增广见闻、或提升品位、或给予启迪,这才是真正有意义的收获。

【板书设计】

阅读非连续性文本,领会文本意思,得出有意义的结论

桥

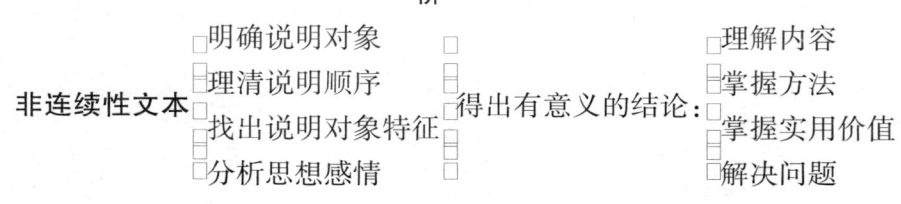

非连续性文本 { 明确说明对象 / 理清说明顺序 / 找出说明对象特征 / 分析思想感情 } 得出有意义的结论: { 理解内容 / 掌握方法 / 掌握实用价值 / 解决问题 }

【智慧训练】

阅读材料,完成后面题。

一

【材料一】年画始于古代的"门神画"。宋朝叫"纸画",明朝叫"画贴",清朝叫"画片",直到清朝道光年间,正式称为年画。传统年画以木刻水印为主,历史悠久,产地众多。在中国历史上,天津杨柳青、山东潍坊、江苏桃花坞、四川绵竹的年画最为著名,被誉为中国"四大年画"。这些地方所生产的年画在构图、线条、色彩等方面各具特色,形成了不同的艺术风格,深受当地百姓喜爱。

古老的年画折射出了民族心理,也反映出了时代的变迁。年画作为一种民间工艺品,承载着人们的思想情感和对未来美好生活的憧憬——从早期神祇信仰、驱邪消灾,到后来的祈福纳祥、欢乐喜庆。随着时代发展,年画还成为道德教育、文化传承的载体与工具。传统文化是年画的根和魂,只要中华民族的传统文化还在传承,年画就不会消失。年画也许会改头换面,但这种民俗艺术的根会永远存在。

【材料二】随着社会的进步和发展,近年来传统制作年画工艺也受到了挑战。潍坊年画艺人张殿英发明了"年画工具百宝箱"。"百宝箱"里面有精美的杨家埠年画画册,还有刻刀、木版、拓纸、颜料等整套年画制作工具。有了它,年轻人就可以自制贺年卡、生日卡、请柬、红包、名片等。这是古老文化与现代时尚的结合,符合个性化时代文化消费趋向。

当地的一些年轻年画艺人以现代人思想要求和审美取向,探索创新表现现代生活内容的新年画。他们尝试用油画、水彩画等现代绘画艺术手法进行年画创作,给这门古老的民间艺术注入新的生命力,使作品既富有现代

设计感,又能体现古老民间艺术之美。

1. 下面是画展中展出的不同历史阶段,不同寓意的一组年画,请你阅读【材料一】,根据这组年画的内容配一段文字介绍。

2. 对【材料二】中年画艺人张殿英发明"年画工具百宝箱"的理解有误的一项是(　　)

A. 张殿英发明"年画工具百宝箱"是为了更好地传承传统制作年画工艺。

B. 张殿英想借助"年画工具百宝箱"让传统制作年画工艺能够改头换面。

C. 从中可以看出,随着社会的进步和发展,传统制作年画工艺受到了挑战。

D. 从中可以看出,传统制作年画工艺已满足不了个性化时代文化消费需求。

3. 结合两则材料的内容,从年画创作角度思考怎样才能让传统年画得以保护和传承,具有长久的生命力。

二

【材料一】

中国的物流业从无到有,再到连续3年业务量排名世界第一,可以说是快速发展。国家邮政局局长马军胜在讲话中表示:党的十八大以来,我国邮政业业务总量、业务收入规模分别增长3.6倍和2.7倍。根据国家邮政局统计,_____(见图)。

在送达速度方面,2017年"双十一"又一次创造了神奇力量和世界奇迹:面对一天之内涌现的8.12亿个物流订单,整个物流行业只用了一周时间就基本配送完成。订单数已接近2006年中国全年的包裹量,但仅用16个小时,全国就有340个地级市消费者收到当天购买的商品;1亿个订单的送达时间也已经从9天减少到2.8天。

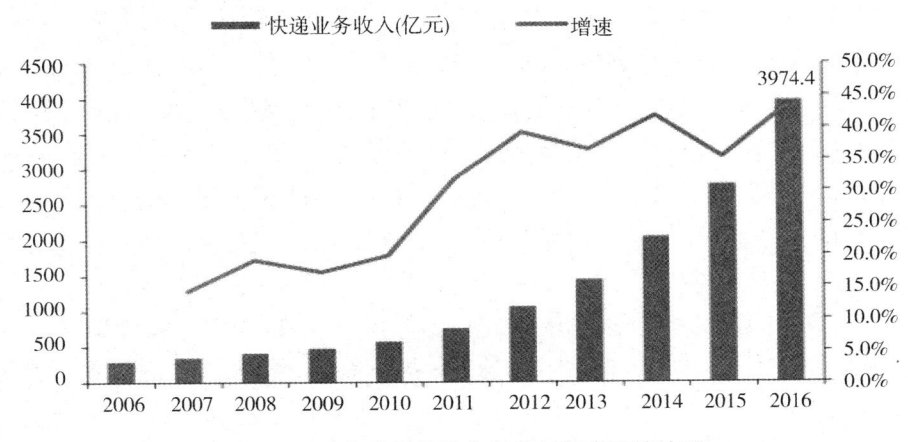

2006－2016年我国快递业务收入和增速统计图

【材料二】

过去在大家印象中,快递业属于典型的低端劳动密集型行业。随着近年来的发展,快递已经进入了一个科技含量高、技术更新换代快的时代。

以某快递公司为例:如何让货物以最快的速度抵达客户手里?争分夺秒从客户下单那一刻就已经开始。商家下单时,相关数据就已经进入到了分拣支持系统中。把订单推送给哪位收派员,包裹要经过哪些站点,甚至在分拣中心哪个滑槽中滑落,系统都提前做出了预判。在货物分拣环节,全自动分拣机以每秒2.7米的速度运行,一小时可以处理2.6万件包裹,相当于52个人工一小时的处理量。2016年,该公司的年研发投入就达5.6亿,相对于2015年增长16.32%,占营业收入比例0.98%,相对于净利润26.43亿元,比例高达21.2%。

而另一公司的物流部门,自2017年开始,已投入使用全球首个无人机运营调度中心,建成全球首个全流程智慧化无人机机场和无人配送站,在无人配送全流程打造上不断创新突破。该公司无人机已在多地实现常态化运营,目前已完成超过20万小时飞行时间,并实现零事故运营。

【材料三】

在快递业快速发展的同时,其带来的物料消耗和污染等问题也日益严重。据有关统计显示,2017年全国快递业消耗包装箱192亿个、编织袋58亿个、塑料袋150亿个、胶带300亿米。如果粗略按每件快件使用0.1公斤的包装材料计算,中国每年会产生40亿公斤以上的快递包装垃圾。

造成上述现象有诸多方面的原因。一是绿色包装物成本过高,一些生态可降解包装价格是普通包装的4倍,相当一部分企业不会主动选择成本高昂的可降解包装物。二是环保技术水平有待突破,包装物难降解、难处理,快递包装物中包括大量透明胶带、空气囊、塑料袋等聚氯乙烯类产品,如使用填埋工艺,需要上百年时间才能降解;如采用焚烧工艺,则有产生高危污染物的风险。三是废弃包装回收情况不乐观,目前快递纸箱回收率不到20%。

1. 利用【材料一】的图表信息,将第一段中的横线内容补充完整。

2. 中国快递业的成就举世瞩目,中央电视台《经济半小时》专题报道称:"快递送出了'中国速度'。"结合【材料一】【材料二】,谈谈你对"中国速度"的理解。

3. 下列做法不符合快递业长远发展的两项是(　　)

A. 多缠几条透明胶带,提高包装质量。

B. 不断提高科技研发费用在收入中的比重。

C. 招收更多的快递员,提高快递送达效率。

D. 提高废弃包装的回收率。

附　参考答案

一、答案示例

1. 年画反映出了时代的变迁,折射出了民族心理——从早期神祇信仰、驱邪消灾,到后来的祈福纳祥、欢乐喜庆。2. B　3. 答案示例:传统年画得以保护和传承,需要创作者做到年画艺术与传统文化的结合,传统艺术和现代元素的结合。

二、答案示例

1. 答案要点:自 2007 年至 2017 年我国快递业务收入持续增长;增速有起伏

2. 答案要点:"中国速度"体现在中国物流业发展快;快递送抵客户手中快;物流科技发展快

3. 答案:A C

(编写　马文辉)

能领会文本的意思,得出有意义的结论

北京市顺义区 2016 年第一次模拟试卷
现代文阅读

【内涵释义】

所谓"非连续性文本",是相对于以句子和段落组成的"连续性文本"而言的阅读材料,多以表格、图画、使用说明书等形式呈现。它的特点是直观、简明,概括性强,易于比较,有较强的实用性。2011 版的《语文课程标准》明确提出:"阅读由多种材料组合较为复杂的非连续性文本,能领会文本的意思,得出有意义的结论。"领会文本的意思就是能够读懂文本的内容,获取文本中的主要信息,归纳内容要点,形成自己的初步认识;得出有意义的结论就是对文本的内容和表达有自己的心得,能够辨析材料之间内在联系,能运用材料对现实生活问题进行探究,能够领会作品中所体现的科学精神和科学思想方法等。所以,无论从应考角度还是实用角度来说,我们都应该高度重视对学生非连续性文本阅读能力的培养。

【引领读悟】

以"2016 年北京市顺义区第一次模拟试题'现代文阅读(二)'"为例落实本点。

学习准备

学生层面:要搜集整理非连续性文本的相关资料,初步了解非连续性文本的特点;同时要复习文段概括提取信息的相关方法和技巧;能够读懂简单的图表。

教师层面:明确非连续性文本的特点,准备恰当的材料来讲解"非连续性文本"阅读的技巧和方法。

导入新课

教师：同学们回想一下，我们教材中所学的课文有什么特点？（提示：从句、段、篇的关联角度来谈。）

学生回答预设：在我们语文教材中所学的课文大多是由若干段落组成的完整的一篇文章。

教师：的确如前面的同学所说，我们所学的课文大多数是前后密切关联的完整的一篇文章，我们把这一类文本叫作"连续性文本"，相信同学们对这一文本类型已经很熟悉了，而我们今天要学习的却是与"连续性文本"截然不同的文本阅读类型，即"非连续性文本"。那么，什么是非连续性文本？非连续性文本有哪些特点？我们怎样才能读懂非连续性文本？带着这些疑问，下面我们就一起走进"非连续性文本"，去揭开其神秘的面纱。

叙述目标

通过讲解和练习，让学生初步了解"非连续性文本"相关知识，把握阅读非连续性文本的思路和方法，提高阅读能力；针对非连续性文本类型（文字类、图形类、表格类、材料探究型）的不同特点，采取不同的阅读策略进行分类阅读指导，引领学生在分析比较、同中求异、异中求同的过程中，找出材料间的内在联系或变化规律，领会文本的意思，进而得出有意义的结论。

阅读渐进引领

第一步：学生读文本，整体感知文章的主要内容。

教师：请同学们阅读以下材料，谈谈自己的阅读感受。

学生回答预设1：我的感受是这四则材料分别可以看作是一个独立的部分，而且除了文字材料之外还有图表材料，我不知道怎么读这类文本。

学生回答预设2：我能读懂材料二和材料四的内容，但我不知道材料二和材料四与其他二则材料之间的关联是什么，为什么要将这些独立的文段材料组合在一起？

第二步：进入问题解决。

教师：看来同学们对非连续性文本阅读的确很陌生，下面我们就一起来了解一下非连续性文本。幻灯片出示：所谓"非连续性文本"，是相对于以句子和段落组成的"连续性文本"而言的阅读材料，多以统计图表、图画、使用说明书等形式呈现。它的特点是直观、简明、概括性强，易于比较。那么，我们怎样才能读懂非连续性文本呢？下面请同学们先阅读材料二，回答下面的问题。

引领读悟:文学　说明性文章　科技作品　>>>

> 快速浏览材料二,勾画出显性信息,探究出隐性信息,概括整合出材料二所写的内容有哪些?

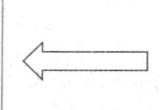

← 阅读文字类的材料要通读文本、关注标题,理清结构层次、抓住每个层次的中心词、合同存异,关注其他材料的内容,进而归纳出文段的主要内容。

学生回答预设1:我认为材料二主要内容是淘宝推出全新购物方式 Buy+,这种线上购物+VR体验将颠覆现有中国商业格局。

学生回答预设2:我认为材料二主要写的是互联网+对人们物质生活的影响,我的依据是材料三开头的"互联网+不仅影响人们物质生活,还在悄悄地改变着人们的文化生活"这句话。

第三步:教师指导点拨。

教师:第一名同学在回答问题时很好地关注到了文段中的中心句"4月1日下午,淘宝推出全新购物方式 Buy+",具体的概括了材料二的内容。第二名同学在回答问题时很好地关注了材料二与其他材料之间的关联,抓住了材料三中"互联网+不仅影响人们物质生活,还在悄悄地改变着人们的文化生活"这一中心句,抽象地概括了材料二的内容。如果同学们把这两名同学的答案整合到一起,那就更完美了。下面请同学们运用这种方法概括一下材料四的内容。

学生回答预设:中国将大力实施网络强国战略、国家大数据战略、"互联网+"行动计划,发展积极向上的网络文化,拓展网络经济空间,促进互联网和经济社会融合发展,让互联网发展成果更好造福各国人民。

教师:上面我们学习了如何进行非连续性文本阅读中"文字类材料"的阅读,下面我们继续学习如何阅读非连续性文本中"表格类材料"。请同学们仔细阅读材料一并完成下面的问题。

> 阅读材料一,根据图表中所反映的信息,用一句话概括我国网络使用情况如何。

← 表格类材料通常要关注表头中的重要提示信息,横向和纵向分析数据的变化特点及规律,关注题干提示或暗示信息,进而概括得出有价值的结论。

第四步:学生静心独立思考,读出认识,读出感受。

学生:精读文本,结合老师的提示在文中圈点批注出相应的信息,并梳理出答案要点。

第五步:教师指定学生个体展示答案。

学生回答预设1:材料一反映出我国网民已达6.88万万人,互联网普及率已达半数,其中手机网民近6.2万万人,占全体网民90%以上。我的依据是材料一的前一个表格的表头是"中国网民规模和互联网普及率",也就是说这个表格是关于中国网民规模如何,互联网普及率怎么样的数据统计,我根据表格的横向和纵向数据变化分析就得出了上述的结论。用同样的方法对右面的表格进行分析,最后综合两个表格得出了上述答案。

学生回答预设2:我国互联网普及率已达半数,其中手机移动网民超九成。具体分析方法与前面的同学一样,但我认为题干明确要求"用一句话概括我国网络使用情况如何",答案应该简洁、概括。

教师:上面两名同学都很好地回答了该问题,只不过是第一名同学回答得比较具体,第二名同学回答得比较概括、抽象。下面我们一起总结一下"表格类"材料阅读的基本技巧和方法:首先,要抓住表格类文本阅读的特点,关注材料中的文字信息,一方面是开头的解释性的文字信息,另一方面是表格的表头信息;其次,要从横向和纵向多角度细致分析表格中的数据变化特点和规律;接着,要关注题干中的提示或暗示信息;最后综合整个材料概括得出有价值的结论。上面我们一起学习了如何阅读"表格类"文本材料,下面我们继续学习如何阅读"图画类"文本材料。

材料三是小明网上过端午节过程的图解截屏,请你说说他是怎样过的端午节?	←	仔细观察画面,关注画面上的文字信息;结合画面内容,联系现实生活;用"反映""揭示""弘扬""彰显"等词语作为概括主题的谓语中心词。

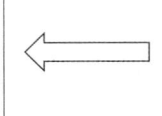

学生回答预设:小明在网上边玩边学过端午,他可以先听大家讲关于端午节的各种知识;然后通过闯关游戏做端午节知识题,边玩边获得奖励;最后再读屈原作品感受其爱国情怀,同时缅怀古人。

教师:你能把整个解题思路说一下吗?

学生回答预设:我首先关注了材料三的文字信息"互联网＋不仅影响人们物质生活,还在悄悄地改变着人们的文化生活",从而明确了材料三是围绕"互联网＋改变着人们的文化生活层面来展开说明的"。接着,我关注到了"活动一:玩《端午小状元》闯关游戏。"图的大概意思是通过手机闯关游戏既学习了端午知识,又收获了爱国粽子。活动二中提示我们听专家谈传统文化,了解端午节的相关节俗、民俗等文化知识,增强了爱国意识。活动三通过读书,回顾屈原作品,感受爱国情怀。我在提取这些信息的基础上,结合问题的提示信息,经过对上述信息的整合得出了答案。

教师:请其他同学结合刚才这位同学的解题思路,整理归纳图画类文本材料的阅读方法和技巧。

学生回答预设:要想读懂图画类文本,我们首先要关注图画的标题,以及画面中出现的所有文字,进而明确图画所涉及的话题;接着把这一核心话题所陈述的对象作为概括图画内容表述的主语;然后对多幅图画组成的文本要注意比较,可以选取某一角度横向与纵向进行对比;最后,要精准表述,一个主谓句,谁怎么样,也可以适当地加一些限定语,保证内容的全面。

教师:上面我们从微观层面通过具体的文本材料分别学习了文字类、表格类、图画类文本材料的阅读方法和技巧,下面我们将从宏观层面来继续探究非连续性文本多重材料间的内在联系,请同学们通读四则材料,完成下面的问题。

| 综合以上四则材料,说说我国"互联网＋"未来可以发展很好的原因有哪些? | ← | 通读文本,整体感知;关注标题,圈点勾画;逐条归纳,合并同类;紧扣话题,有机整合。 |

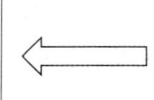

学生回答预设1:从材料一中可以看出我国网络发展情况非常好,使用人群广;从材料二和材料三中可以看出网络发展范围广,既有物质消费又有精神消费;从材料四中可以得出政府给予高度支持。

学生回答预设2:我认为从材料二中"像淘宝这样领先的技术还有很多"这句话中可以看出,网络技术在某些领域的发展处在同行业领先的位置。

教师:从上面同学的回答中,我们可以看出非连续性文本阅读的多重材料之间并不是绝对独立的,他们之间应该是有着内在的根本联系,同时,也有着深刻的现实意义,下面请同学们再读文本,完成下面的问题。

第六步:小组讨论、归纳答案。

| "互联网+"的普及对人们的生活产生了哪些影响,请结合材料内容和你的生活实际谈一谈? | ← | 在通读文本,整体感知内容的基础上,紧扣话题,联系生活实际,进而得出有意义的结论。 |

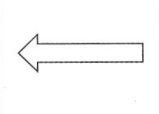

学生:以小组为单位,结合文本内容和老师指导的具体方法,归纳问题答案。

第七步:指定组代表展示本组归纳的答案。

学生回答预设1:"互联网+"的广泛应用,影响着人们的文化生活。如材料中的一些有关国家传统节日的闯关游戏,以游戏的方式来提高人们对传统节日知识的了解,有利于对传统文化的弘扬,这可以让更多的人获得更多的知识,并在学习知识的同时也感受到快乐。

学生回答预设2:网络的广泛应用已经使我们的生活突破了时空的限制,让我们的生活更加地美好。我们可以利用网络上网购物,打游戏,也可以看书,看直播课,查阅有关学习方面的PPT资料提升自己的学科能力,了解国家大事,开阔我们的眼界等等。

学生回答预设3:互联网已经融入到了我们生活的方方面面,如摩拜单车、手机应用、资料查询、智能操控等等。如果离开了网络,我们的生活会很不方便。

学生回答预设4:随着我国网民比例不断增加,网络成为我们生活的一部分,移动支付,共享单车,都离不开互联网,互联网在为我们的物质生活提供诸多便利的同时,也为我们的文化生活增添了色彩,互联网已经成为我们不可或缺的朋友。

学生回答预设5:我认为互联网的迅速发展的确给我们的生活带来诸多的方便,但它也给我们带来了一些消极的影响,它使人与人之间缺少了面对面的交流与沟通,让人与人之间的感情越来越淡薄。

学生回答预设6:从人们使用手机的角度看,长时间使用手机会让更多的人近视,会得颈椎病,在开车的时候玩手机,也可能会引发交通事故。经常使用网络来查阅、打印资料,会使人们的书写能力越来越弱,创造能力也越来越弱。

　　教师:看来"互联网+"的普及,深刻地影响着我们的生活:一方面,它让我们的生活突破了传统的时空限制,让我们的生活越来越美好;另一方面,在现实生活中也出现了一些有关"互联网+"的不良影响。下面请同学们阅读文本材料,回答下面的问题。

　　"互联网+"在给人们生活带来方便的同时,也带来了一些不利影响。那么,在未来的生活中,我们该如何看待"互联网+"呢?

　　在通读文本,整体感知内容的基础上,紧扣话题,联系生活实际,领会作品中所体现的科学精神和科学思想方法,进而得出有意义的结论。

　　学生回答预设1:对我们中学生来说,互联网是一把双刃剑,有利有弊。一方面我们可以利用它来学习,帮助我们提升成绩。在闲暇时我们也可以利用互联网玩玩游戏,以达到适当放松的目的,但不能沉迷其中,否则会影响我们的身心健康。因此,不能因为互联网有消极方面的影响就阻碍互联网的发展。

　　学生回答预设2:材料中提到的以游戏得奖的方式来提高人民对传统文化的认识,很多人认为这是人们为了得到奖励,满足自己的游戏欲望,才去网上查询有关传统节日知识的,认为他们违背了活动的本意。同时,人们也不是通过自己亲自查阅资料来学习知识,而是依靠互联网来查找有关知识,让人们对互联网有了更大的依赖性,所以不赞同这种做法。

　　学生回答预设3:我记得在《让家书文化走进生活》一文中曾说过:"当今社会,互联网实用又快捷,打破了家人亲友间的空间阻隔,缩短了时间长度,人们只需轻点手机屏幕,便可诉说心曲、互道衷肠。这样一来,传统家书日渐式微,家书文化面临衰败消亡的严峻考验。但,毕竟不是所有的亲情友情都可通过键盘敲打出来,互联网日益广泛的使用,降低了家人亲友交往的质量。"这说明互联网的广泛使用已然冲击到了我们的传统文化,但我们不能因为这一点就轻易地否定互联网的积极意义,我们可以利用互联网去广泛地搜集有关传统文化知识,丰富我们的传统文化知识,因此,我认为只要科学合理地使用互联网,它一定会为我们的生活提供更好的服务。

第八步:教师或学生评价确认(或补充)答案,升华。

教师:的确,任何一个事物都会有其好的一面,同时也会有其不足,因此,我们要用发展的眼光看问题,要顺应时代发展潮流,合理运用新事物的积极面,互联网亦是如此,我们不能因为其一点消极的影响就否定了对其使用,因此,面对互联网,要扬长避短,合理使用,让它更好地为我们的生活服务。

课堂总结

通过本节课的学习,我们了解了非连续性文本阅读的相关知识和技巧,明确了阅读文字类材料时要关注标题、分层概括、合同存异、归纳要点;阅读表格类材料时要关注表头、横纵分析、数据变化、得出结论;阅读图形类材料时要关注文字、总观画面、联系生活、概括主题;同时也明确了非连续性文本材料之间并不是绝对独立的,我们要在统观文本的基础上,对其进行分析比较,坚持同中求异、异中求同,整合归纳,找出材料的内在联系或变化规律,从而发现规律,得出有意义的结论。

【板书设计】

```
                  ┌ 文字类材料(关注标题  分层概括  合同存异  归纳要点)
                  │              统观文本
非连续性           │
文本阅读           ┤ 表格类材料(关注表头  横纵分析  数据变化  得出结论)
                  │              整合归纳
                  │
                  └ 图画类材料(关注文字  总观画面  联系生活  概括主题)
                                 得出结论
```

【智慧训练】

阅读短文或材料,完成后面的练习题。

一

今天,我们怎样阅读

材料一:百家争鸣

碎片化阅读的"美丽"与"忧愁"

近年来,通过手机、电子书、网络等工具进行的不完整的、断断续续的阅读逐渐盛行。不超过140字的微博、手机、平板电脑等掌上阅读成为时尚,这种阅读方式被称为碎片化阅读。

不少人觉得碎片化阅读是"美丽"的。无论是天文地理还是娱乐八卦，无论是耳熟能详的经典名作还是冷门生僻的知识，都可以通过碎片化阅读迅速获取。同时，比起价格不菲的大部头的纸质书，它的阅读成本更低。

也有人对此表示担忧。碎片化阅读带来海量信息的同时也导致了知识来源的随意性和不可考性。零碎的阅读根本无法让读者走进大部头书籍和主题严肃的文本，人们习惯于简单的口述和拼接后，就很难主动阅读，容易形成思维惰性，成为碎片化信息的奴隶。

任何事物都有其两面性。碎片化阅读的"美丽"和"忧愁"是共生关系。但有一点毋庸置疑：不管任何人，都要想办法去构筑自己的精神家园，否则便是这个世界上无根的流浪儿。要做到这一点，有效的方法便是深度阅读。

（引自互联网）

材料二：权威调查　　2010年、2011年18—70周岁国民阅读调查摘要

年度	人均纸质书阅读量	人均电子书阅读量	日均纸质书阅读时间	日均数字化阅读时间
2010年	4.25本	0.73本	16.78分钟	12.07分钟
2011年	4.35本	1.42本	14.85分钟	16.64分钟

注：数字化阅读指上网阅读、手机阅读、电子阅读器阅读、光盘阅读、MP5阅读等。

材料三：媒体信息

4月20日，"左岸书店"店主发微博宣布：鄞州万达的左岸书店将于五一节后关门谢幕。近年来，由于书店入不敷出，席殊书屋、新世界书店相继关门，如今左岸书店也即将和宁波市民说再见。民营书店从"诗意地栖居"到在夹缝中艰难地生存，书店文化在宁波逐渐衰弱。英国诗人多恩说："一个书店倒闭毕竟跟一个饭馆倒闭不一样，如果没有人买书，也没有人卖书，这个国家的文化就完了。"但愿，在全社会的关心下，我们的实体书店能够兴旺起来。

（摘自《现代金报》2012年4月22日）

材料四：它山之石

在加拿大,人们喜欢全家逛书店,喜欢全家出动去图书馆,喜欢饭后一起围坐在暖烘烘的壁炉前读书。加拿大几乎每座图书馆都有儿童读书区,家长可以把孩子放在那里,自己放心地去阅读感兴趣的书籍。喜爱阅读的不仅只有加拿大人,据调查,以色列人均纸质书年阅读量达到 64 本,日本为 40 本,韩国也有 11 本。

有资料显示,加拿大、澳大利亚、英国、新加坡等国,对小书店的税率为零,瑞士、意大利的税率也只有 2%。法国政府长期免征书店所得税,日本和韩国则由政府制定图书最低折扣以保证实体书店与网络书店处于平等的竞争舞台。此外,西方不少城市还有各类文化基金,为一些有地标景观性质的书店提供资助,用以保护城市文化的多样性。

(摘自《宁波晚报》《现代金报》)

1. 什么是碎片化阅读?请用一句话概括。
2. 阅读上述材料,推断民营书店衰弱的原因有哪些。
3. 阅读材料四,结合前几则材料,说说你获得的启示。(至少两点)

二

【材料一】

哈尔滨群力新区,年降雨量近 600 毫升,且集中在夏季,所以雨涝是城市的一大问题。哈尔滨群力雨洪公园处于该城市的低洼平原地带,设计者用填挖土方的方法,在公园营造了一处城市中心的绿色海绵,仅用 10% 的城市用地就解决城市的雨涝问题。具体做法是沿场地四周,通过挖方和填方的平衡技术,创造出一系列深浅不一的水坑和高低不一的土丘。高地种植旱生果木,而洼地养鱼或种植湿生植被,成为一条蓝绿相间的"海绵"带,收集城市雨水,使其经过过滤、沉淀和净化后进入核心区的低洼湿地。在此整体格局基础上,建立步道网络,穿越于丘陵和泡状湿地之间。建成后的雨洪公园,不但为防止城市涝灾做出了贡献,同时为新区居民提供优美的游憩场所和多种生态体验。

【材料二】

浙江金华燕尾洲公园位于金华市区的三江口,为了摆脱雨季洪水的困扰,改变以往在两江沿岸筑起水泥高堤以防御洪水的做法,提出与洪水为友的理念。将河岸改造为多级可淹没的梯田种植带,将来自陆地的雨洪滞蓄和过滤。这种梯田河岸不但增加了河道的雨洪行走面积、减缓了水流速度,而且缓解了对岸城市一侧的防洪压力。这样生态化地处理雨洪,减少了城市开发所导致的不透水面积的增加和对周围环境的破坏。让开发前后水流量和峰值保持不变,同时水流峰值①的出现时间也基本保持不变。

梯田上广植适应于季节性洪涝的乡土植被,每年的洪水为梯田上的多年生植被带来充足的沙土、水分和养分,使其能茂盛地繁衍和生长不需要任何施肥和灌溉。而梯田的挡墙建成可行走的步行道网络,使滨江水岸兼具防洪能力和休憩的美丽景观。

公园经历了百年一遇的洪水的考验,目前已成为金华市的一张名片,也成为"海绵城市"建设的一个优秀案例。

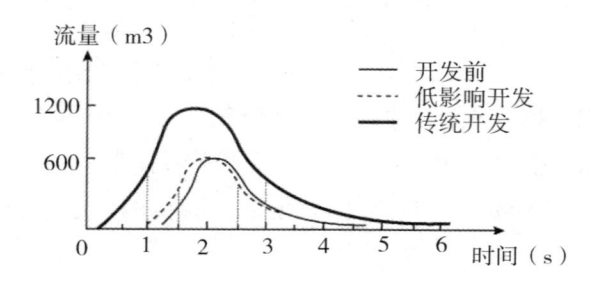

低影响开发与传统开发水文②比较示意图

①峰值:在所考虑的时间间隔内,水的流量变化的最大瞬间值。
②水文:自然界中水的时空分布、变化规律。

【材料三】

四川的活水公园改造是在原有的总体设计不变的基础上,融入海绵城市"水体自然净化"理念,因地制宜地安装新设施,对原有生态系统进行修复。雨水经过流水雕塑通向兼氧池(兼有厌氧微生物和好氧微生物的污水净化池),然后进入人工湿地,湿地中种有鱼藻、黑藻等沉水植物,浮萍、睡莲等浮水植物,以及菱白、菖蒲等挺水植物,这些植物不仅具有观赏价值,而且对吸收、过滤或降解雨水中的污染物负有不同的功能,起到了净化水质的作用。从整个处理系统中游人可以看到上游的水质较差,生物稀少,随着水被逐步净化,生物群落越来越繁盛的过程。成都活水公园收集雨水后,将部分雨水透过土壤回填到地下,其余的雨水经过各个环节的净化处理后一部分回收进行浇灌或景观用水,一部分排入河中。这种景观化的雨水处理方式不但顺应雨水循环的自然模式,而且人性化的生态景观,丰富了人们的视觉,增长了人们的知识,创造出了一个极具亲和力的生态公园,体现了人与水的依存关系。

1. 请你依据"示意图",对【材料二】中与图相关的文字信息进行具体说明。

2. 读了上面三则材料,说说你对"海绵城市"有了哪些了解。

附　参考答案

一、参考答案

1. 答案示例:碎片化阅读就是通过手机、电子书、网络等工具进行的不完整的断断续续的阅读。

2. 答案示例:①人们阅读方式发生改变,数字化阅读比重增加。②碎片化阅读(或数字化阅读)比纸质书阅读更方便、快捷。③碎片化阅读的阅读成本更低。④我国国民人均纸质书阅读量不大,纸质书需求不大。⑤民营书店入不敷出。⑥网络书店对实体书店造成冲击。

3. 答案示例:①当前我国国民的阅读习惯发生了一定的改变,不少人热衷于碎片化阅读,以色列人、日本人、加拿大人对于纸质书阅读的热情值得我们深思,静下心来深度阅读,我们会收益更多。②从全民阅读调查中发现,与世界上的一些国家相比,我国国民的阅读量较少,我们应该向爱读书的加拿大人、以色列人学习,积极参与到全民阅读的行列中。③民营书店的逐渐衰弱要引起我们的重视,政府、民间组织可以学习国外好的做法,扶持民营书店。

二、参考答案

1. 答案示例:从图中可以看出低影响开发和开发前水流量基本相同,峰值均为600立方米每秒,说明了低影响开发保持了水流量和峰值不变;峰值持续出现时间都为1秒钟,说明水流峰值出现时间保持不变;传统开发水流量、峰值持续时间大约是低影响开发的2倍,说明低影响开发减少了对周围环境的破环。

2. 答案示例:采用对环境低影响的建设方法,利用植物对雨水和洪水进行过滤沉淀净化等处理,尽可能地利用雨水和洪水造福人们(利用雨水和洪水等建成生态化的景观,提供人们休息的场所)。

（编写　梅学利）

能领会文本的意思,得出有意义的结论

2017年北京市中考语文非连续性文本阅读

【内涵释义】

《义务教育语文课程标准(2011年版)》在第四学段中提出"阅读由多种材料组合、较为复杂的非连续文本,能领会文本的意思,得出有意义的结论"。这里的"非连续文本"是相对句子和段落组成的"连续性文本"而言的一种阅读材料,大多是由多种材料组合,除了文字之外通常是以图画、数据表格、符号、图解文字等多种方式呈现,中间缺少明显的连续性线索,需要经过思考提炼才能找到相关信息或内在联系的文本形式。其主要特点是直观、简明、醒目、信息量大、概括性强、易于比较等,其生活中实用性突出,在现代社会中运用广泛。相关资料上是这么定义"非连续性文本阅读"的:"通过阅读数据、表格、清单和凭证单、使用说明书、地图等,进行说明、解释和讨论。"

【引领读悟】

以2017北京市中考语文非连续性文本阅读为例,落实本点。

学习准备

学生首先要准备2017年北京市中考语文非连续性文本阅读材料。学生能够在通读文本的基础上,整体感知圈点勾画并关注标题;初步具备信息的提取与整合的能力。教师要准备帮助学生理解文本内容的语言材料。

导入新课

教师:请同学们阅读下面三则材料,找出这三则材料的共同点,投影出示文本材料。

材料一:成语是浓缩的文化。它言简意赅,深刻隽永,滴水藏海,折射历史的千姿百态。它以语言为承载,方寸之间传达着丰富的含义,是汉语词汇中的璀璨明珠。它深具历史性、知识性和艺术性。

材料二:许多成语出自浩如烟海的历史文化典籍。"一鼓作气"语出经典文献《左传》"夫战,勇气也。一鼓作气,再而衰,三而竭"。"曲径通幽"语出唐代诗人常建的《题破山寺后禅院》"曲径通幽处,禅房花木深"。

材料三:从"丝丝入扣"与古代纺织方法,到"登堂入室"与古代建筑格局;从"土崩瓦解"与古代制瓦技术,到"如法炮制"与古代中药制法;从"见风使舵"与古代航海技术,到"以管窥天"与古代天文观测技术:一些成语的出现是古代科学技术发展的产物,我们从中可以体味中华文化的博大精深。

这三则非连续性的文本材料是承载文本观点的载体,同学们在整体了解文意的基础上勾画出了主要信息,找到了它们的共同点——都是文字类非连续性文本。今天我们将以2017北京市中考语文非连续性文本阅读为例,继续学习非连续性文本阅读(板书课题"非连续性文本阅读")。在学习新课之前,先让我们看看本节课的学习目标。

叙述目标

首先要了解非连续性文本的相关知识,然后通过阅读语言材料能较熟练地把握非连续性文本阅读的解题思路和方法,提高阅读能力。

阅读渐进引领

第一步:学生自读文本,整体感知文章,明确积累内容。

教师:请同学们阅读下面语言材料,这些材料与上面老师投影的三个文段相比,体会除了内容的不同,形式上有什么不同?同时圈画出这三段材料说的是什么,从哪些方面说的,并提出你在阅读过程中的疑难问题。

材料一

太阳能是来自太阳的辐射能量。据推测,太阳的寿命至少还有几十亿年。因此,对于地球上的人类来说,太阳能是一种用之不尽的可再生能源。

目前,世界上太阳能利用的常见方式是光热转换和光电转换。光热转换是指将太阳辐射能_____①_____(**收集 收敛**)起来,直接或间接转化成热能加以利用,生活中使用最多的是太阳能热水器。将太阳能转化为电能,一直是人类美好的理想。太阳能电池的发明将这一理想变为现实。太阳能光伏发电是太阳能最重要的利用形式之一。近年来,太阳能光伏发电广泛应用在交通、航天、建筑等领域。

尽管太阳能利用会受到自然气候变化等因素的影响,但由于太阳能取之不竭,又对环境无任何污染,因此许多国家都在大力发展太阳能。2016年我国光伏发电新增装机容量3454万千瓦,截至2016年底,全国累计装机容量7742万千瓦,新增和累计装机容量均为全球第一。

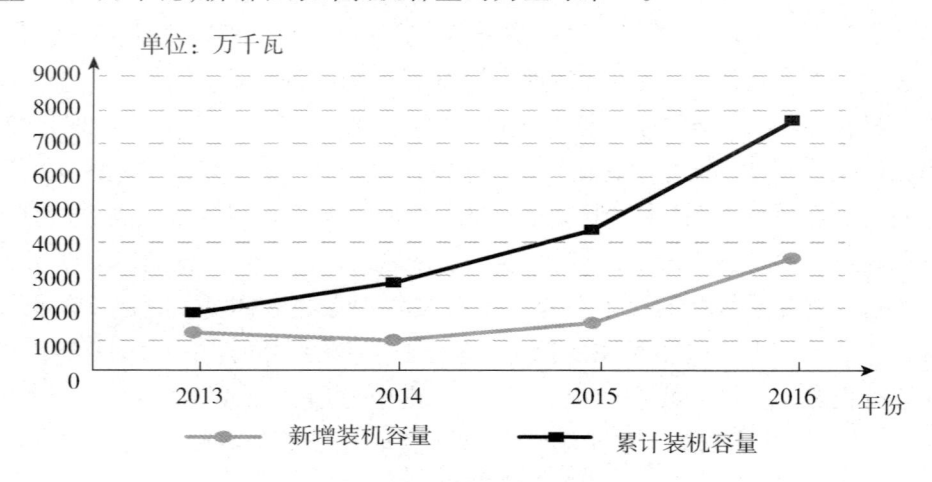

中国光伏发电装机容量统计图

材料二

风能就是地球表面大量空气流动所产生的动能。据估算,全球风能约为2.74×10^{12}千瓦,其中可利用的风能约为2×10^{10}千瓦,比地球上可开发利用的水能总量要大10倍。

目前,风力发电已经成为风能利用的主要形式。随着经济的高速增长和能源消耗的持续上升,煤炭、石油等常规能源日益枯竭,环境持续恶化。由此,各国都高度重视风能、太阳能等新能源的开发利用。在所有的新能源中,风能是近十多年来发展最快的。

2016年,世界风能协会发布全球风电发展报告,用详细数据阐说了近年来风电在全球的显著增长情况。我国风电事业虽起步较晚,但是,基于国家政策和资金的支持,得到了快速的发展。迄今为止,我国已在河北张家口、新疆达坂城、广东南澳等地建成多个大型风力发电场,并且计划在江苏南通、盐城等地兴建10亿瓦特级风电场。

全球风电累计装机容量统计图

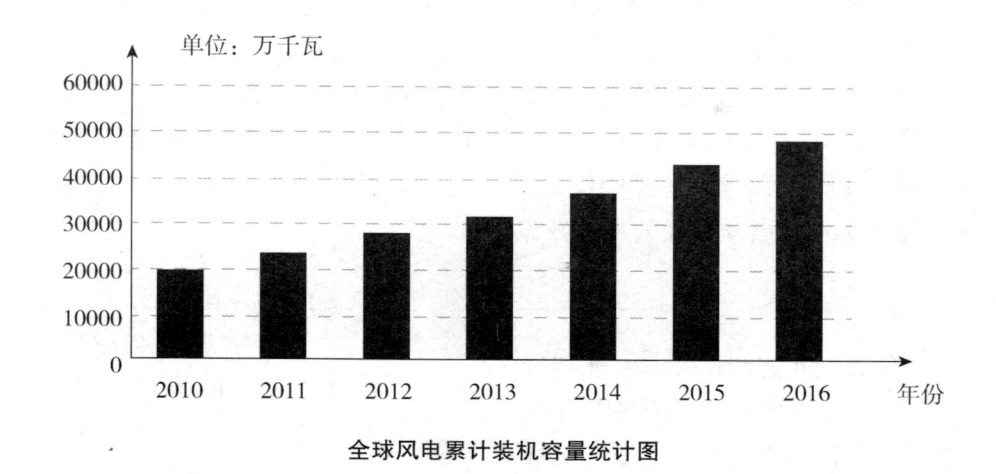

材料三

海水在月球和太阳等天体的引力作用下产生周期性的涨落现象，这个涨落过程不断重复，永不停息，这种运动现象就是潮汐。海水的潮汐运动有着巨大的能量。

潮汐能的利用和太阳能、风能一样，对环境没有污染。于是，在水力发电的基础上，人们又将潮汐能用于发电。据初步统计，全球海洋中可开采利用的潮汐能约为 6.4×10^7 千瓦。我国位于亚洲的东部，濒临太平洋，海岸线长且港湾交错，_____②_____（**蕴含　蕴藏**）着极其丰富的潮汐能源。据普查，如果我国沿海可开发的潮汐能都利用起来的话，年发电量将达到 600 亿 - 800 亿千瓦时，相当于现在全国发电总量的 7% - 8%。

我国潮汐能资源丰富的浙江、福建、广东、辽宁等省，都拥有建万千瓦级以上潮汐电站的良好条件，如杭州湾潮汐电站方案，计划装机容量 4.72×10^6 千瓦，年发电量 130 亿千瓦时以上。此外，英国、美国、阿根廷、西班牙、澳大利亚等许多国家，也都有各自的潮汐发电计划。

学生利用圈点批注法阅读，然后小组互教互学，最后小组派代表发言。

学生回答预设一：这些材料与上面材料相比多了统计图表，都是"图文类非连续性文本"。分别说了太阳能、风能和潮汐能。我们没有读出是从哪些方面说的？

学生回答预设二：非连续性文本有什么特点？还有其他形式吗？我们怎样才能够快速从语段中读出从哪些方面说明太阳能、风能和潮汐能的？

学生回答预设三:统计图表为了说明什么?我们怎样阅读统计图表?

第二步:进入问题解决

教师:综合各组提出的问题,老师将问题分类整理,大致分为以下三类。

第一类,非连续性文本特点及形式的相关知识;第二类,怎样快速读懂非连续性文本;第三类,怎样阅读统计图表。下面我们来研讨第一类问题,非连续性文本特点及形式的相关知识。

什么是非连续性文本?非连续性文本有什么特点?还有哪些其他形式的非连续性文本吗?非连续性文本阅读题有哪些样式?	⇐	与学过的文章比较形式上的异同,并联系生活中和学习过程中还有哪种形式的信息材料。

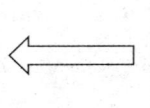

学生回答预设一:从字面以上看,语段意思是不连贯的。

学生回答预设二:阅读材料是由多个材料组成的,意思是不连续的。

学生回答预设三:阅读材料是不连续的,由多个材料组成的,还有图片、表格、数据等形式。

学生回答预设四:非连续性文本阅读题有文字片段组合的,有图画、图形、表格的,还有前两者结合的。

教师:综合这四位学生回答,我们知道"非连续性文本"是相对于句子和段落组成的"连续性文本"而言的阅读材料,大多是由多种材料组合,除了文字之外,还有图片、表格、数据、号码、说明书、图表、漫画、地图、清单、时刻表等,其主要特点是直观、简明、醒目、信息量大、概括性强、易于比较等,在生活中实用性突出,在现代社会中运用广泛。非连续性文本阅读题有文字类、图表类、图文类。由于这类文本材料中间缺少明显的连续性线索,需要经过思考提炼才能找到相关信息或内在联系,怎样才能够快速筛选出有效信息,剔除掉无效信息呢?

> 信息有虚实、隐显之分,如何快速抓住负载关键信息的词句,快速剔除与阅读目的无关的信息呢?请以2017年中考语文非连续性文本材料为例提取有效信息。

> 阅读材料要关注标题信息、关注中心句、关注文本的结构。如果是总分结构,要抓中心句;如果是并列结构,关键信息会分散在各个层次中,要整合归纳;如果是递进结构,重要信息主要在最后的层次中,要看最后一层的表述。

教师指导点拨:请同学们快速浏览材料一,从文章中勾画要点,读出提纲,概括每段的内容。阅读时,将所有数据、具体地点、时间、细节等全部剔除,余下的部分也就是说明对象的特征。因为说明文的说明对象特征往往不在运用说明方法(举例子、列数字)的地方。

学生默读课文圈画关键词句,独立思考,个体准备答案。

教师指定学生个别展示。

学生回答预设一:材料一第一自然段说明的是"太阳能是来自太阳的辐射能量"。

学生回答预设二:第二自然段说明的是"近年来,太阳能光伏发电广泛应用在交通、航天、建筑等领域"。

学生回答预设三:第三自然段说明的是"尽管太阳能利用会受到自然气候变化等因素的影响,但由于太阳能取之不竭,又对环境无任何污染,因此许多国家都在大力发展太阳能"。

教师指导点拨:请同学们注意因果关系、转折关系复句,这些句子语意重点在后面的句子。请同学们再将上面同学的回答修改、提炼,并说说原因。

教师再指定学生个别展示。

学生回答预设四:因为第一自然段是因果关系,语意重点在后面,所以第一自然段说明的是"对于地球上的人类来说,太阳能是一种用之不尽的可再生能源"。第二段我提取的信息跟上面的同学说的一样,因为第三自然段先是一个转折关系,语意重点在"但"后面;后面又是一个因果关系,语意重点还是在后面,所以第三自然段说明的是"因此许多国家都在大力发展太阳能"。

教师:请同学们按照上面的阅读方法阅读材料二、材料三提取信息,抽出提纲。

学生回答预设一:材料二第一自然段没有提取出来,第二自然段说明的是"在所有的新能源中,风能是近十多年来发展最快的"。第三自然段说明的是我国"基于国家政策和资金的支持,得到了快速的发展"。

学生回答预设二:材料三第一自然段说明的是"海水的潮汐运动有着巨大的能量"。第二自然段说明的是"潮汐能的利用和太阳能、风能一样,对环境没有污染"。第三自然段说明的是"我国潮汐能资源丰富的浙江、福建、广东、辽宁等省,都拥有建万千瓦级以上潮汐电站的良好条件"。

学生回答预设三:材料三第三自然段说明的是我国潮汐能资源丰富,拥有建万千瓦级以上潮汐电站的良好条件。

教师指导点拨:我们在阅读时,没有中心句,出现大量数据的要抓住数字特征来推断概括。还要关注提示语,帮助理清层次。"此外"表明后面的内容是补充的另外一层意思。

学生回答预设四:材料三第三自然段说明的是我国潮汐能资源丰富,拥有建万千瓦级以上潮汐电站的良好条件,而且许多国家都有各自的潮汐发电计划。

教师:在非连续性文本中,文字和统计图表结合是常见的文本形式。这三则材料除了有文字材料,还附有两个统计图表,那统计图表怎么阅读呢?

在非连续性文本阅读过程中,怎样才能够快速读懂统计图表呢?	⬅	阅读统计图表必须要关注表头,了解图表的主题;关注分类、图例,得知本表所反映的主要内容;关注数据,要纵向、横向抓数字特征进行比较,从中得出结论;关注注释性文字,可以帮助我们有效地把握图表所要传达的重要信息。

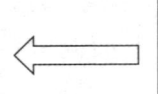

学生阅读,独立思考,个体准备答案。

教师指定学生个别展示。

学生回答预设一:我看材料一中统计图表头,知道它在说明中国光伏发电装机容量;看材料二中统计图表头,知道它在说明全球风电累计装机容量。

学生回答预设二:我看数据知道数据在增加。

学生回答预设三:看数据时除了纵看,还要横看,我觉得是在逐年增加。

教师:通过同学们的回答,可以看出你们已经掌握了阅读统计图表的方法,综合这两个图表的阅读,能得出一个什么结论?

学生回答预设四:无论是太阳能还是风能开发利用的速度都很快。

教师:你们能否将这个结论用一个四字词语表示?

学生回答预设五:快速增长。

学生回答预设六:前景良好。

教师:相对于石油、煤炭这些常规能源而言,太阳能、风能、潮汐能等被称为新能源。根据我们刚才对三则文本材料的信息提取与概括,我们思考一下新能源有什么特点。

| 相对于石油、煤炭这些常规能源而言,太阳能、风能、潮汐能等被称为新能源,这些新能源有什么特点? | ⬅ | 首先,应关注各则材料中关键词句;接下来,思考这几则材料为什么可以放在一起;然后,推断一定是材料之间存在某种关系;再通过比较、分析,就会有所发现,材料间是同类事物的,要先写共性(相同点),此时同类合并是关键;最后一定要根据题目要求组织语言。 |

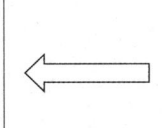

学生回答预设一:我读材料一看出太阳能取之不竭用之不尽,可再生,对环境无任何污染;我读材料二看出,在所有的新能源中,风能是近十多年来发展最快的;我读材料三看出,潮汐能能量巨大,和太阳能风能一样,对环境没有污染。

教师:我们还要比较、分析进行信息综合,将材料间的同类事物合并,概括出共同特点。

学生回答预设二:它们的共同点是用之不尽的可再生能源,对环境无污染、总量巨大、前景良好。

引领读悟:文学　说明性文章　科技作品　>>>

教师:我们知道了新能源具有的特点,其实风能、水能在很早时候就已经被人们所利用了,按时间来说已经不算新了,那你能够解释什么是"新能源"吗?

| 请结合老师给你们改编后的文本材料,解释什么是"新能源"? | ← | 给一个事物下定义,在内容上要抓住事物的本质特征;在形式上要把被定义的事物放在一个大的概念中,再加上被定义的概念对其本质特征进行描述。 |

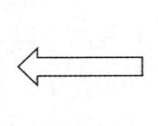

教师:请同学们看大屏幕上老师改编后的材料,用我们掌握的提取信息的方法,再次提取有效信息。教师投影文本材料:

太阳能是来自太阳的辐射能量。据推测,太阳的寿命至少还有几十亿年。因此,对于地球上的人类来说,太阳能是一种用之不尽的可再生能源。

目前,世界上太阳能利用的常见方式是光热转换和光电转换。光热转换是指将太阳辐射能____①____（**收集　收敛**）起来,直接或间接转化成热能加以利用,生活中使用最多的是太阳能热水器。随着科学技术的发展,太阳能光伏发电成为太阳能最重要的利用形式之一。光伏发电是利用半导体界面的光生伏特效应而将光能直接转变为电能的一种新技术。这种技术的关键元件是太阳能电池。自从1954年,美国科学家首次制成了实用的单晶硅太阳电池这一新型材料,诞生了将太阳光能转化为电能的实用光伏发电的新技术。经过几十年的发展,太阳能已经成为人类社会发展中最理想的新能源。

由于太阳能取之不竭,又对环境无任何污染,因此许多国家都在大力发展太阳能。截至2016年底,全国累计装机容量7742万千瓦,新增和累计装机容量均为全球第一。

学生默读课文圈画关键词句,独立思考,个体准备答案。（要求:聚精会神刻苦思考,静心作答。）

师友互助学习,学友先说自己的信息提取情况,互相补充。师友不能解决的问题,小组内交流。

教师指定个体展示答案（3—5人）。

学生回答预设一:第一自然段没有变,还是在说明太阳能是一种用之不尽的可再生能源;第二自然段在说明随着科学技术的发展,太阳能光伏发电成为太阳能最重要的利用形式之一;第三自然段说明的是由于太阳能取之不竭,又对环境无任何污染,因此许多国家都在大力发展太阳能。

学生回答预设二:我在变化的文本中圈画的关键词有"科学技术的发展""首次制成""新型材料诞生""新技术"。

学生回答预设三:新能源的本质特征是用之不尽的可再生能源,加入了新技术和新材料,对环境无污染,都在大力发展的。

学生回答预设四:新能源是在新技术新材料的基础上加以开发利用的无污染、可再生的能源。

教师:阅读过程中,我们要对概念阐释必须紧抓概念关键词,原文定位,瞻前顾后,有机整合。阅读非连续性文本要进行内容概括、概念阐释、分条归纳,但关键是信息的提取与整合。我们如何进行信息的提取和整合呢?板书"信息的提取与整合"。

阅读非连续性文本要进行内容概括、概念阐释、分条归纳,但关键是信息的提取与整合。我们如何进行信息的提取和整合?请同学们归纳总结。	⬅	先综合上面阅读过程中的思路及所用的方法进行归纳总结。

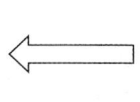

学生回答预设一:阅读非连续性文本,首先要通读文本,整体感知,圈点勾画抓关键词句。圈画关键词句时要注意梳理句间关系进行取舍,删除多余文字。

教师:板书要点"定位(抓关键词),取舍(理关系)"。

学生回答预设二:还要读题目,紧抓关键词,到原文定位划出答案区域,瞻前顾后,回到原文中提取信息;再想问题是哪种类型的问题,提炼整合进行深加工,整合时要注意合并同类,有机整合。

教师:板书要点"完善(深加工)"。

学生回答预设三:在表述时要紧扣题目,根据要求,调整文字和标点符号,完整表述,争取做到有序有据地完美表达。

教师:板书要点"表述(美表达)"。

课堂总结：

学生谈谈这堂课收获。

教师：(小结并板书解题思路要点)同学们，通过这次"非连续性文本阅读"学习，我们知道了阅读非连续性文本本质是要提取信息，找到我们所需的有用信息然后整合这些信息。我们一定要注意非连续性文本的阅读方法及答题思路。阅读文本类材料时浏览全文，了解大概；定位阅读，提取信息；整合信息，解决问题。阅读图表类材料时要读标题，知主题；析图例，明内容；比数据，得结论。阅读图文结合类材料时，要读文读图，图文结合；提取信息，合理转换。因为非连续性文本阅读题型多样、选材多样、考点多样，所以我们要注重非连续性文本阅读能力的培养，还要关注漫画、说明书、广告、地图、清单、时刻表、目录、索引等非连续性文本的其他呈现形式。

【板书设计】

非连续性文本阅读

信息的提取与整合	解题思路
定位(抓关键词)	1."看"看材料，圈点勾画
取舍(理关系)	2."读"读题目，抓关键词
完善(深加工)	3."找"找定位，回原文
表述(美表达)	4."想"想问题，提炼整合
	5."答"答周全，扣题目

【智慧训练】

一

材料一

按照国际标准，早在2000年，中国已经步入老龄型国家的队伍。据国家统计局数据显示，预计到2025年，中国六十岁以上人口将达到3亿，成为超老年型国家。当前，中国养老最大的难题是医疗与养老分离的矛盾。养老院不方便就医，医院里又不能养老，老年人一旦患病就不得不经常往返家庭、医院和养老机构之间，既耽误治疗，也增加了家属负担。许多患病老人把医院当成养老院，成了"常住户"，加剧了医疗资源的紧张。

"医养结合"是将现代医疗服务技术与养老保障模式合二为一，实现"有病治病、无病疗养"的养老模式。它通过在社区引入医疗机构或直接在医疗机构设置养老院等方式,将医疗、生活照料、健康康复和临终关怀等服务进行一体化整合,通过智能终端使老年人在家庭或养老机构获得精准的医疗服务,从而满足老年人的整体养老需求。这种模式能有效缓解医疗、养老资源不足的矛盾,为选择不同养老方式的老人提供丰富、人性化的医疗健康服务,也在最大程度上实现了"医""护""养"三者的有机结合。

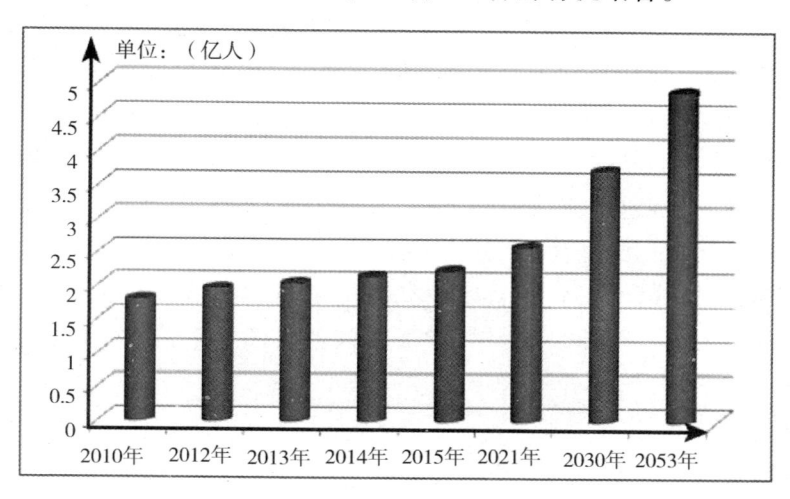

图1 中国老年人口发展趋势图

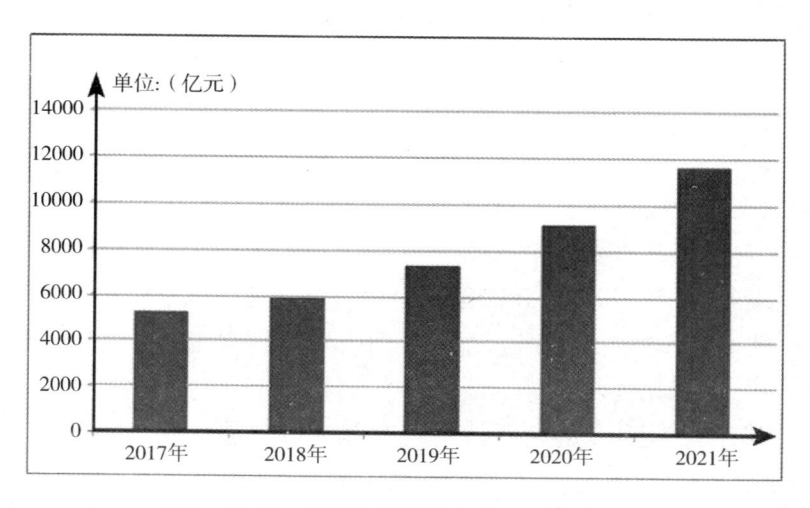

图2 2017—2021年医养结合市场规模趋势图

材料二

"_____。"近两年,一种新的智能互助养老服务模式——"时间银行"逐渐兴起。在这个特殊的银行里,时间是唯一受认可的"货币",会员通过为他人提供服务来储蓄时间,当自己需要帮助时,再从银行提取时间以获取他人服务。

目前,很多地区的老年人人均可支配收入少,"未富先老"形势严峻,许多家庭无力承担机构养老的费用。而"时间银行"这种创新的互助养老服务模式,通过覆盖社会公益组织的社区服务网络,很好地整合了社会资源,借助智能终端将"我能提供的服务"和"我需要的服务"进行一体化对接,一定程度上解决了养老费用高、地区老人多、服务人员少的问题。同时,"时间银行"为老人们提供了一个发挥余热的平台,带动了邻里守望相助的良好风气,对老人们的身心健康有着积极的影响。在平等的尊重中,老人从发挥自我价值而得到的肯定中获取的满足感与成就感,远胜于刻意的关照与恭维。用自己挣来的时间货币获取他人的帮助,也会让老人觉得更有底气。

材料三

近年来,倡导"智慧养老"的政策密集出台。所谓"智慧养老",是利用信息化手段和互联网技术,研发面向居家老人、社区的信息平台,并在此基础上提供实时、高效、低成本服务的养老模式。

根据有关调研,我国选择居家养老的老年人占90%,一是缘于_____,二是由于当前养老机构的数量还远远满足不了市场需求。而"智慧养老"的最大受益者,首先就是选择居家养老的老人。通过智能设备,老年人可以获得无线定位救助、行为智能分析、门禁系统联动等服务,可以通过信息平台实现基础数据和服务终端等资源的共享,得到便捷的助餐、助医、助急服务。"智慧养老"还鼓励社会力量建立远程居家照护服务系统,开发多元、精准的私人定制服务。配置了"智慧养老"系统,老人基本可以做到"一键在手,养老无忧"。

"智慧养老"运用信息化手段将现有养老资源进行科学整合,极大地延伸了养老服务供给的广度与深度,改善了养老服务供需矛盾,为各种需求的老人打造了一个没有"围墙"的养老院。

1. 阅读图1和图2,结合【材料一】说明的主要内容,你得出的结论是什么?

2. 依据上下文,在【材料二】和【材料三】横线处依次填入的语句,都正确的一项是
    A. 年轻存时间,高龄取服务   中国人的传统养老观念
    B. 年轻存时间,高龄取服务   传统中国人的养老观念
    C. 年轻存服务,高龄取时间   传统中国人的养老观念
    D. 年轻存服务,高龄取时间   中国人的传统养老观念
3. 依据上述三则材料,这几类养老模式体现了_____、_____、_____的特点。

二

材料一

新能源汽车是指采用非常规的车用燃料作为动力来源,具有新技术、新结构的汽车。包括纯电动汽车、混合动力汽车等。

纯电动汽车是一种完全由可充电电池提供动力源的汽车,它通过电池向电动机提供电能,驱动电动机运转,从而推动汽车行驶。纯电动汽车行驶时不产生排气污染,本质上是一种零排放汽车,对环境保护和空气的洁净十分有益。另外,纯电动汽车的使用成本比较低。按比亚迪 F3e 纯电动车公布的数据,百公里行驶耗电 12 度,依照 0.5 元的电价算,百公里使用成本才 6 元;而其原形车 F3 汽油车百公里耗油 7.6 升,按目前 6.2 元的油价,成本是 46.5 元。同时,电动汽车比同类燃油车辆噪声也低 5 分贝以上。然而现行的纯电动汽车电池续航里程短,充电耗时较长。消费者对现有电池技术的可靠性和成本顾虑重重,担心电池频繁充电、使用时间长导致续航里程、电池寿命缩减,电池更换、维修成本高等问题。

从广义上说,混合动力汽车是指拥有至少两种动力源,使用其中一种或多种动力源提供部分或者全部动力的车辆,也叫复合动力汽车。但是,在现今的实际生活中,混合动力汽车多半是指采用传统的内燃机和电动机作为动力源,通过混合使用热能和电力两套动力系统的汽车。使用的内燃机既有柴油机又有汽油机,因此可以使用传统汽油或者柴油,也有的发动机经过改造使用其他替代燃料,如压缩天然气、丙烷和乙醇燃料等。混合动力汽车的电动机作为辅助动力来降低燃料的消耗和实现低污染,混合动力汽车具有两个蓄电池系统。

从 2013 年起,国家接连出台了一系列配套补贴优惠政策,以车辆购置

补贴政策为主,包括全国范围内的车辆购置税减免、政府及公共机构采购、扶持性电价、充电基础设施建设支持等,对新能源汽车行业进行全方位扶持。2018年的政府工作报告中,三次提到"新能源汽车",同时指出将新能源汽车车辆购置税优惠政策再延长三年。

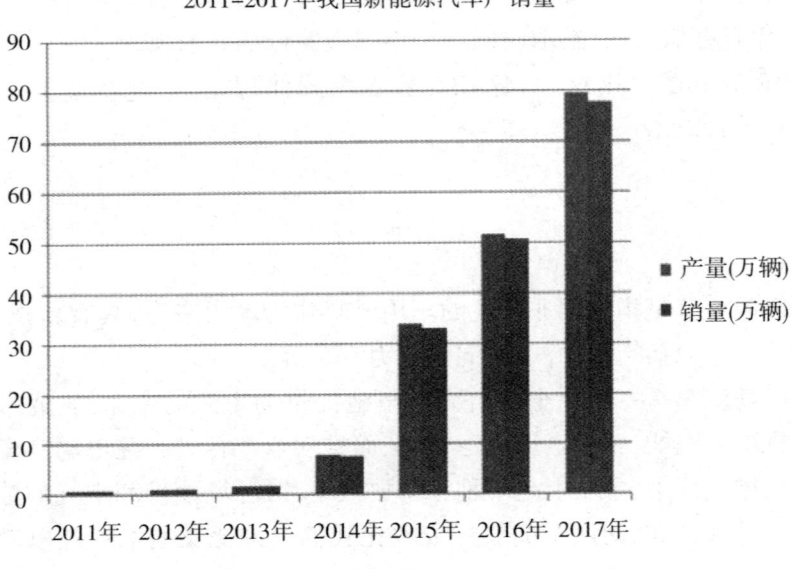

2011-2017年我国新能源汽车产销量

图表1

材料二

充电设施欠缺目前是新能源汽车发展关键障碍,我国已出台充电基础设施发展鼓励政策,鼓励建设充电基础设施。2015年10月国家发改委、能源局、工信部、住建部提出总体目标:到2020年,新增集中式充换电站超过1.2万座,分散式充电桩超过480万个,以满足全国500万辆电动汽车充电需求。目前,我国已成为充电基础设施建设发展最快的国家。北京、上海电动汽车充电平均服务半径已缩短至5公里;深圳、广州等城市的公共充电网络也在迅速布局,向着"5公里"时代的目标加快推进。

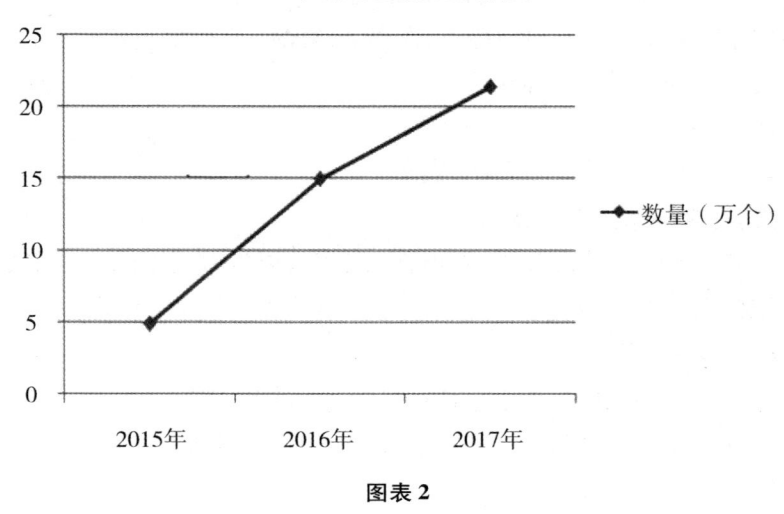

2015—2017年公共充电桩建设情况

图表2

材料三

目前我国动力电池关键材料国产化进程加快,性能指标稳步提升,成本明显降低;单体、电池包、BMS等方面的安全技术研究全面推进。目前我国动力电池单体能量密度达220瓦时/公斤、价格1.5元/瓦时,较2012年能量密度提高1.7倍、价格下降60%。2017年3月工信部等四部委联合印发的《促进汽车动力电池产业发展行动方案》提出,到2020年实现电池单体能量密度300瓦时/公斤、系统价格低于1元/瓦时、行业总产能超过1000亿瓦时等目标。

1. 阅读图表1和图表2,你得出的结论是_____。

2. 邻居李叔叔家想要添置一辆汽车,摇号时在选择燃油汽车与新能源汽车上犹豫不决,请结合上述三则材料的相关信息,说出你的看法,并说明理由。

答:_____。

3. 为了大力发展新能源汽车,请你结合上述材料相关信息,向新能源汽车生产企业提两条建议。

答:_____。

附　参考答案

一、参考答案

1. 医养结合的养老模式能有效缓解老年人医疗、养老资源不足的问题，因此在中国老年人口剧增的趋势下，医养结合市场规模也日趋扩大。2. A

3. 人性化、智能化、一体化

二、参考答案

1. 新能源汽车具有良好的发展前景。

2. 看法：应该购买新能源汽车。

理由：低污染、使用成本低、噪声低、国家有补贴优惠政策、北京的充电桩分布比较广泛、扶持性电价等。

看法：应该购买燃油汽车。

理由：无需充电、无须担心电池成本以及可靠性。

3. 提高续航里程、缩短充电时间、提高可靠性、降低电池生产成本或维修成本等。

（编写　李丽辉）

能领会文本的意思,得出有意义的结论

阅读非连续性文本的几则材料

【内涵释义】

所谓"非连续性文本"是相对于以句子和段落组成的"连续性文本"而言的阅读材料,多以统计图表、图画、文字等形式呈现。它的特点是直观、简明、概括性强且易于比较。阅读非连续性文本,要把握文本的中心内容和说明要点,理清文本之间的关系,从中探究出有意义的结论。

【引领读悟】

以两组材料为例,落实本点。

学习准备

掌握概括文章主要内容的一般方法。

能够辨析中心句、过渡句、首括句、总结句等句子并理解其作用。

初步了解复句、关联词、修饰性词语等语法知识。

导入新课

教师:同学们,这节课我们一起学习研究非连续性文本,学习之前请看这节课的学习目标。

叙述目标

通过分析重点词句等方法把握非连续性文本的意思,理清各文本之间的共性和个性;通过比较、总结和概括得出有意义的结论,能结合材料对相关问题进行解释说明或探究。

阅读渐进引领

第一步:学生读文本,整体感知材料,明确积累内容。

教师:阅读下面的非连续性文本,思考:什么是非连续性文本。

> 阅读下面的材料,思考:什么是非连续性文本?

> 和以往学过的文章对比,例如《向沙漠进军》《看看我们的地球》等。

教师指导点拨:

下面的阅读材料是以什么形式呈现的?

学生静心思考,在材料上进行批注。

学生回答预设:这些阅读材料有文字、数据、表格等。

教师:由文字、数据、表格等多个材料组成的文本就是非连续性文本。

教师:这些材料向我们介绍知识时采用的表达形式不同,请同学们说出自己喜欢的句子,并阐述理由。

学生回答预设1:我喜欢【材料一】中"古诗云'月有阴晴圆缺'"这句话,开头引用古诗,激发了读者的阅读兴趣。

学生回答预设2:我喜欢【材料二】中"天上月、塔身月、水中月交相辉映,融成极富诗情画意的奇幻美景"这句话。这是描写句,激发了读者的想象。

教师点拨提升:以上环节大家通过比较的方法明确了什么是非连续性文本,并初步感知了材料中的一些句子。

第二步:进入问题解决。

教师:下面的环节请同学们就"阅读非连续性文本能领会文本的意思,得出有意义的结论"这一内容提出自己的疑问。

学生在小组内交流自己的困惑,以小组为单位将问题分类整理,之后各组汇报问题分类情况。

学生提出问题分类预设:

第一类问题:如何把握这几则文本的意思?

第二类问题:各文本之间的关系是什么?

第三类问题:学习非连续性文本的目的是什么?

教师针对这几类问题,梳理出主问题指导点拨:

教师:同学们提出的几类问题可以合并为一个"如何把握非连续性文本的意思并得出有意义的结论"主问题。我们分两个步骤研究,首先研究"如何把握非连续性文本的意思"。

第三步：教师指导点拨。

请同学们阅读【材料一】，概括出内容要点。

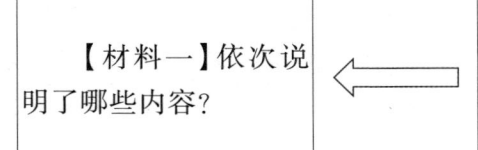

| 【材料一】依次说明了哪些内容？ | ← | 1. 关注中心句、概括句和支撑句。
2. 关注层意转换的句子。 |

学生独立思考，个体准备答案。

教师指定学生个体展示答案。

学生回答预设1：月球相对于地球、太阳的位置变化，会出现不同的月相、月相变化的规律、根据月相变化我国先民创制出农历、月与气象有关。

学生回答预设2：月相变化的规律、根据月相变化我国先民创制出农历。

教师：【材料一】中重点说明了"月球会出现月相"还是"月相的变化规律"？第二段仅仅说明了"根据月相变化我国先民创制出农历"吗？

小组讨论归纳答案，说一说，写一写。

教师指定组代表展示本组归纳的答案。

学生回答预设：月相变化的规律、根据月相变化我国先民创制出农历、月与气象有关。

教师：请同学们总结出如何把握住【材料一】的说明要点。

学生回答预设：阅读非连续性文本要抓住重要词语，例如关联词语、表修饰限制性词语；同时还要关注重要句子，例如中心句、概括句和支撑句等。

教师强调重点：以上环节我们通过抓住材料中重要词句把握住了说明的要点。

教师：接下来我们用同样的方法概括出【材料二】和【材料三】说明的中心意思。

教师：阅读说明性文段首先要明确说明的主要内容，理清段与段、句与句之间的关系，尤其要抓住重点词句。

学生静心独立思考，在书上进行圈点批注，个体准备答案。

教师指定学生个体展示答案。

教师：注意回答问题时要审清题意。读懂句意的目的在于理解材料内容，而不能仅仅停留在所运用方法、句式的识别判断上。所用句式、说明方法的作用是什么——必须分析出来。

学生回答预设1:【材料二】说明的中心是:第一,我国古典园林设计者善于将自然之月同园林景观巧妙结合,营造出独特的意境。第二,设计者更将文化中的"月"运用到园林中。材料中列举了杭州西湖上有著名的景点"三潭印月"和苏州沧浪亭两个例子做了具体说明。【材料三】说明的中心是:第一,中国文化里月亮最基本的象征意义是母亲与女性。第二,月亮是贞洁、洁净、爱与美的象征。

学生回答预设2:本段说明中心共有三点。第一,我国古典园林设计者善于将自然之月同园林景观巧妙结合,营造出独特的意境。第二,设计者还将园林建筑设计为月的不同形态,表达人们寄托在月上的独特情怀。第三,设计者更将文化中的"月"运用到园林中。【材料三】说明的中心是月亮具有哪些象征意义。

学生回答预设3:【材料二】说明的中心是月亮元素被广泛地运用于中国古典园林设计之中。【材料二】共有三段,第一段与第二、三段是从概括到具体的关系。【材料三】说明的中心是月亮具有象征意义。

教师:阅读说明性文段要做到句不离段,段不离篇。不仅要理清段落内部的关系,更要理清段与段之间的关系,尤其要有全局观念关注整篇的意识。

学生深入思考,修改并展示答案。

学生回答预设:【材料二】说明的中心是月亮元素运用于中国古典园林设计中。【材料三】说明的中心是月亮具有象征意义。

教师:以上环节,我们把握了非连续性文本的文字材料的内容。那么示意图说明的内容是什么呢?

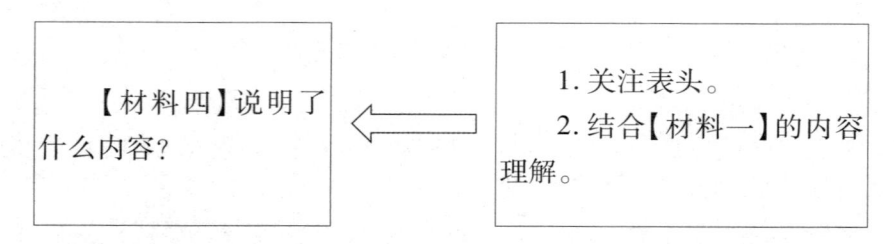

| 【材料四】说明了什么内容? | ← | 1.关注表头。
2.结合【材料一】的内容理解。 |

教师指导点拨:示意图是形象化的语言,直观简明,信息量密集。能综合考查同学们捕捉信息,分析解释信息,并做出评价等诸多能力。首先要看清楚示意图的标题、内容,了解清楚示意图说明的内容,对示意图的内容有

一个整体的认识。然后通过准确获取图中的文字提示及细节等方面情况，汲取有价值的信息，用简洁明了的语言表达出示意图的内容。

学生静心独立思考。

（学生独立思考，圈点批注，分析示意图的意思。）

教师指定学生个体展示答案。

学生回答预设：首先看示意图的标题是"月相成因示意图"，然后圈划出【材料一】中与示意图相关的文字信息，以便更好地理解示意图的内容。示意图的内容为月相的成因。

教师：以上环节大家明确了每则材料的意思，那么请用一段话概括你从中得到的知识。

用一段话概括四则材料的内容。	←	1. 四则材料的共性是什么。 2. 四则材料在阐述同一主题时的差异，即找出它们的个性。

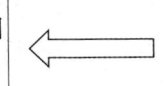

学生静心独立思考。

教师指定学生个体展示答案。

学生回答预设1：四则材料从不同角度说明了与月有关的信息。

学生回答预设2：月相变化的规律、根据月相变化我国先民创制出农历、月与气象有关、月亮元素被运用于中国古典园林设计和月亮具有象征意义。

教师指导点拨：以上四则材料的共性是什么。如果我们只注意到这一共性，而不能区别这四则材料在阐述同一主题时的差异，即找出它们的个性，所得出的答案就有失全面。因此，找出四则材料的个性是关键。细读材料，我们就可以容易概括出问题的答案。

学生修改并展示答案。

学生回答预设：阅读上面的四则材料，我们可以了解许多与月亮有关的信息：月相变化的规律、根据月相变化我国先民创制出农历、月与气象有关、月相成因、月亮元素被运用于中国古典园林设计和月亮具有哪些象征意义。

教师：你能从【材料二】和【材料三】中得出什么结论呢？

221

引领读悟:文学　说明性文章　科技作品　>>>

　　　结合【材料二】和　　　　　　1.结合两则材料的内容。
【材料三】的内容,你能　⇐　　　2.分析比较,找出它们的共性,
得出什么结论呢?　　　　　　　再找出材料的内在联系。

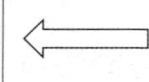

　　教师指导点拨:【材料二】和【材料三】共同说明了什么。然后根据材料说明的不同信息,有效地把握材料所要传达的重要信息,最后根据信息进行推断、总结和概括。

　　学生回答预设1: 我得出的结论是月亮元素被运用于中国古典园林设计和月亮具有象征意义。

　　学生回答预设2: 月亮元素已经成为一种文化,具有审美价值。

　　师生点评: 第一种答案只是两则材料的主要内容,而结论是在内容的基础之上进行概括或推论。月亮元素被运用于中国古典园林设计,月亮具有象征意义,都表明月亮元素已经成为一种文化,具有审美价值。所以第二种答案是正确的。

　　教师: 以上环节我们通过分析比较,找出了几则材料的共性和个性。又通过同中求异,异中求同,找出材料的内在联系或变化规律,从而发现规律,得出结论。请按要求完成下面的学习任务。下面的链接材料是苏州网师园著名景点"月到风来亭"的介绍,参看下图并结合【材料二】,请你简要说明"月到风来亭"的设计意图。

　　【链接材料】

　　"月到风来亭"是苏州网师园中的著名景点。此亭地势较高,踞水涯而建,三面环水。亭柱上有清代文人何绍基撰写的楹联"园林到日酒初熟,庭户开时月正圆"。亭内正中悬挂一面大镜,正对水面。明月初上,景致奇特。

阅读科技作品

参看下图并结合【材料二】，请你简要说明"月到风来亭"的设计意图。

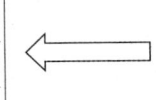

1. 圈划出【链接材料】中的重点信息，观察图片，加深对链接材料内容的理解
2. 圈划出【材料二】与链接材料相关的文字。

教师指导点拨：链接材料既有文字又有图片，要理清二者关系。同时根据题意还要结合【材料二】的内容，因此要筛选出与链接材料相关的信息。

学生回答预设1："月到风来亭"中悬挂镜子，体现出将自然之月与园林景观巧妙结合的设计意图。

学生回答预设2："月到风来亭"中悬挂镜子，三面临水，明月初上，天上月、水中月、镜中月三月辉映，景色奇幻，体现出将自然之月与园林景观巧妙结合的设计意图

学生回答预设3："月到风来亭"中悬挂镜子，三面临水，明月初上，天上月、水中月、镜中月三月辉映，景色奇幻，亭中楹联与园林景致相配合。

教师：根据题意首先观察图片进一步理解【链接材料】的内容，然后在【材料二】中圈划出与【链接材料】相关的所有信息，最后有条理地表达。请同学们修改答案。

学生独立思考，形成书面答案后展示。

学生回答预设："月到风来亭"中悬挂镜子，三面临水，明月初上，天上月、水中月、镜中月三月辉映，景色奇幻，体现出将自然之月与园林景观巧妙结合的设计意图；亭中楹联与园林景致相配合，体现了将文化之月运用到园林中的设计意图。

教师将思考方向指向主问题：通过以上几个环节的研究，思考：如何领会非连续性文本的文意，得出有意义的结论？

如何领会非连续性文本的文意，得出有意义的结论？

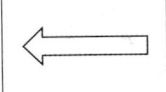

1. 回顾学习过程。
2. 理清材料之间的关系。
3. 有条理表达。

第四步：学生静心独立思考主问题。

223

学生回顾所讲内容,形成书面答案。

第五步:教师指定学生个体展示答案。

学生回答预设1:概括出多则材料的内容。

学生回答预设2:通过分析重点词句领会文意得出结论。

学生回答预设3:首先通过分析重点词句领会每则材料的内容,再比较各则材料之间的异同,最后得出结论。

第六步:小组讨论交流,形成答案。

学生以小组为单位讨论交流,修改完善答案。

第七步:指定组代表展示本组归纳的答案。

学生回答预设:首先通过分析重点词句领会每则材料的内容,再理清材料之间的关系即共性和个性,尤其关注个性,最后总结、概括或推论得出结论。

第八步:教师强调阅读非连续性文本领会文意,得出有意义的结论的一般方法。

首先要把握每则材料的内容,再理清材料之间的关系即共性和个性,尤其关注个性,领会文意,最后得出结论。

课堂总结

这节课研究了阅读非连续性文本领会文意,得出有意义的结论的方法。通过抓住重点词句划分层次把握每则材料的内容,再理清材料之间的关系即共性和个性,尤其关注个性,最后得出结论。同学们,非连续性文本的材料形式是多种多样的,只有在阅读实践中才能提升能力。

【板书设计】

阅读非连续性文本领会文意,得出有意义的结论

把握每则材料的内容

比较材料之间的异同

领会文意,得出结论

附学习材料

【材料一】

古诗云:"月有阴晴圆缺。"月球顺着地球的自转方向绕地球运动,随着月球相对于地球、太阳的位置变化,会出现不同的月相。月相的变化是有规律的。当月球运行到地球和太阳之间,被照亮的半球背对着地球,我们看不到月亮,这被古人看作月相的开始,叫作"新月"。随着月球亮区逐渐转向地球,会依次出现"蛾眉月""上弦月""凸月""满月""凸月""下弦月""蛾眉月"等月相,最后,又会回到"新月"。

根据太阳和月亮的运行规律,早在殷商时期,我国就创制了阴阳合历的特殊历法,后逐渐发展为现在仍在使用的农历。农历将月亮由新月至满月再至新月的周期定为"月",以地球绕太阳的周期为"年",并以闰月调整年与月的差值。这样古人抬头望月,便知道某一天是几月几日了。在观察月亮的过程中,人们还发现了月与气象的关系。"月晕则风""月亮撑伞要下雨"等谚语就指导着农业生产和人们的生活。

【材料二】

一直以来,月亮元素被广泛地运用于中国古典园林设计之中,这是一种把自然诗意化的行为,取得了园林的视觉美和人文美相统一的效果。

我国古典园林设计者善于将自然之月同园林景观巧妙结合,营造出独特的意境。杭州西湖上有著名的景点"三潭印月"。其设计者在湖中建造三座中空的石塔。球面体塔身上排列着五个等距离圆洞,形似满月。中秋之夜,皓月当空,人们在塔内点燃灯烛,洞口蒙上白色薄纸。烛光从纸上透出,倒映于湖上,形成水中之月。此刻,天上月、塔身月、水中月交相辉映,融成极富诗情画意的奇幻美景。另外,设计者还将园林建筑设计为月的不同形态,表达人们寄托在月上的独特情怀。苏州园林中有不少形如满月的门洞和弦月造型的漏窗,造型雅致可爱,蕴含着人们对人生有圆满也有残缺的独特思考。

设计者更将文化中的"月"运用到园林中。含有月意象的诗文楹联与园林景致相配合,营造了一系列以观月、品月为主题的园林景观。例如苏州沧浪亭,园外溪水映月,园内竹影摇风,"清风明月本无价,近水远山皆有情"的楹联,就把诗意融入园景之中,赋予沧浪亭无限情韵。

【材料三】

中国文化里月亮最基本的象征意义是母亲与女性。"一阴一阳是为道"。阴阳观念是中国古代哲学的出发点,是我国先民对世界的最初认识和解释。《礼记》中说:"大明生于东,月生于西,此阴阳之分,夫妇之位也。"大明即太阳,代表男性,意味着阳刚、强壮和力量;月亮代表女性,意味着温柔、阴柔、温馨、婉约和缠绵。

月亮是贞洁、洁净、爱与美的象征。月亮在中国审美的深层结构中,始终流露着神秘的永恒的女性微笑。因此古典诗词里,常常以美人似月,佳人月下作为基本抒情意象。苏轼:"新月如佳人,出海初异色,娟娟到湖上,潋潋摇空碧。"情人相会也往往选择月下,有诗为证:"去年元夜时,花市灯如昼。月上柳梢头,人约黄昏后。"(朱淑真《元夜》)亘古不变的月亮千万年脉脉注视着华夏大地上,她与我们血脉相连永不可分。

【材料四】

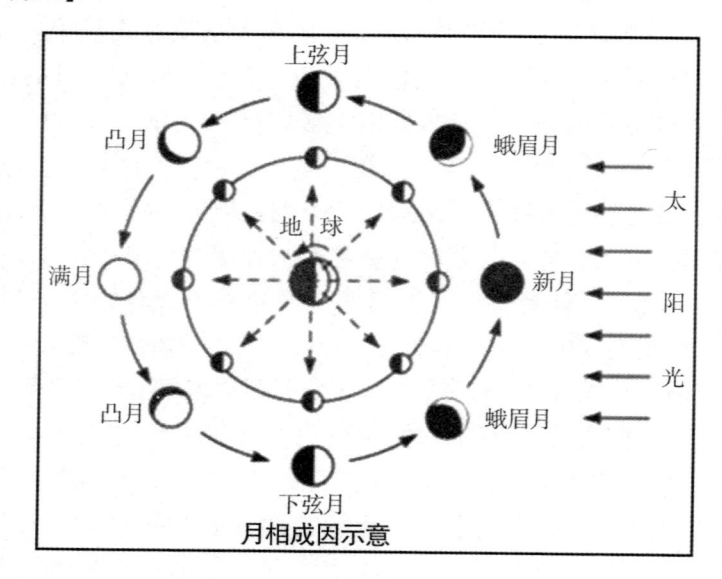

月相成因示意

朔,苏也,月死复苏生也。
望,月满之名也。月大十六日,小十五日。日在东,月在西,遥相望也。
——《释名·释天》

([2017年海淀区一模]和网络,有删改)

【智慧训练】
阅读材料完成后面的题。

一

【材料一】
　　作为疏解北京非首都功能集中承载地的雄安新区,地处华北平原,位于京津保腹地,规划范围涵盖河北省雄县、容城、安新3县及周边部分区域,地理位置十分优越。雄安,取自"雄县、安新县"各一字,"雄"字意味宏伟、阳刚、英雄;"安"字包含稳定、牢固、安康,＿＿＿＿＿＿＿。雄安新区的设立,是疏解北京非首都功能、推进京津冀协同发展的历史性工程,是千年大计、国家大事。

【材料二】

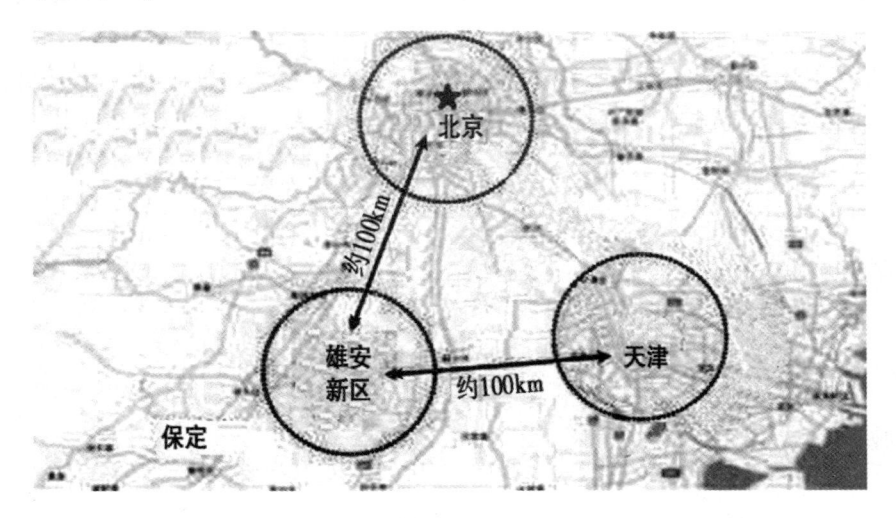

雄安新区地理位置示意图

【材料三】

雄安新区东至大广高速、京九铁路,南至保沧高速,西至京港澳高速、京广客专,北至荣乌高速、津保铁路等交通干线。基本形成与北京、天津、石家庄、保定的半小时通勤圈。同时具备空港优势,距离北京新机场约55公里,完全可以满足高端高新产业的发展需要。

这里拥有华北平原最大的淡水湖白洋淀,漕河、南瀑河、萍河、南拒马河等多条河流在区域内交汇。摇船入淀,但见浩渺烟波,苍苍芦苇,悠悠小舟,岸上人家,宛若"华北江南",为构建蓝绿交织、清新明亮、水城共融的绿色生态宜居城市提供了条件。同时,新区范围内人口密度低,建筑少,核心区所辖人口尚不到10万人,可开发建设的土地较充裕且可塑性强,具备一定的城市基础条件。

1. 根据语意,在【材料一】横线处填入语句,最恰当的一项是(　　)

A. 既便于新区规划,又契合实现中华民族伟大复兴的中国梦的内在要求。

B. 既契合实现中华民族伟大复兴的中国梦的内在要求,又便于新区规划。

227

C. 既尊重了历史,又契合实现中华民族伟大复兴的中国梦的内在要求。

D. 既契合实现中华民族伟大复兴的中国梦的内在要求,又尊重了历史。

2. 请你依据【材料二】,对【材料一】中相关的文字信息进行具体说明。

3. 综合三则材料,说说雄安新区成为疏解北京非首都功能集中承载地的有利条件。

4. 下列三个选项,不能表现雄安新区未来风貌的一项是_____。(只填序号)

【甲】水乡花县今新邑,北地江南古渥城。

【乙】山重水复疑无路,柳暗花明又一村。

【丙】水汇九流,堪拟碧波浮范艇。荷开十里,无劳魂梦到苏堤。[注]渥城,今安新县。

(2017年朝阳区一模)

二

(一)阅读下面材料,完成第1-3题。

【材料一】

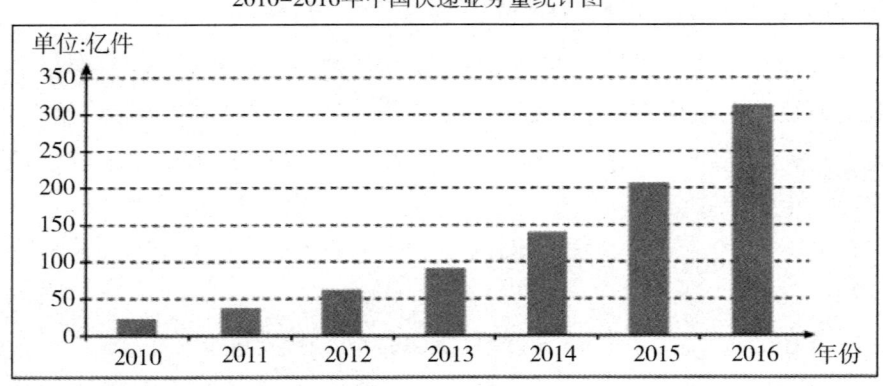

图1 2010—2016年中国快递业务量统计图

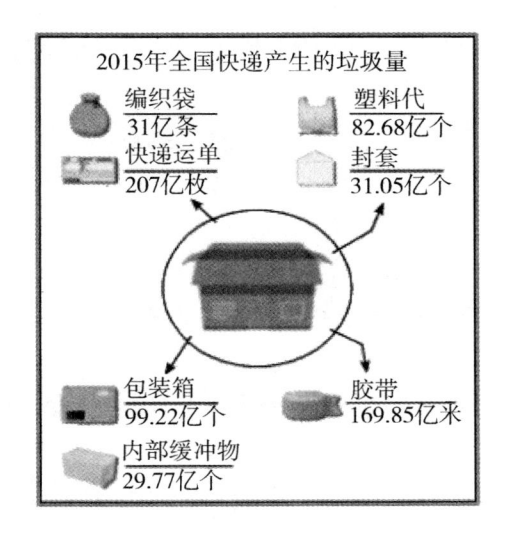

图2 2015年全国快递产生的垃圾量

2015年全国快递产生的垃圾量：
- 编织袋 31亿条
- 塑料代 82.68亿个
- 快递运单 207亿枚
- 封套 31.05亿个
- 包装箱 99.22亿个
- 胶带 169.85亿米
- 内部缓冲物 29.77亿个

【材料二】

2016年8月,国家邮政局出台了《推进快递业绿色包装工作实施方案》,力争到2020年,基本淘汰有毒有害物质超标的包装物料,基本建成社会化的快件包装物回收体系。

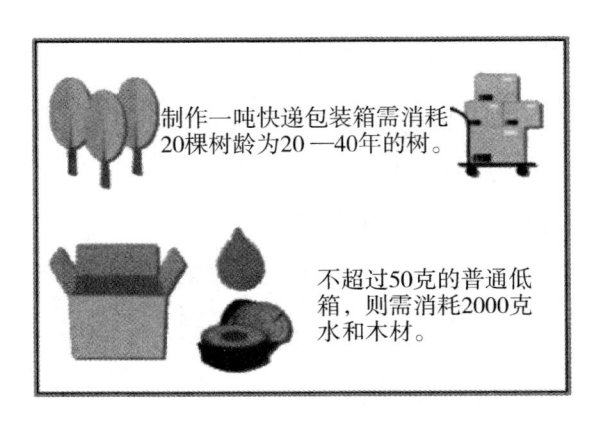

图3

- 制作一吨快递包装箱需消耗20棵树龄为20—40年的树。
- 不超过50克的普通低箱,则需消耗2000克水和木材。

绿色包装指对生态环境和人类健康无害,能重复使用和再生,符合可持续发展的包装。

它的理念有两个方面的含义：一个是保护环境,另一个就是节约资源。

这两者相辅相成,不可分割。其中保护环境是核心,节约资源与保护环境又密切相关,因为节约资源可减少废弃物,其实也就是从源头上对环境的保护。

从技术角度讲,绿色包装是指以天然植物和有关矿物质为原料研制成对生态环境和人类健康无害,有利于回收利用,易于降解,可持续发展的一种环保型包装,也就是说,其包装产品从原料选择、产品的制造到使用和废弃的整个生命周期,均应符合生态环境保护的要求。

1. 综合【材料一】中的两幅图,得出一个有意义的结论。(要求:用"因为……,所以……"的句式)

2. 依据【材料二】,说说国家邮政局为什么出台《推进快递业绿色包装工作实施方案》。

3. 综合两则材料,下列做法不符合《推进快递业绿色包装工作实施方案》的一项是(　　)

A. 某公司用可循环利用的塑料快递箱代替传统纸箱投递。

B. 某公司快递大规模应用电子运单,使用率近80%。

C. 某公司将快递小哥使用的摩托车全部更换成电动车。

D. 某公司均使用免胶带的快递箱和可生物降解的循环快递袋。

(2018年 朝阳区二模)

附　参考答案

一、答案示例

1. 答案:C

2. 答案要点:①【材料二】中新区处于北京、天津、保定之间,说明了材料一中的"位于京津保腹地"。②雄安新区距北京天津各100公里左右,说明新区"地理位置十分优越"。

3. 答案要点:①位置优越②交通便捷③生态良好④可开发度高

4. 答案:乙

二、答案示例

1. 答案示例:因为快递业务量迅猛增长,所以会产生更多的包装垃圾。

2. 答案要点:①保护环境　②节约资源

3. 答案:C

(编写　闫金芳)

后 记

  为了解决初中语文教师备课中的各种问题，落实区教育委员会领导关于"提高教师课前准备的功夫"的指导，打造确有实效的初中语文课堂基础，培养本区的高端初中语文教师，在语文课堂准备研修班的基础上，区教育委员会为我们成立了李树方刘大庆语文名师工作室。

  名师工作室把研究重点放在课堂准备上，经过多年潜心研究，特级教师李树方探索出渐进阅读指导八步教学新思路，引领学生开展富有实效的学习活动，使学生在悟读过程中，学有所获。教师精心设计问题，引导学生提出问题，细化教师指导学生学习过程，在学生学习实践的过程中形成基本能力，形成语文核心素养。在李树方和刘大庆老师的指导下，经过研修老师们的精心研讨，辛勤付出，在此，我们将两年来的研究成果呈现给同行们，愿这些成果能为老师们的发展提供有益的帮助。

  本套书的编写和出版得到了区教育委员会领导和其他领导的大力支持，在此，我们代表名师工作室的老师们，对顾成强、杜成喜、武玉章、郭冬红、李仕玲、田小将、沙晓燕、刘东、张文革、刘雪琴、盛学强等领导和老师一并表示最诚挚的感谢！

李树方 刘大庆
2019年6月于北京